围棋技巧基础训练丛书

手筋的基本

〔日〕高尾绅路 编著
张杏雨 李简 译

U0838984

中原出版传媒集团
中原传媒股份公司
河南科学技术出版社

YASASHII IGO TRAINING TESUJI NO KIHON
Supervised by Shinji Takao
Copyright © 2014 by K.K.Ikeda Shoten
First published in Japan in 2014 by IKEDA Publishing Co., Ltd.
Simplified Chinese translation rights arranged with PHP Institute, Inc.
through CREEK & RIVER CO.,LTD. and CREEK & RIVER SHANGHAI CO., Ltd.
文本编辑：内藤由起子　　编辑制作：Paketto
版权所有，翻印必究
备案号：豫著许可备字 -2019-A-0137

图书在版编目(CIP)数据

手筋的基本/（日）高尾绅路编著；张杏雨，李简译. —郑州：河南科学技术出版社，2020.10
（围棋技巧基础训练丛书）
ISBN 978-7-5349-9938-3

Ⅰ. ①手…　Ⅱ. ①高…　②张…　③李…　Ⅲ. ①围棋-对局（棋类运动）-基本知识　Ⅳ. ①G891.3

中国版本图书馆CIP数据核字（2020）第064520号

出版发行：河南科学技术出版社
地址：郑州市郑东新区祥盛街 27 号　　邮编：450016
电话：(0371) 65737028
网址：www.hnstp.cn
策划编辑：董　涛
责任编辑：董　涛
责任校对：崔春娟
封面设计：王留辉
责任印制：张艳芳
印　　刷：河南省环发印务有限公司
经　　销：全国新华书店
开　　本：787 mm × 1092 mm　1/32　　印张：9　　字数：220 千字
版　　次：2020 年 10 月第 1 版　　2020 年 10 月第 1 次印刷
定　　价：29.80 元

如发现印、装质量问题，影响阅读，请与出版社联系并调换。

前言

在提升棋力的训练方法中，学习并掌握正确的手筋非常重要，甚至比学习死活更为重要。死活只涉及局部的问题，而手筋则贯穿全局，在布局、战斗、收官中都会出现，是实战中使用频率极高的技巧。

此外，根据周围棋子的棋形，死活是“千形千变”，但手筋大多是“千形一变”，一般不会随着周围棋形的变化而变化，因此学习起来相对容易。

学习手筋，不仅可以提高行棋的效率，还可以破坏对方的形。当然，手筋也有好坏之分，若是走不好的话什么效果也没有。只要能下出正确的手筋，棋力提升也不过是须臾之间的事。

棋盘之广，广到根本无法算清每一点的变化。这种时候只能靠直觉，而学习手筋就是培养直觉的重要方法之一。为了能一眼看出急所在哪里，读者需要反复研读本书的问题，进而培养出自己的直觉。

高尾绅路（九段）

目录

学习手筋从而提升棋力

1. 什么是手筋

虽然围棋是以围空的多少为标准判断胜负的游戏，但若从开局就过分在意围空的话往往是无法获胜的。

下棋时最应注意的是“棋子的效率”。为了能够下出高效率的棋进而削弱对方的子力，手筋是必须要掌握的技巧。

手筋在进攻、防守、围空、侵消和收官中都会出现。

如果不学习手筋的话，棋力是不会有质的提升的。能否下出漂亮的手筋，与一局棋的胜负息息相关。

2. 手筋的效果

手筋有很多不同的类型，熟练掌握各种手筋，在实战中一定会有意想不到的收获。

手筋可以运用到杀棋、整形、引诱对方撞气、长气（或紧气）、联络等各个方面。

虽然计算力很重要，但并不能解决所有问题。

首先要掌握好的形，而下出好的形是提高行棋效率的决定性因素。棋力越强的人对棋形的感觉越好，不需要长时间思考就可以轻松判断出下一手该如何走。

掌握手筋，可以相对轻松地找出急所，对局势的把握更加轻松。

1. 入门篇

首先我们需要学习围棋的基本思考方法和解答一些最基本的问题。

棋子的联络十分关键，大多情况下需要通过吃掉对方的棋子来获取联络。因此，学习“吃子”的技巧很重要。

在正式学习手筋之前，本部分主要围绕如何吃子进行讲解。

问题 1（黑先）

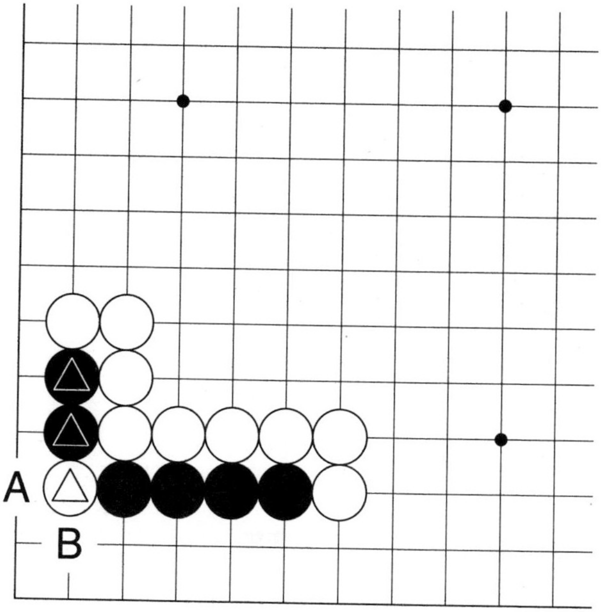

黑棋要救出黑▲两子，为此，黑棋必须把白△一子吃住。那么应该走 A 还是 B 呢？

问题 1（解答）

把对手的棋逼到边线上去

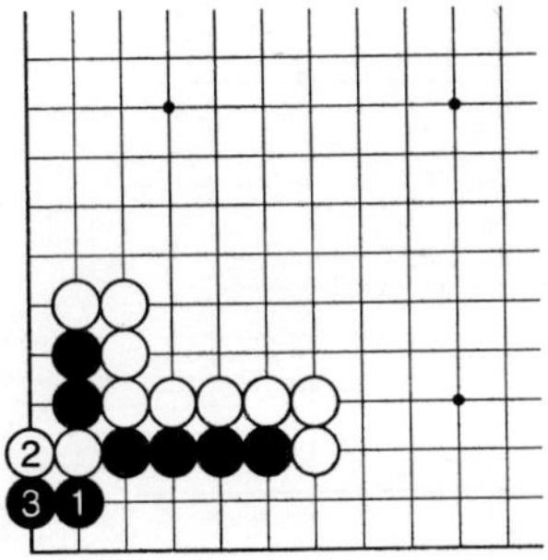

正解

黑 1 打吃。

将对方往边线赶是吃子的基本手法。

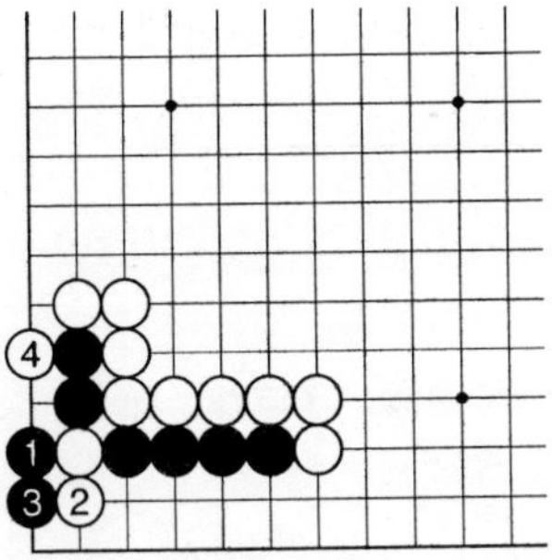

失败

黑 1 打吃，白 2 跑。

这样白棋有三口气，但黑棋只有两口气，黑 3 紧气为时已晚，白 4 打吃，黑棋被杀。

问题 2（黑先）

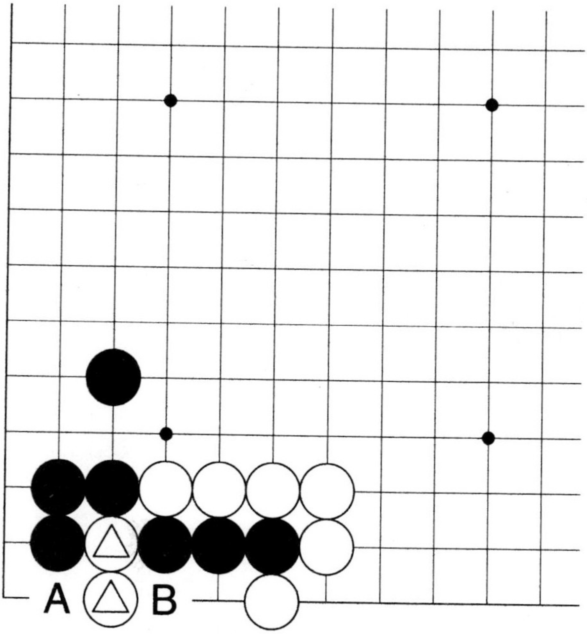

黑棋想要吃掉白◬，应该在哪处打吃，A 还是 B？

问题 2（解答）　不要紧自己的气

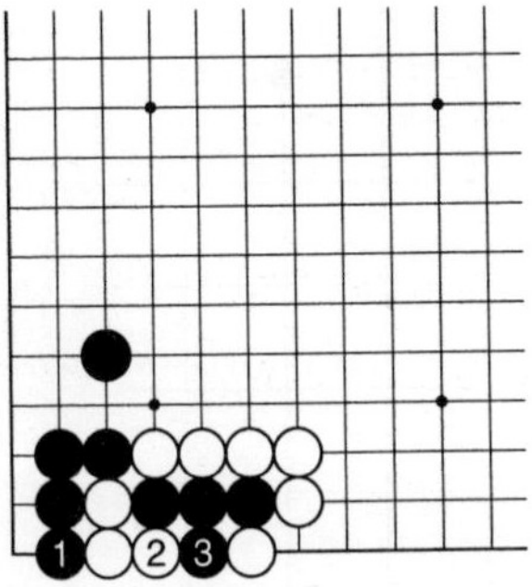

正解

黑 1 打吃。

白 2 逃的话，黑 3 提，白棋不行。

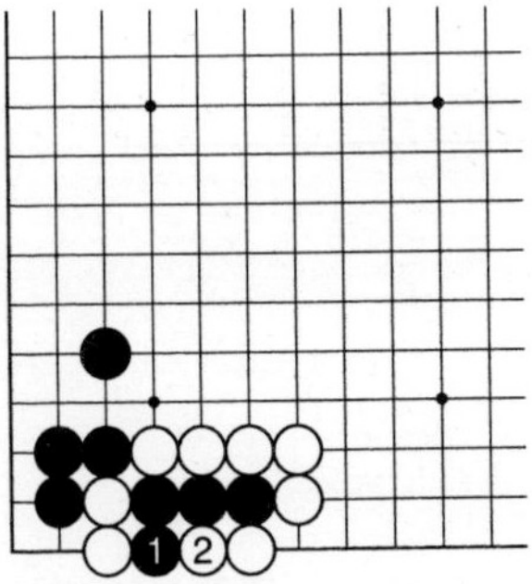

失败

黑棋从 1 位打吃的话就只剩下一口气，处于被打吃状态。

白棋走 2 位吃掉黑棋。

对杀时要从外侧紧气。注意不要紧自己的气。

问题 3（黑先）

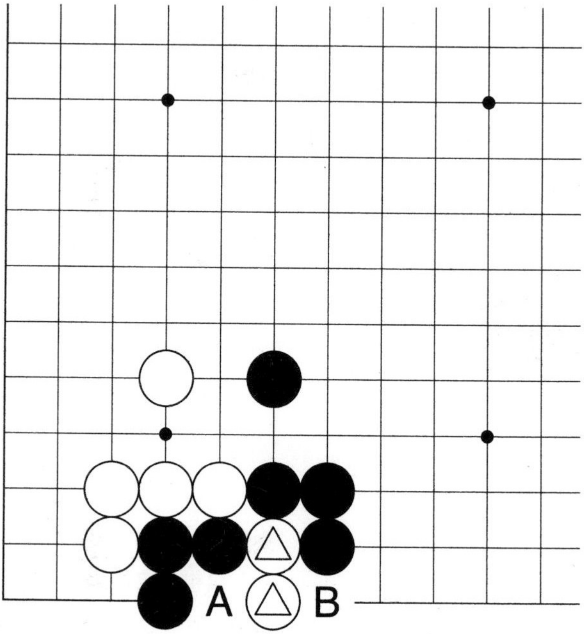

黑棋如何才能吃掉白△，走 A 还是 B？

问题 3（解答）

注意打吃方向

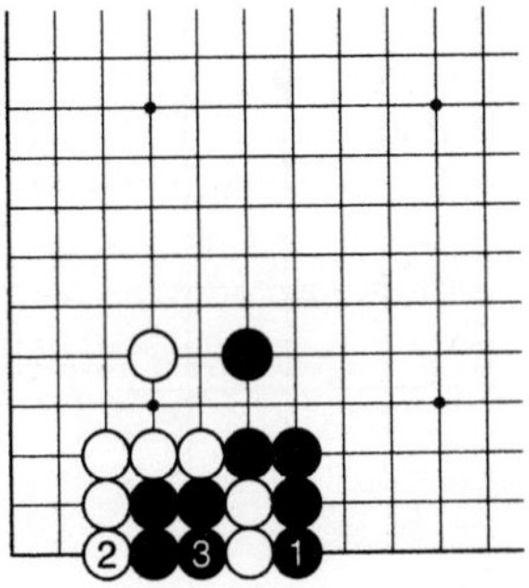

正解

黑 1 打吃。白 2 打吃黑棋时，黑 3 可以吃掉白两子。

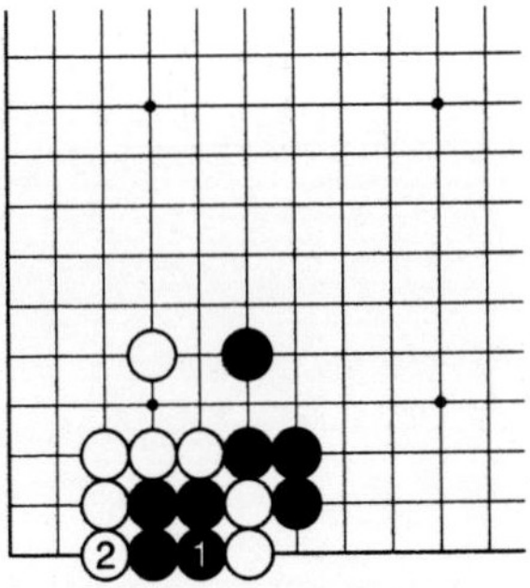

失败

黑棋从黑 1 方向打吃的话是自紧一气，白 2 率先吃掉黑棋。

因此选择正确的打吃的方向是很重要的。

问题 4（黑先）

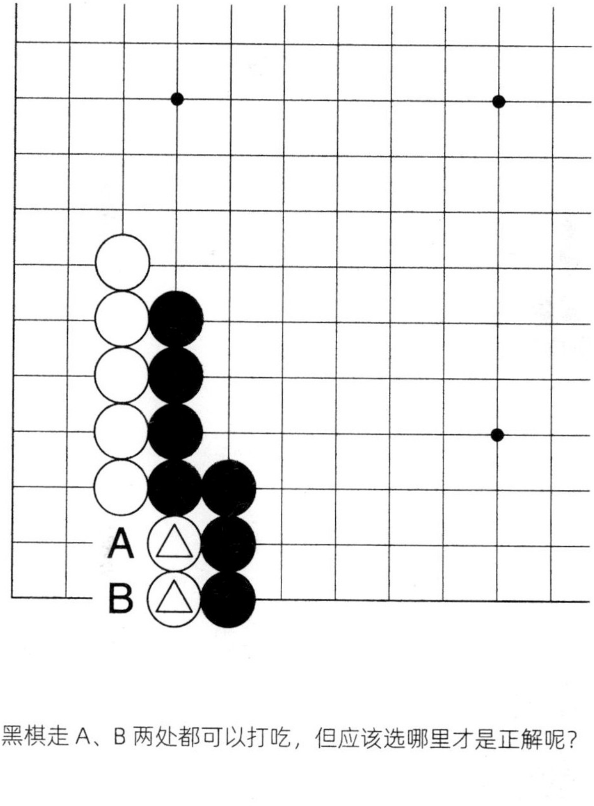

黑棋走 A、B 两处都可以打吃，但应该选哪里才是正解呢？

问题 4（解答） 断吃

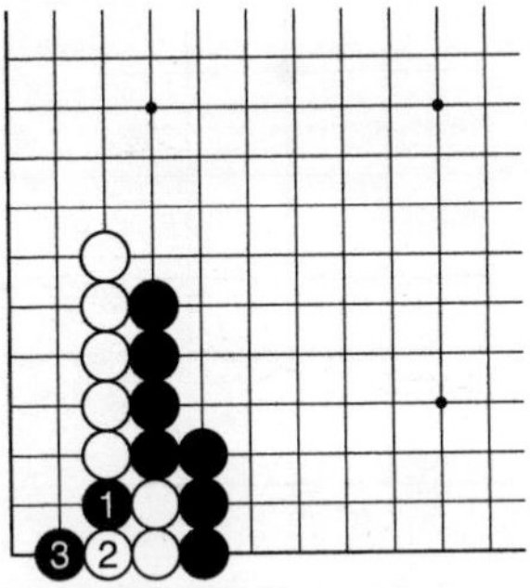

正解

黑 1 打吃的这一手叫作“断”。断的意义在于将白两子与其他的白棋分开。

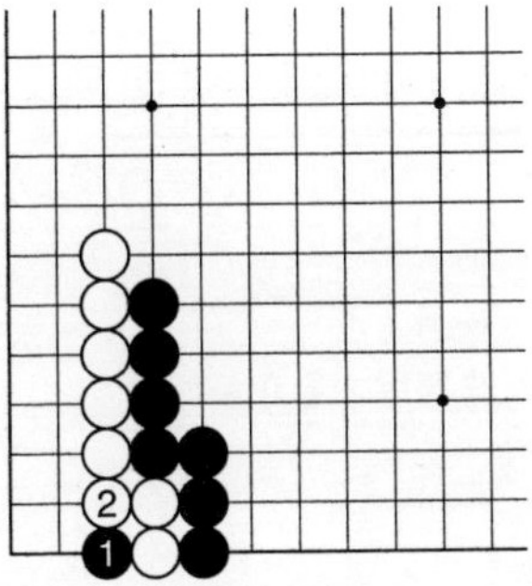

失败

如果黑棋从 1 位打吃的话，白 2 粘，白棋就全部连起来了。黑棋不行。

问题 5（黑先）

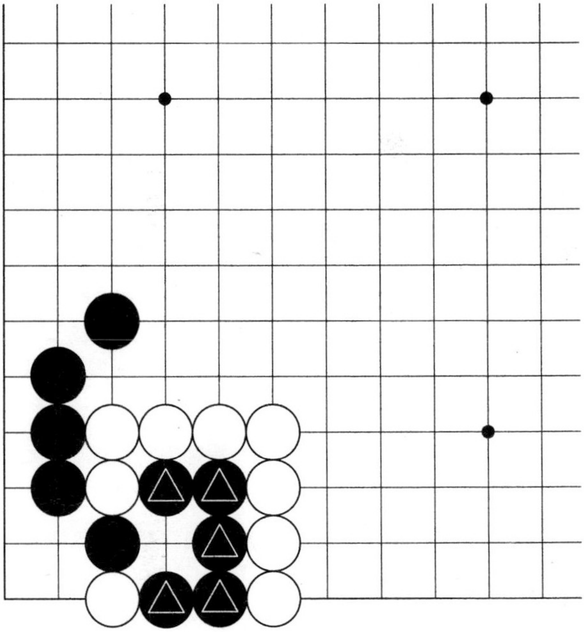

黑△五子处于被打吃的状态。

黑棋应该如何脱困？

问题 5（解答）

提子解围

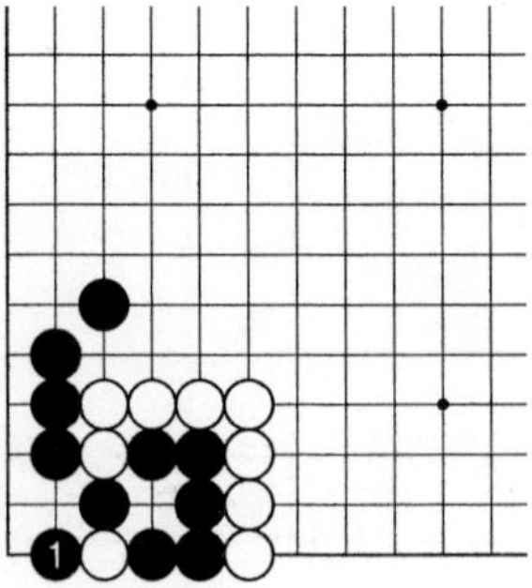

正解

黑 1 提白一子正解。

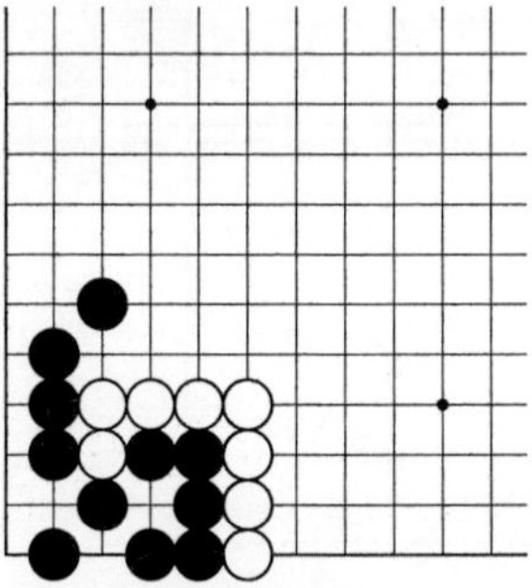

正解（续）

本图是黑棋提掉白棋之后的样子。

黑棋提了白棋一子后，自然而然地化解了被打吃的困境。能吃子逃跑就不要只单纯地逃跑。

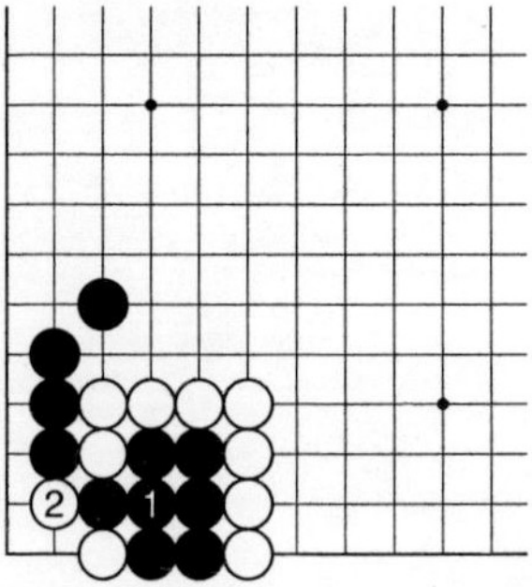

失败

黑棋不能因为被打吃就呆呆地粘住。白 2 提，黑棋被杀。

问题 6（黑先）

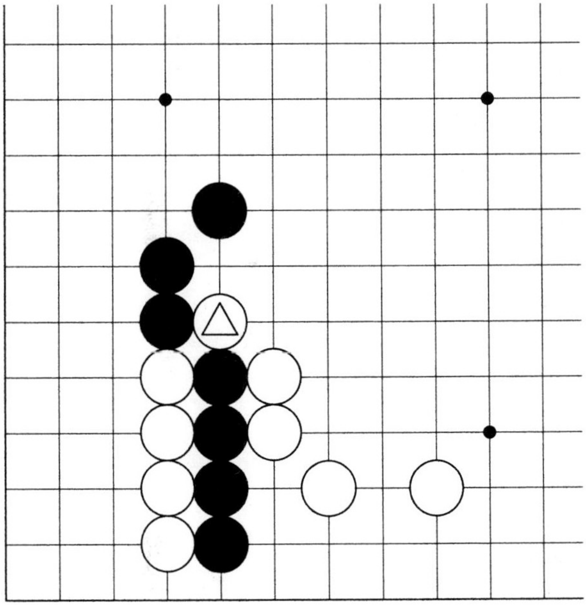

吃掉白◬后就可以救出黑四子。黑棋应该怎么走？

问题 6（解答）

断

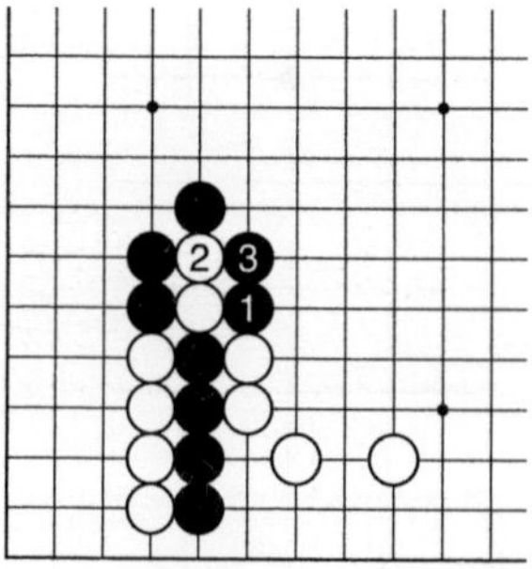

正解

黑 1 断，同时打吃白一子。此时白棋已无路可逃。

白 2 跑，黑 3 提掉白两子。

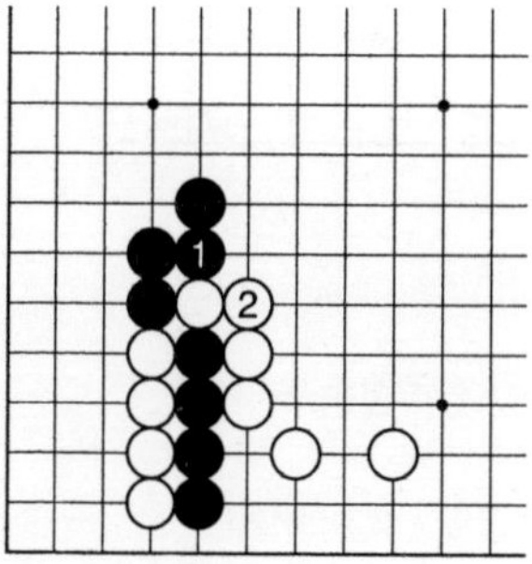

失败

黑 1 打吃，白 2 粘，黑四子被白棋吃住，黑棋不行。

问题 7（黑先）

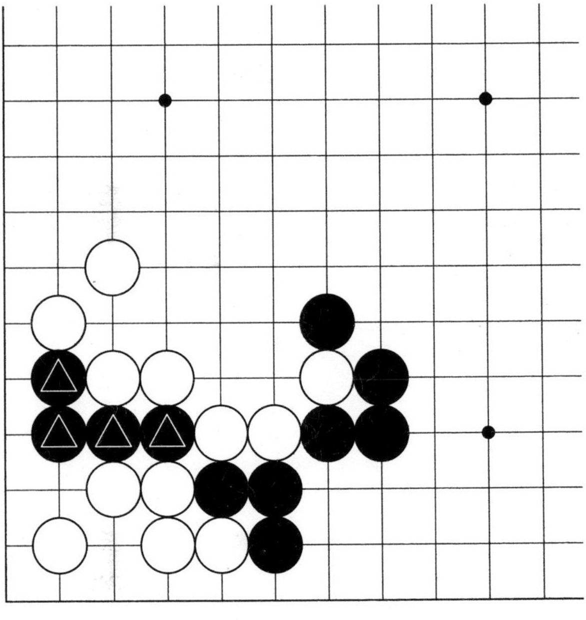

黑棋如何才能救出黑△四子？

问题 7（解答）

断在棋筋上

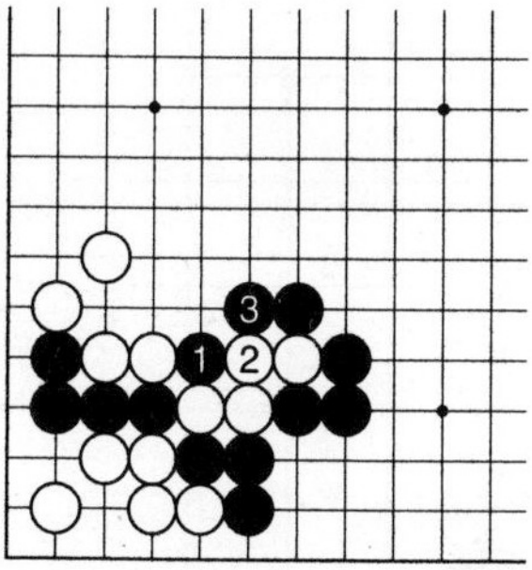

正解

黑 1 断打白两子是正解。

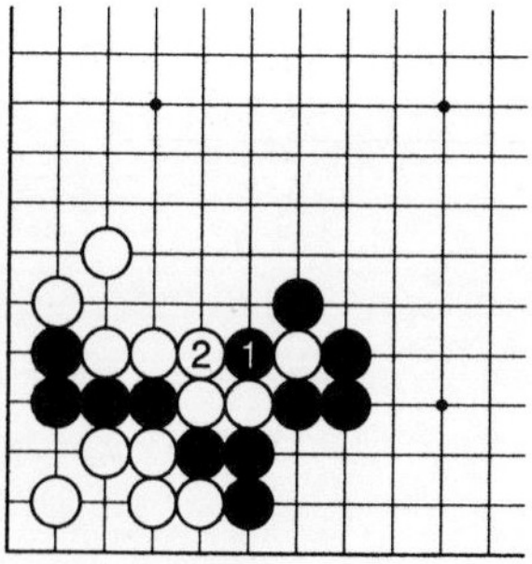

失败

黑 1 如果简单地提掉白一子的话，白 2 粘住，黑棋就束手无策了。

因此，看清哪里是主要矛盾才是最重要的。

问题 8（黑先）

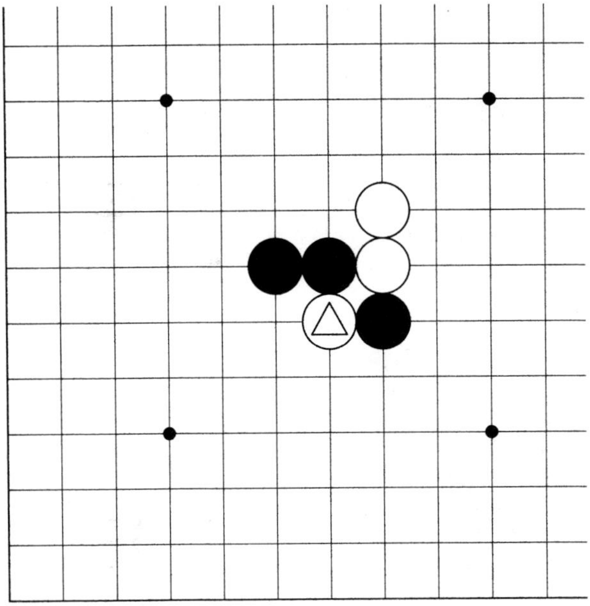

黑棋如何才能吃住白◬?

问题 8（解答）

征子

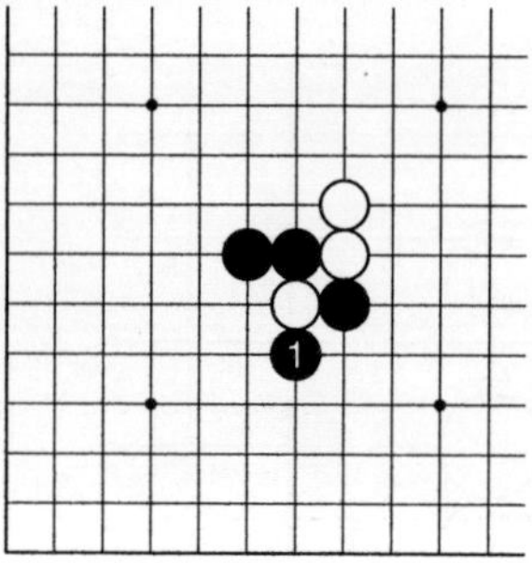

正解

黑 1 打吃是正解。

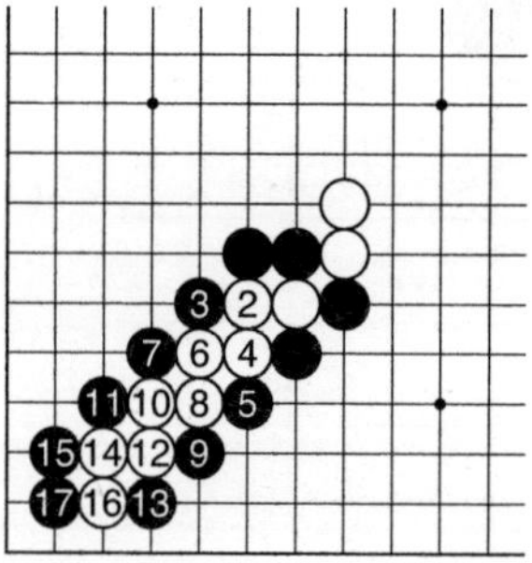

正解（续）

白 2 跑，黑 3 打吃，白 4 跑，黑 5 再打吃。白棋是逃不掉的。这种横、竖交错的打吃叫作“征子”。

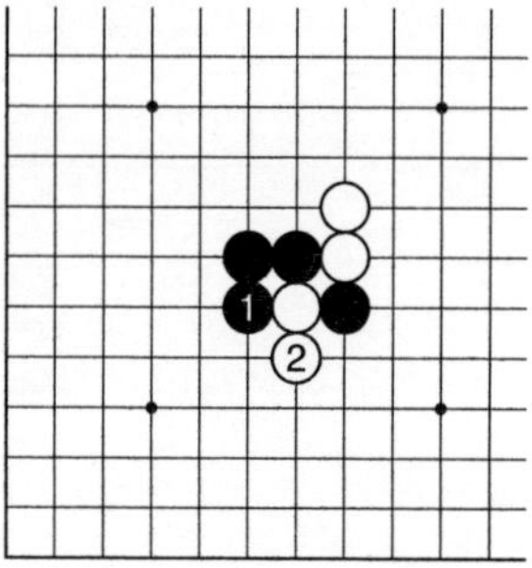

失败

黑 1 如果拐打的话，白 2 长就逃出去了。

白棋变成三口气，黑棋无法再打吃白棋了。

问题 9（黑先）

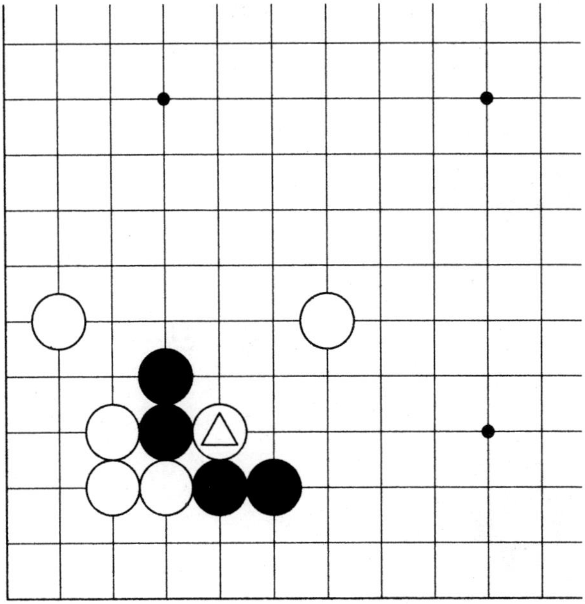

黑棋如何才能吃掉白△呢？

问题 9（解答）

征子不成，枷吃来凑

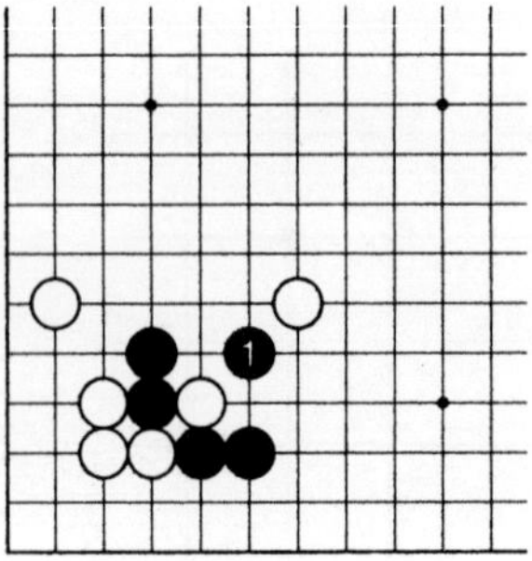

正解

黑 1 被称作“枷”，是一种吃子技巧。

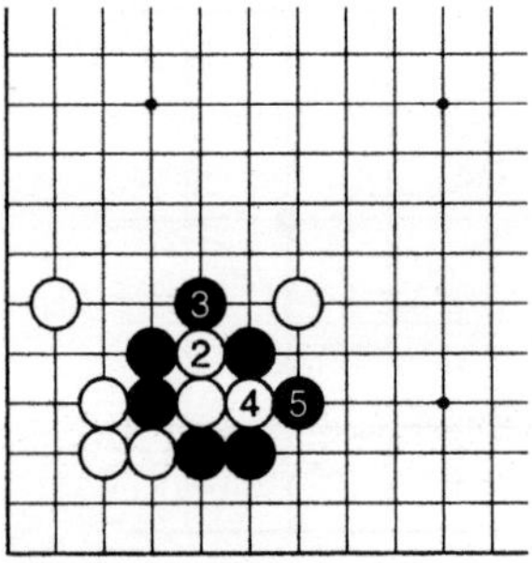

正解（续）

白 2 逃跑的话，黑 3 挡住，白 4 再逃，黑 5 提。

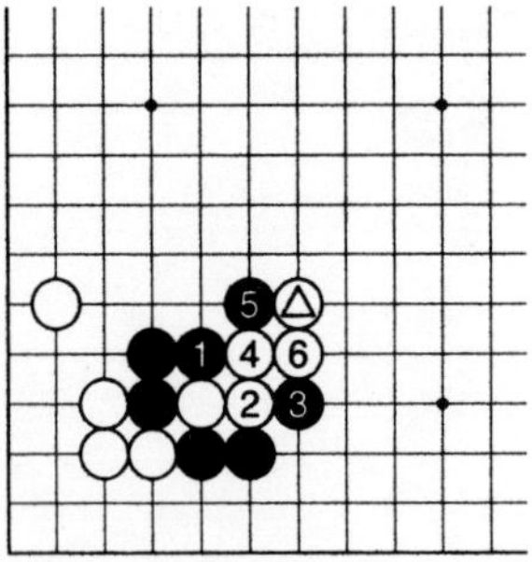

失败

黑 1、3 征吃的话，至白 6，由于白四子与白◬连起来，白棋成功逃出，黑棋不行。

白◬的作用叫作“引征”。因此，当征吃线路上有对方的子接应时，枷吃是有效的手段。

问题 10（黑先）

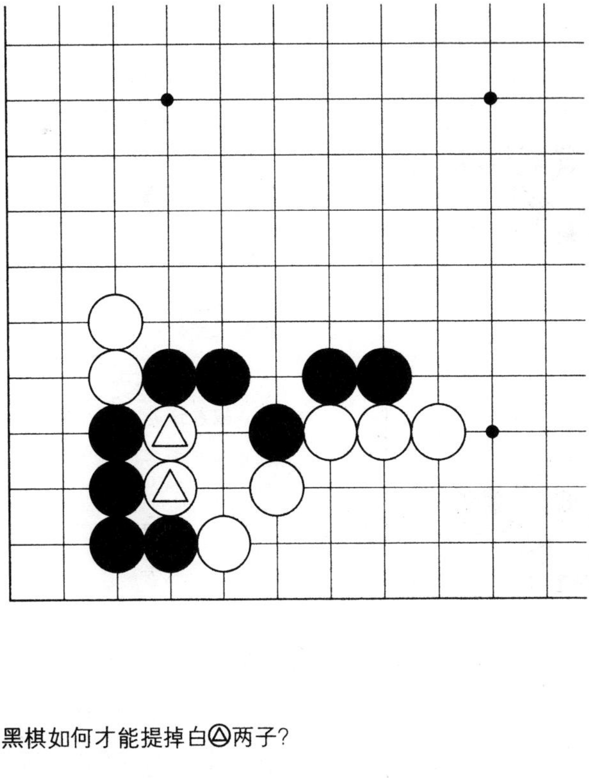

黑棋如何才能提掉白◬两子?

问题 10（解答）

故意送出一子获取更多的利益

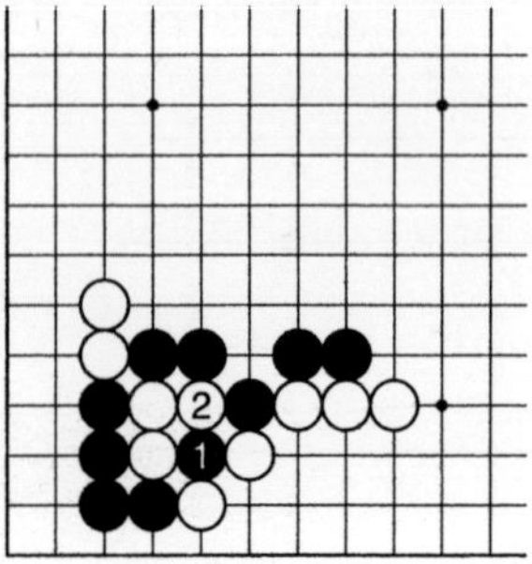

正解

黑 1 扑，故意送给对方一子。

白 2 提掉黑一子。此时白三子处于被打吃的状态下。

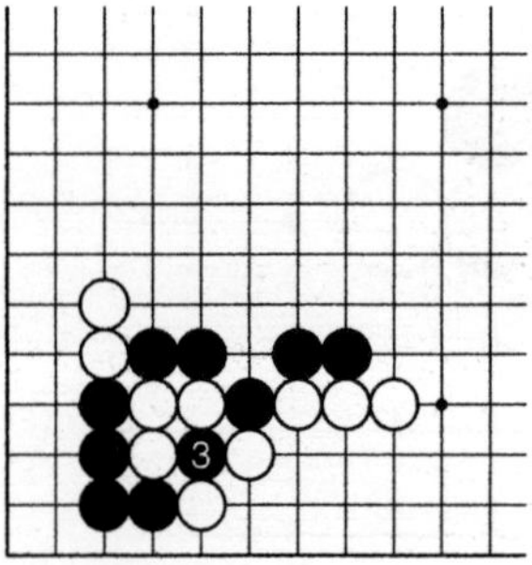

正解（续）

黑 3 提掉白三子。

故意送吃一子，目的是为了吃掉对方更多的子，这种吃子技巧叫作“扑”。

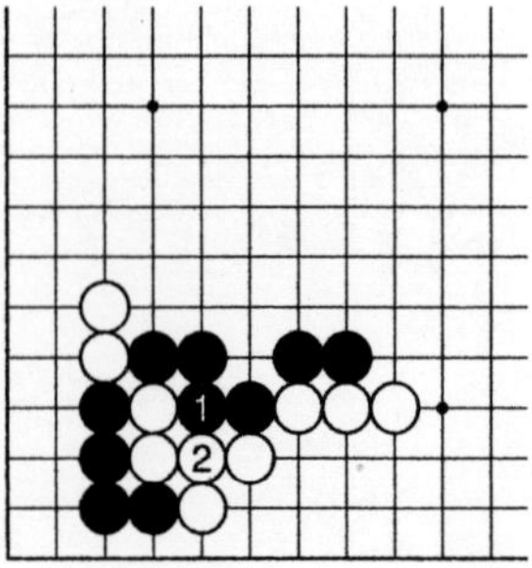

失败

黑 1 如果只是打吃的话，白 2 粘。黑棋被分成两块，苦不堪言。

问题 11（黑先）

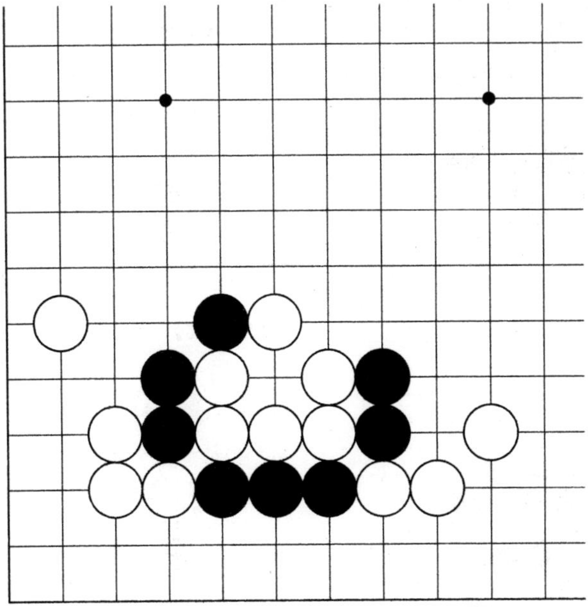

黑棋目前是“四分五裂”的状态。

吃掉白棋就可以获得联络，那么黑棋应该走哪里呢？

问题 11（解答）

找出对方的弱点，一举击溃

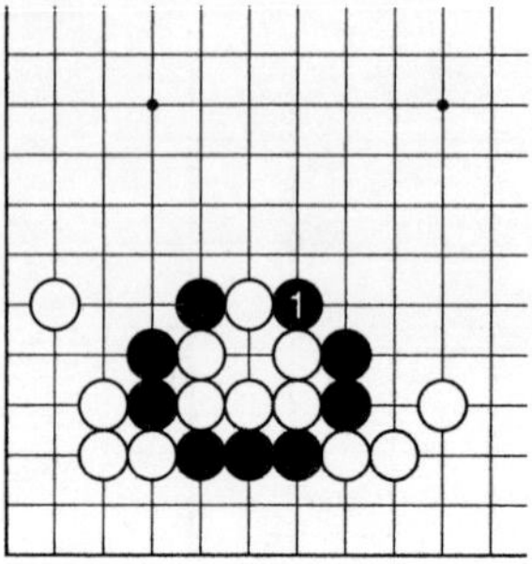

正解

黑 1 打吃是正着。这样白棋就没办法了。

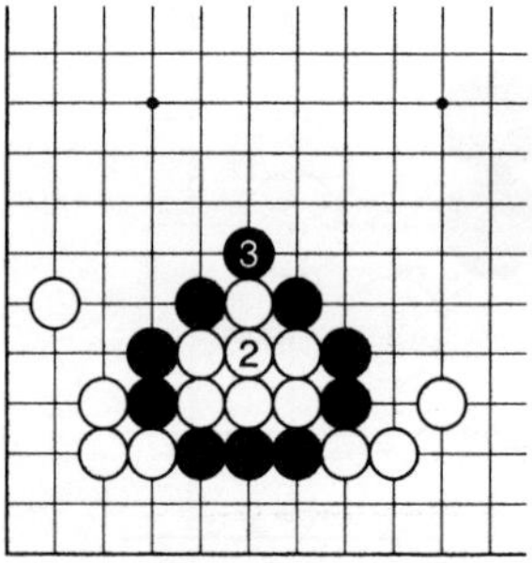

正解（续）

白 2 粘的话，黑 3 就可以将白棋尽数吃掉。

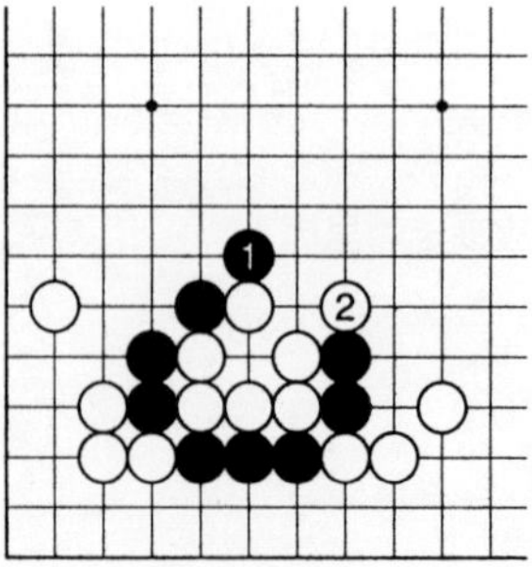

失败

黑 1 如果不打吃的话，白 2 虎，白棋成功逃跑。

黑棋崩溃。

问题 12（黑先）

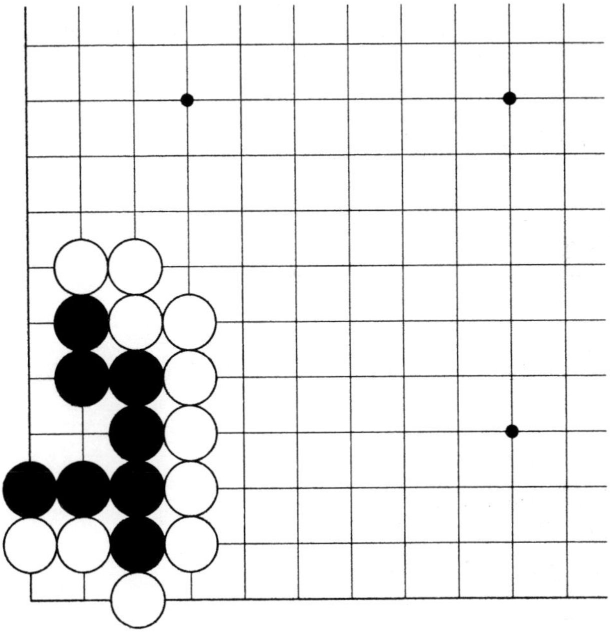

如图，黑棋只有一只眼，处于濒死的状态。

起死回生的一手在哪里呢？

问题 12（解答）

扑

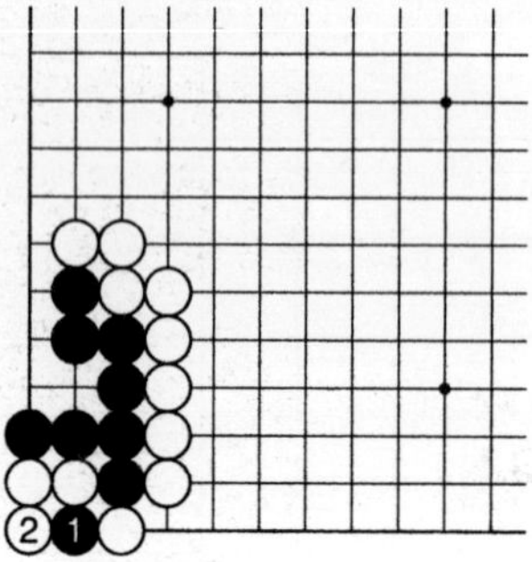

正解

黑 1 扑。黑棋故意送给白棋一子叫作扑。白 2 提子后白三子处于被打吃的状态。

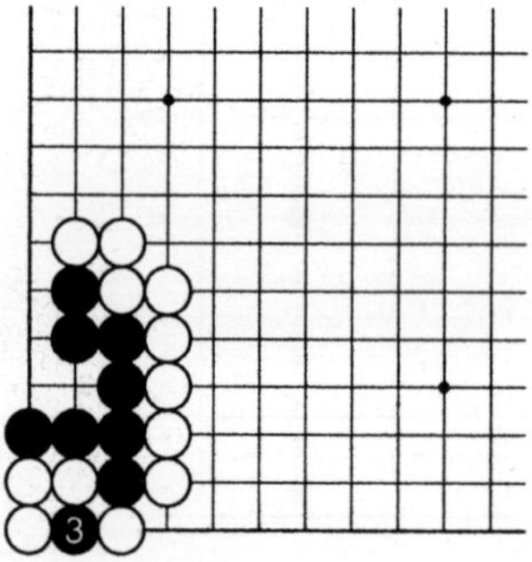

正解（续）

黑 3 提子，黑棋活棋。

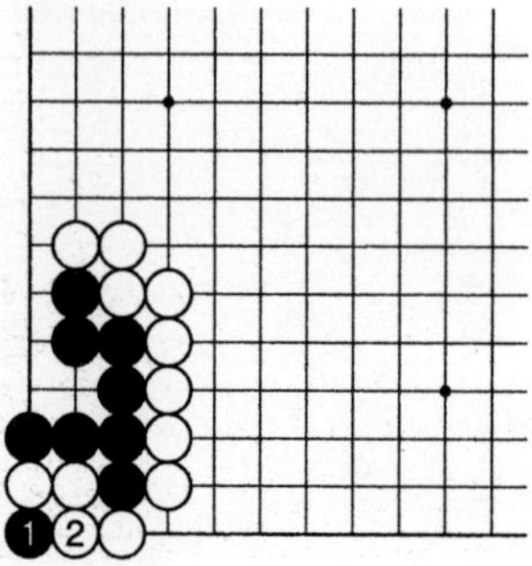

失败

黑 1 打吃白棋的话，白 2 提，黑棋不行。

问题 13（黑先）

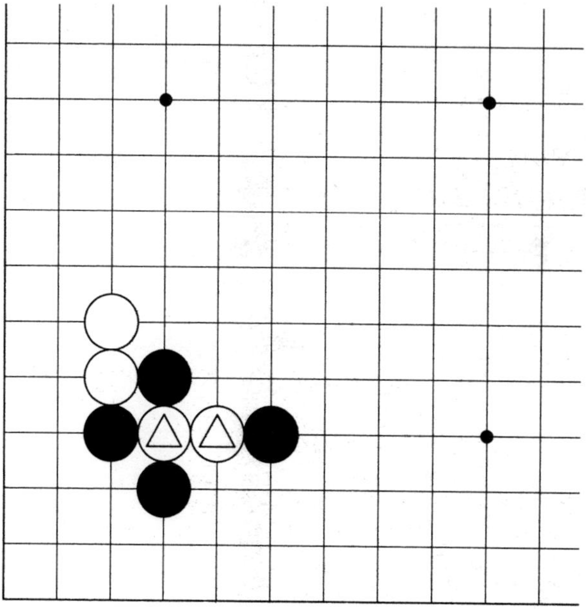

黑棋如何才能吃掉白◬？请注意打吃的方向。

问题 13（解答） 从自身薄弱的方向打吃

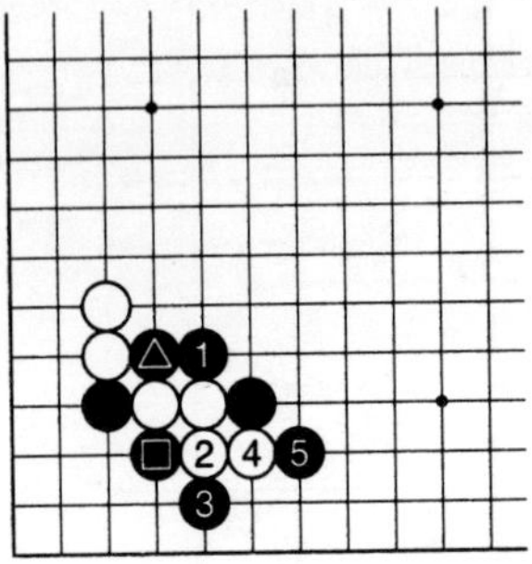

正解

黑 1 征吃。

看一下黑▲和■的区别。哪一颗棋子比较弱呢？黑▲处于被白棋包围的状态，明显属于弱子。一般情况下从弱的一边打过来是正解。

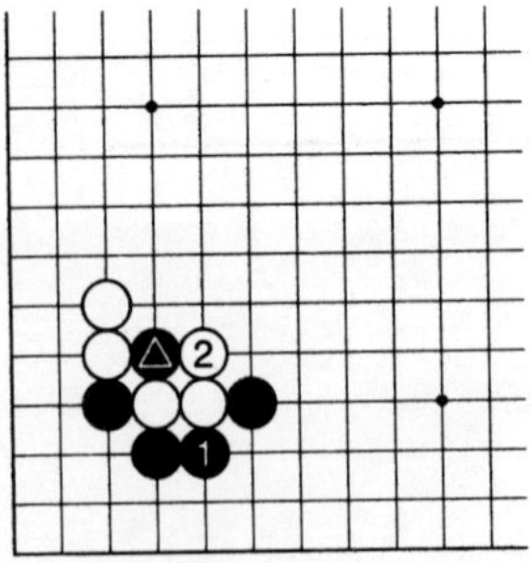

失败

黑 1 打吃。白 2 跑的时候，同时打吃黑▲一子，黑棋失败。

问题 14（黑先）

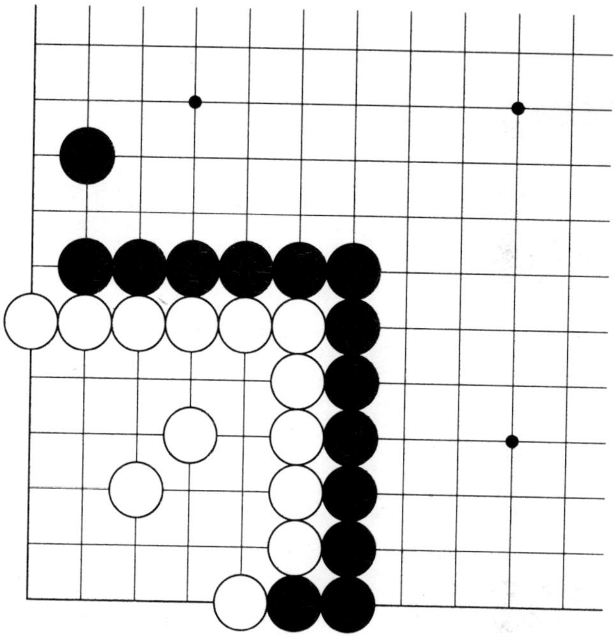

虽然白棋围了不少地，但此时黑棋仍有机会破坏白地。请认真思考，找出白棋的缺陷。

问题 14（解答）

瞄准对方的缺陷

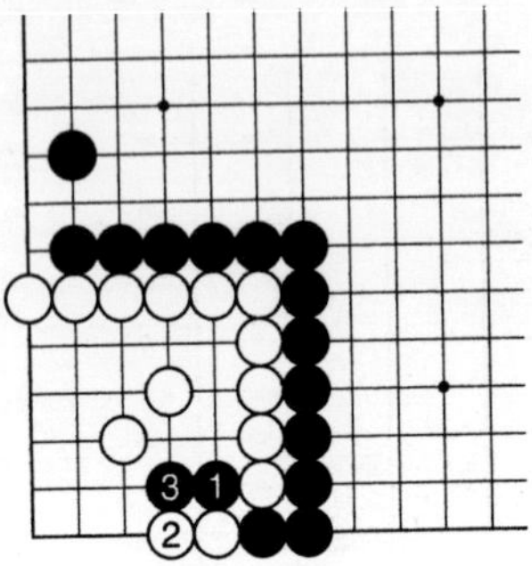

正解

黑 1 断打正确。白棋是跑不掉的。白 2 爬，黑 3 打吃。

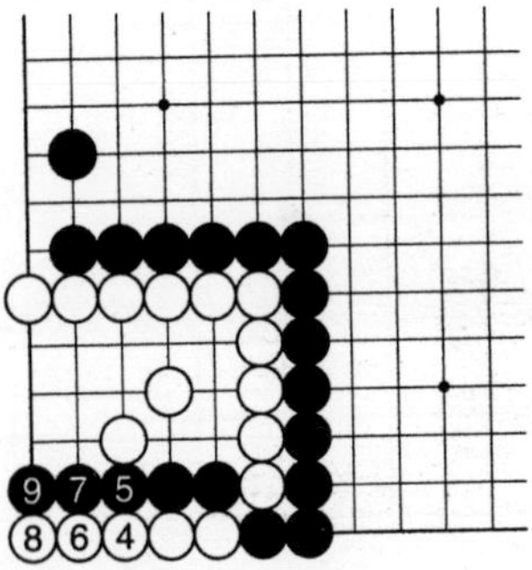

正解（续）

白 4 爬，黑 5 再打吃，至黑 9，边上的白棋全部被吃。

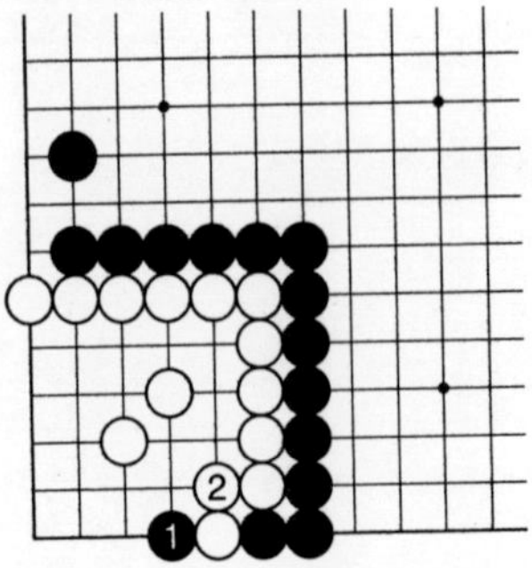

失败

黑 1 虽然也是打吃，但白 2 粘住，黑棋失败。

因此要注意打吃的位置。

问题 15（黑先）

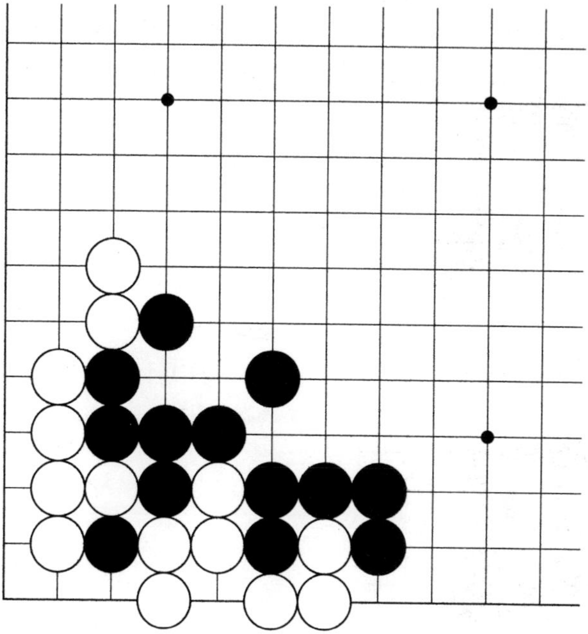

黑棋可以吃掉哪处白棋？

问题 15（解答）

接不归

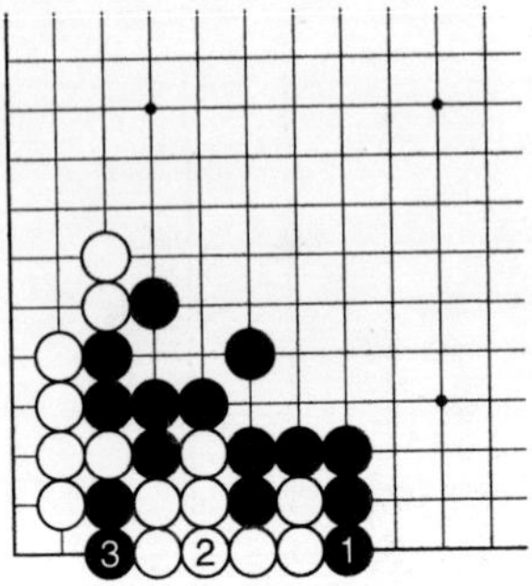

正解

黑 1 打吃。白 2 粘的话，白棋就全部陷入被打吃的状态了。

黑 3 尽数吃掉白棋。

被打吃的一方无法连回的状态叫作“接不归”。

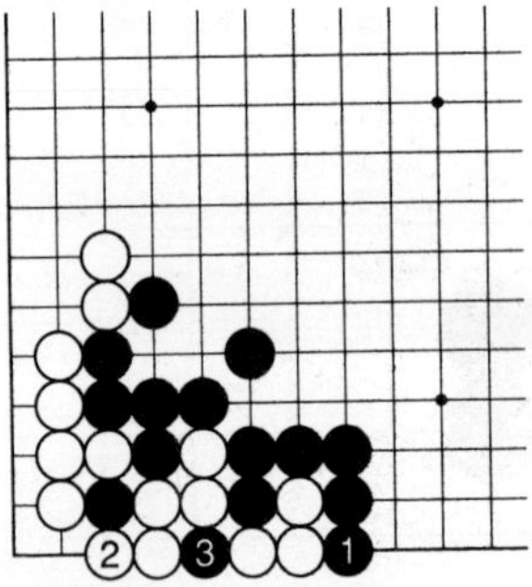

正解变化

黑 1 打吃，白 2 提止损。黑 3 吃掉白三子。

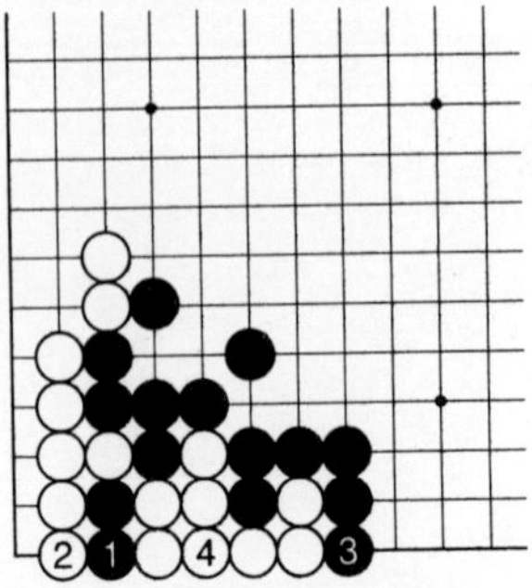

失败

黑棋在 1 位打吃的话，黑棋一个子都吃不到。

问题 16（黑先）

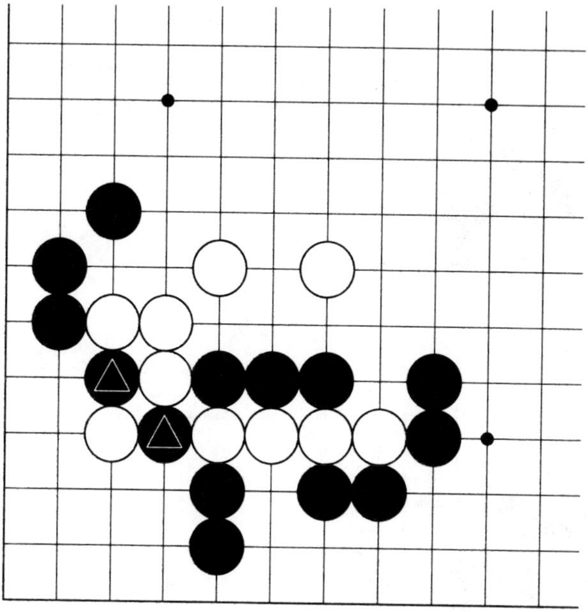

棋盘上每一个子的价值都不同。黑△两子同时被叫吃，哪一个子的价值更大呢？

价值重要的子叫作“棋筋”。请判断并救出这重要的一子。

问题 16（解答）

断点上的子是棋筋

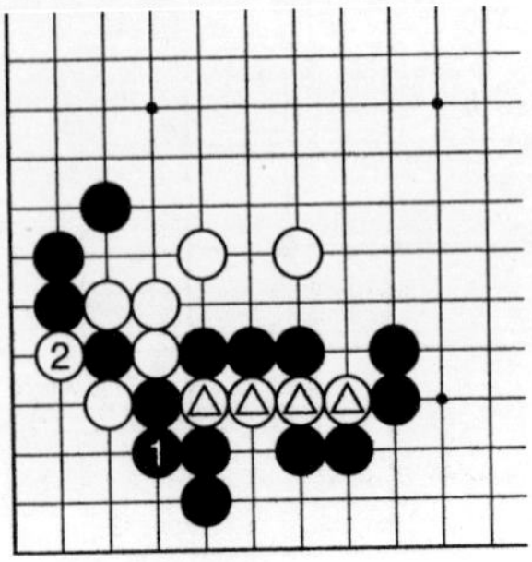

正解

黑 1 粘是正解。

白 2 虽然提了黑一子，但是自己的白△四子被黑棋吃住了。

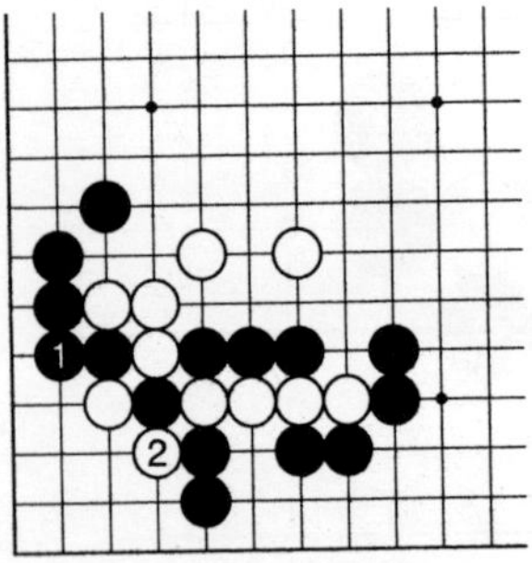

失败

黑 1 粘的话，白 2 提黑一子。

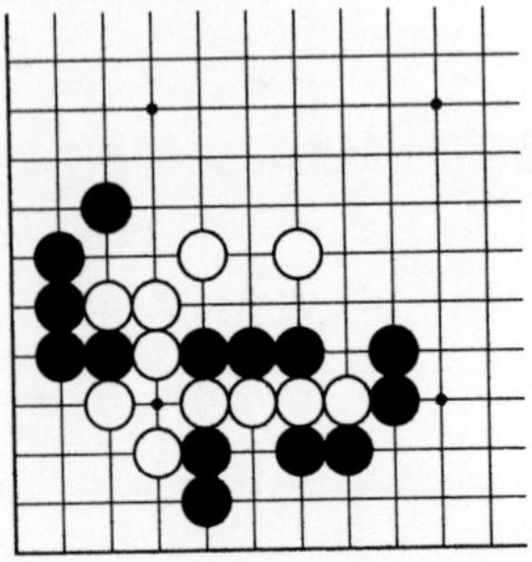

失败（续）

黑棋一子被提后，两块白棋获得联络。黑棋不行。

2. 基础篇

手筋经常出现在吃子和对杀中。

下面我们来学习两种不同类型的手筋。

1. 吃子的手筋

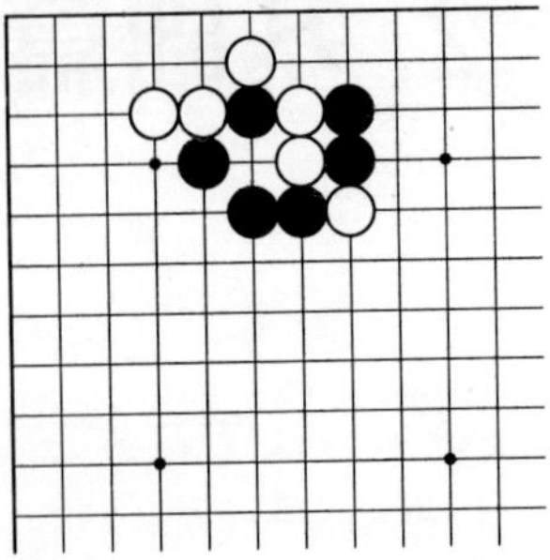

图 1

黑先。应该走哪里？

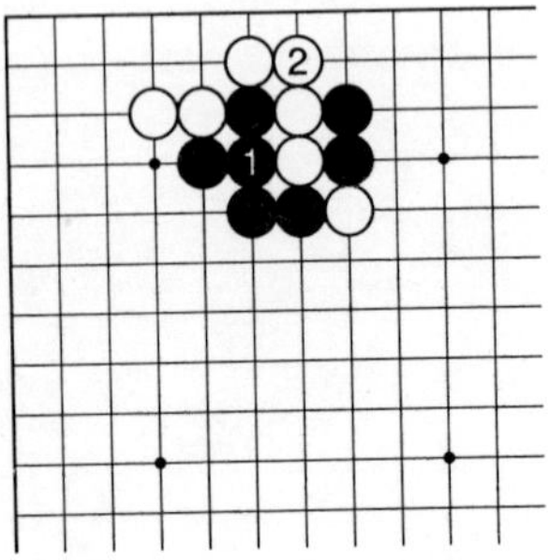

图 2

黑 1 粘住虽能救出被打吃的一子，但白 2 粘住后，黑棋被分断。

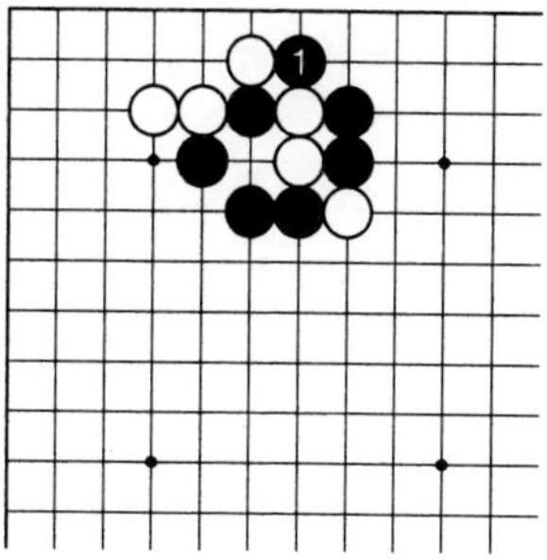

图 3

黑 1 是手筋。

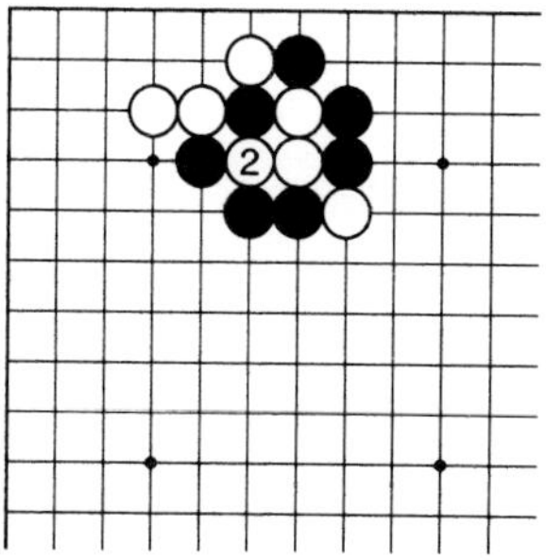

图 4

白 2 提。

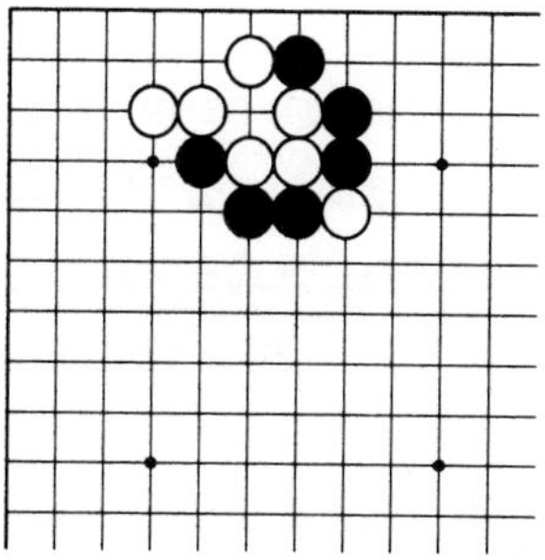

图 5

这是白棋提了黑一子之后的样子，很明显白三子处于被打吃的状态。

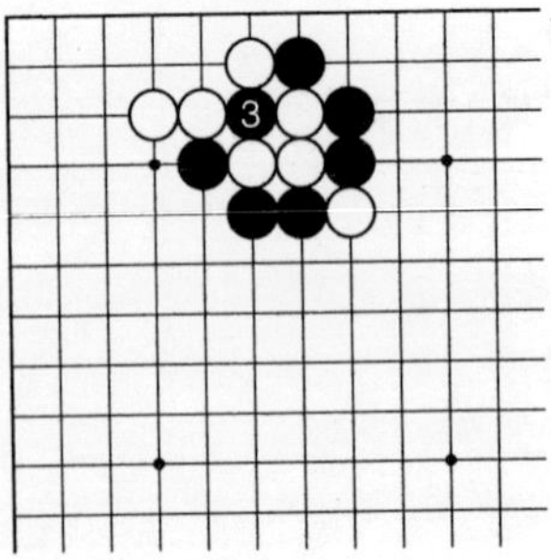

图 6

黑 3 吃掉白三子。

吃掉白棋后，黑棋也成功获得了联络。

故意送出一子的目的是为了之后得到更大的利益。

2. 对杀的手筋

对杀是指双方扭在一起的子，在没有完全活棋的状态下，相互攻击所引起的一种情况。

对杀有三个技巧：

（1）直接攻击对方处于对杀中的子

（2）从外面收气

（3）做眼长气

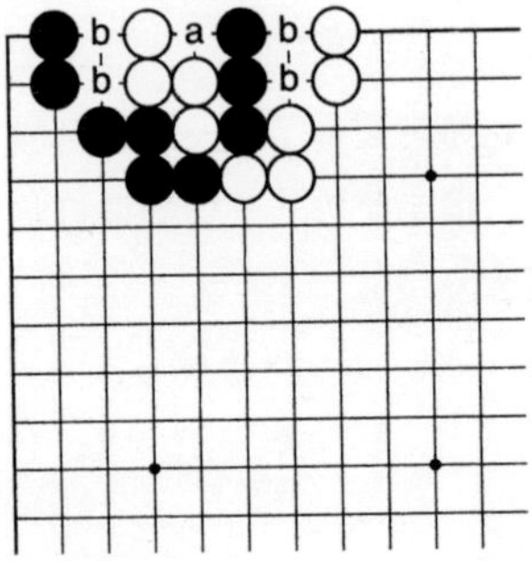

图 7

黑三子和白四子对杀。黑白双方公用的气叫做“公气”，图中 a 位是公气。黑或白单方的气叫作“外气”，图中 b 位是各自的外气。

黑先，请吃掉白棋。

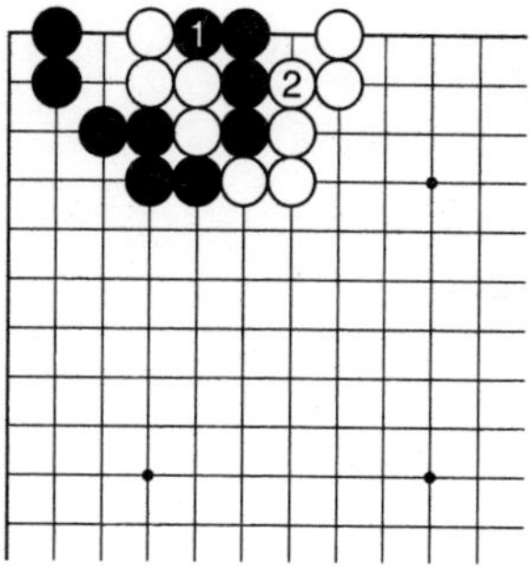

图 8

黑 1 若走公气的话，白 2 紧气，黑棋被杀。

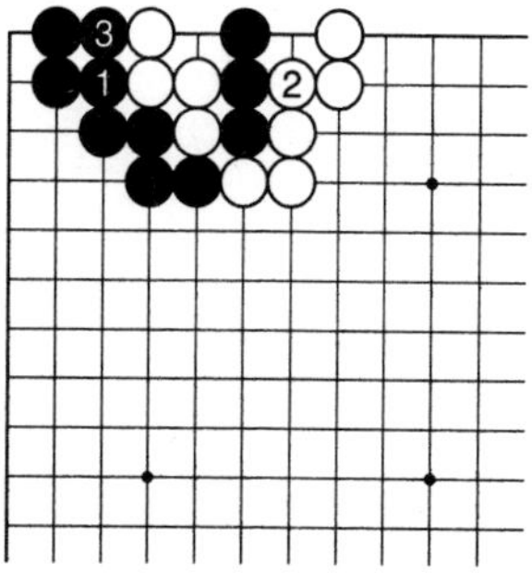

图 9

黑 1、3 从外面收气是对杀中取胜的秘诀。这样白棋就被吃了。

问题 17（黑先）

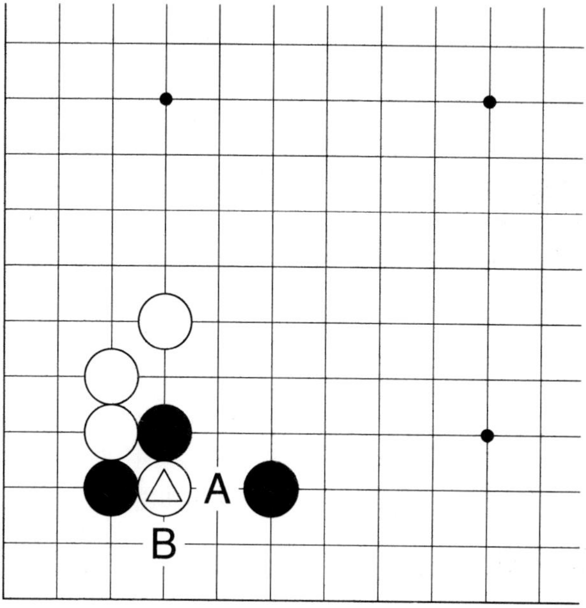

黑先，现在要吃掉白㊀。应该从哪处打吃，A 还是 B？

问题 17（解答）

将对方的子赶向本方

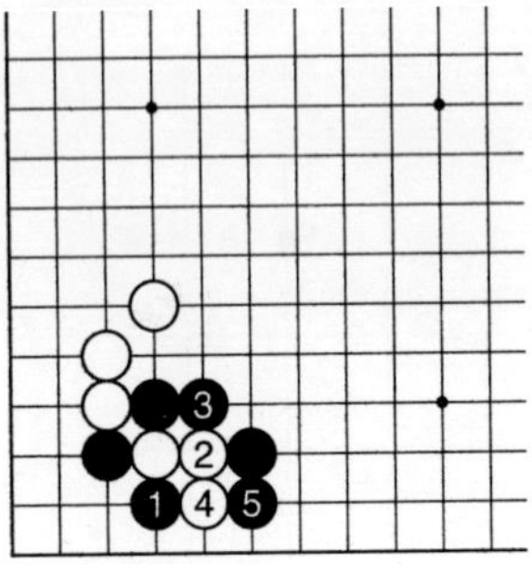

正解

黑 1 从下边打吃，是将对方的子赶向本方的手段。黑 3 征吃也很重要。这样就将白棋征吃掉了。

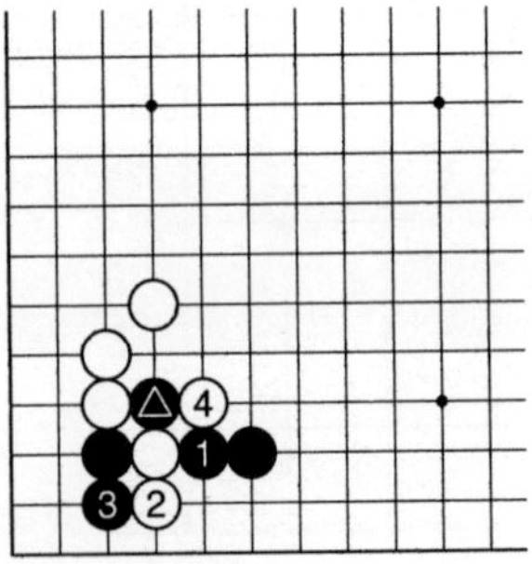

失败

黑 1 打吃的话，白 2 立，白棋现在有三口气。

黑 3 紧气，白 4 断打，黑△反而被白棋吃住了。

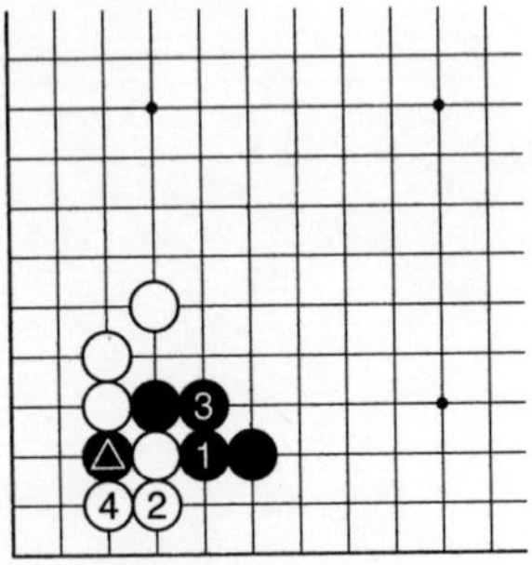

失败变化

黑 3 粘也没用，白 4 拐，黑△被吃。

问题 18（黑先）

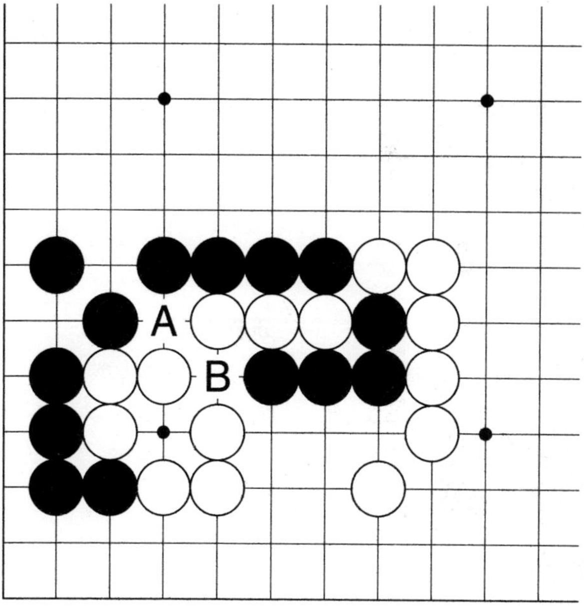

黑四子处于被白棋围住的状态。

黑棋应该如何救出黑四子？走 A 还是 B？

问题 18（解答）

注意打吃方向

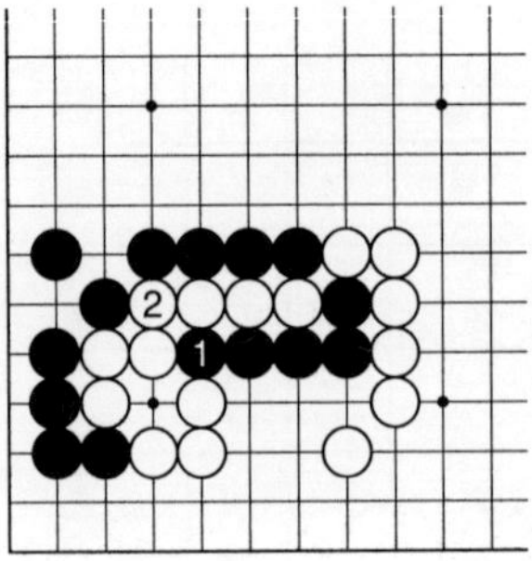

正解

黑 1 打吃白三子。

白棋如果于 2 位粘的话，白七子全部处于被打吃的状态。

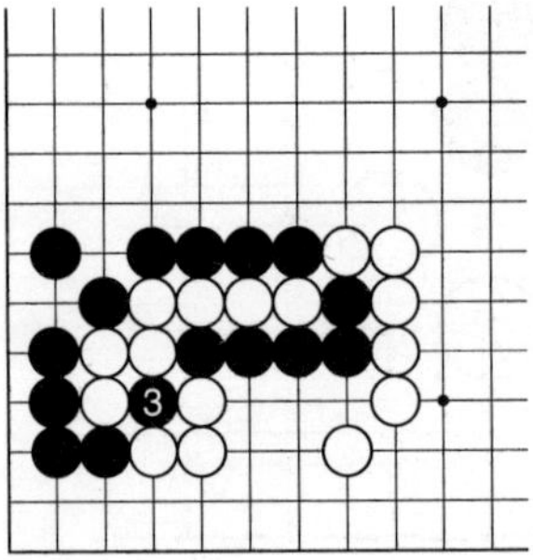

正解（续）

黑 3 尽数吃掉白棋。

黑棋在救出黑子的同时，也获得了很多实地。

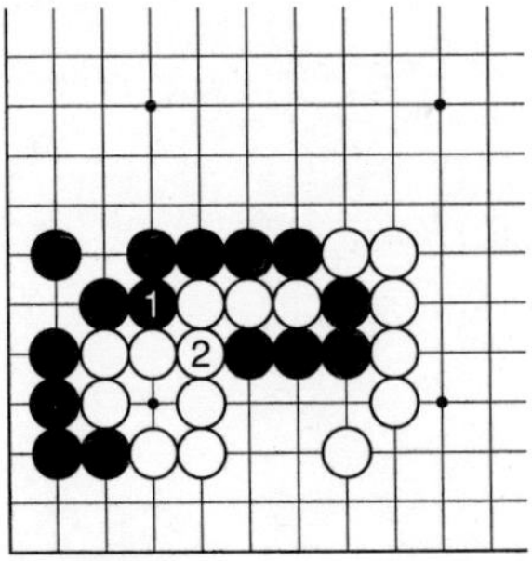

失败

黑 1 从另一方向打吃白棋的话，白 2 粘，黑棋再也没后续手段。

当打吃方向不止一处时，要思考清楚哪一处才是正解。

问题 19（黑先）

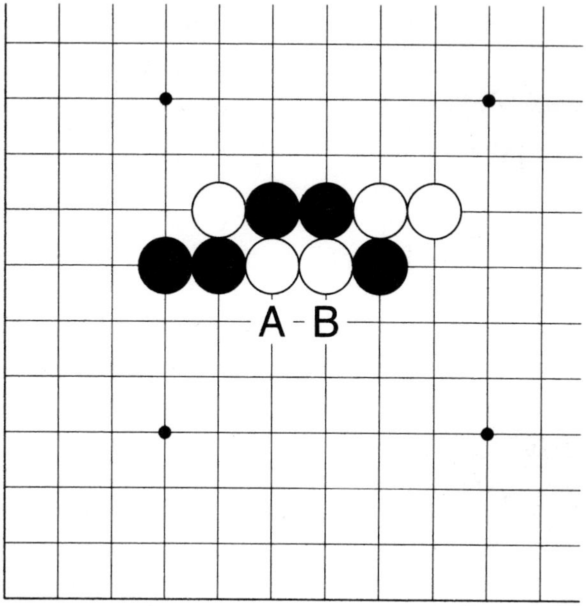

本题练习吃子的基本技巧之一——征吃。

黑棋虽被白棋分断，但黑棋可以通过吃掉白棋获得联络。

为此，黑棋需要吃掉哪块白棋？应该走 A 还是 B？

问题 19（解答）

从自身薄弱的方向打吃

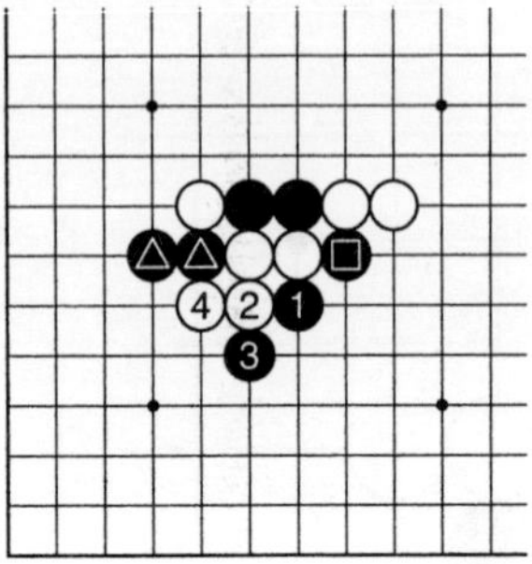

正解

黑▲两子和黑■一子相比，子数少的黑■是弱子，因此从黑 1 的方向打吃是正解。

白 2 跑，黑 3 打吃，之后一直打吃。

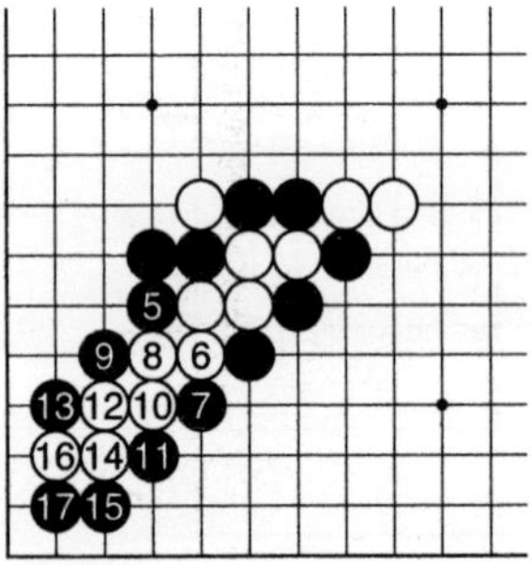

正解（续）

双方最后走出如图阶梯的形状，至黑 17，白棋被吃。

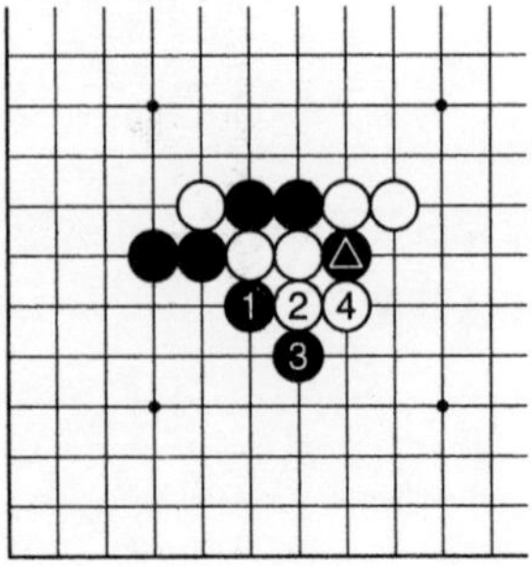

失败

黑 1 打吃的话，至白 4 拐，黑▲反被打吃。

问题 20（黑先）

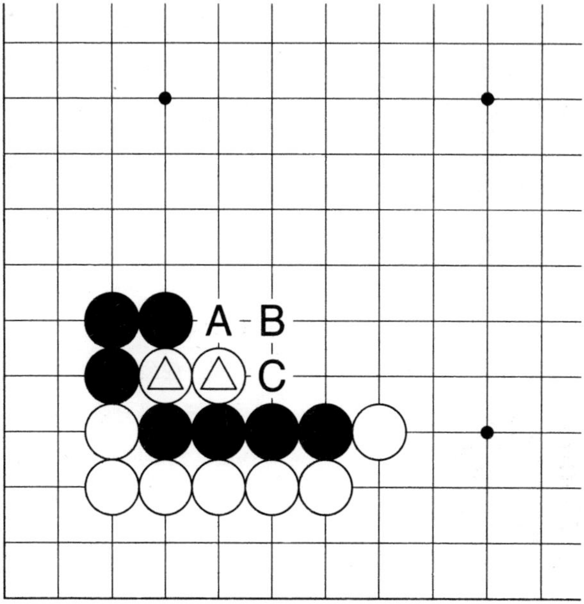

本题练习另一个吃子的基本技巧——枷。

黑棋如果不能走征吃的话，应该如何走呢？在 A、B 、C 中选出答案。

问题 20（解答）

征吃不行时考虑枷吃

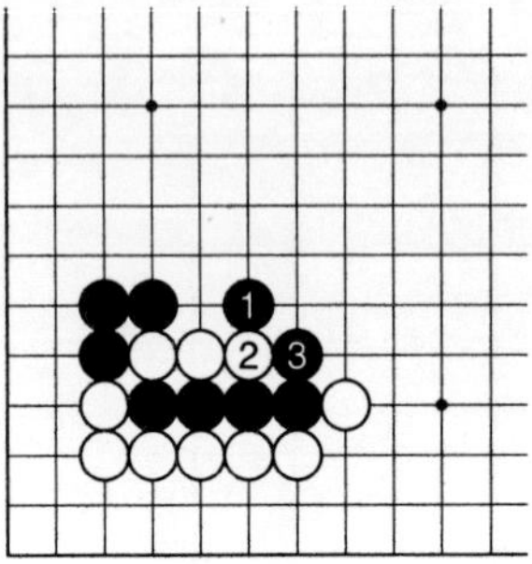

正解

黑 1 是好手。这种吃子技巧被称作“枷”。白 2 跑时黑 3 挡，白棋无路可逃。

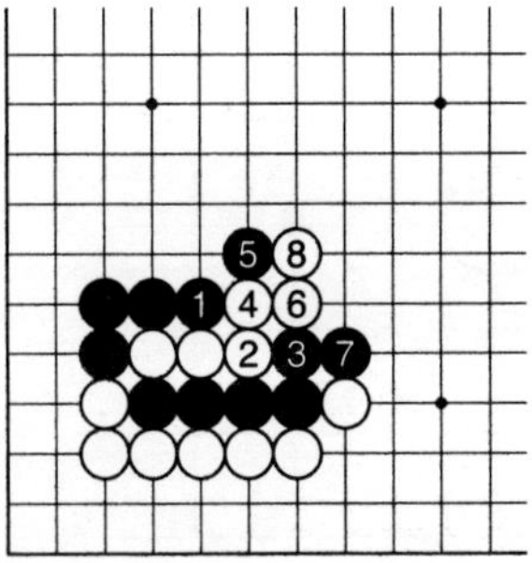

失败 1

黑 1 想征吃白棋，至白 6，黑棋反被白棋打吃。黑 7 跑，白 8 拐出，白棋成功逃跑。

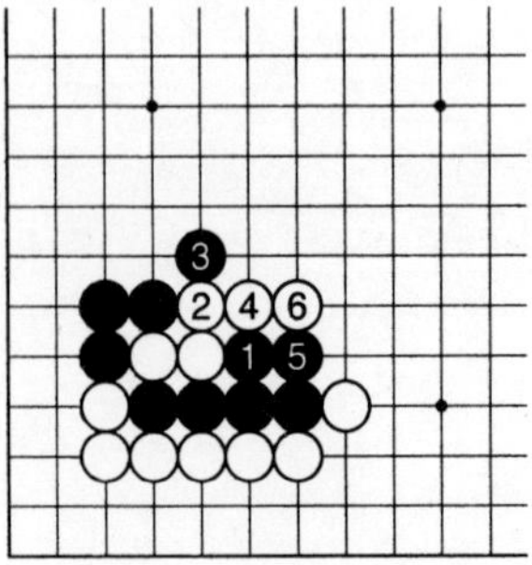

失败 2

黑 1 打吃的话，至白 4，黑棋反被白棋征吃。

问题 21（黑先）

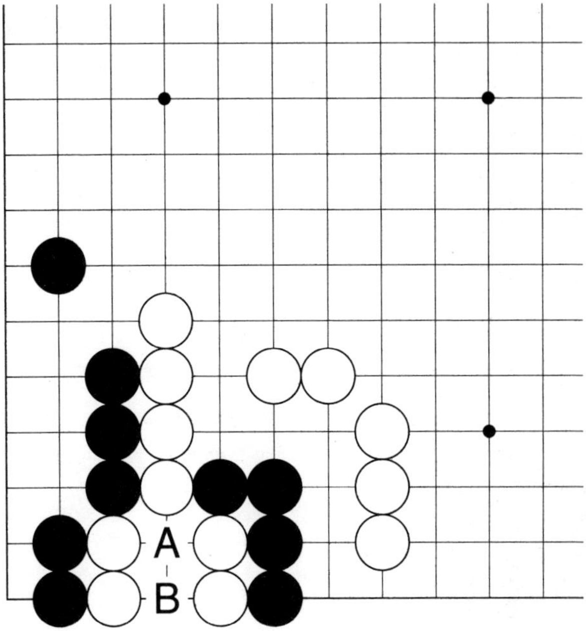

若要救出右边的黑棋，需要先吃掉白棋。

A 和 B，黑棋应该选择走哪里？

问题 21（解答）

扑

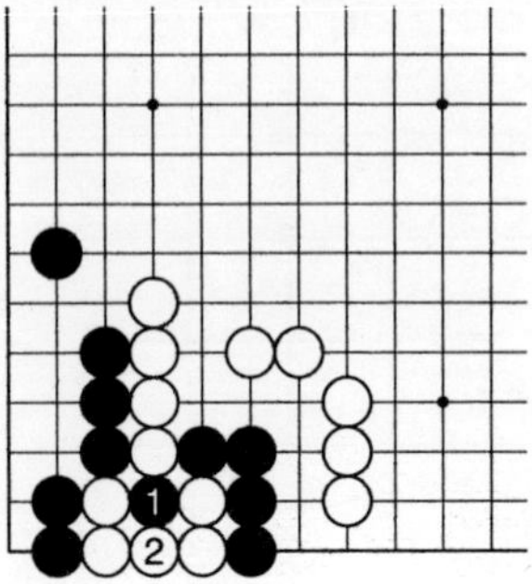

正解

黑 1 扑，故意送给白棋一子。白 2 提，白棋此时已处于被打吃状态。

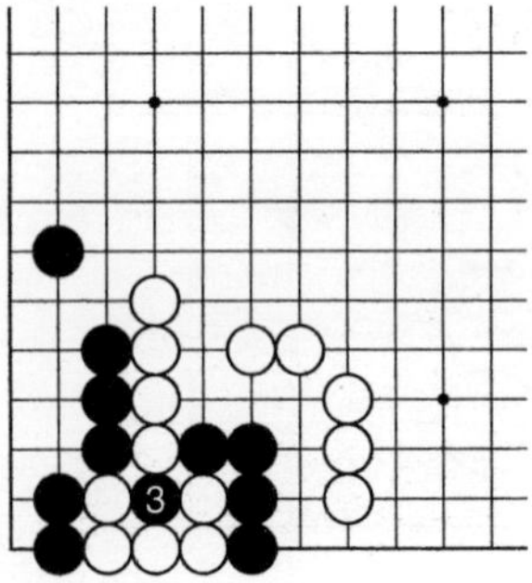

正解（续）

黑 3 尽数吃掉白棋后，成功和左侧黑棋联络。

这种通过弃子得利的吃子手段叫作“扑”。

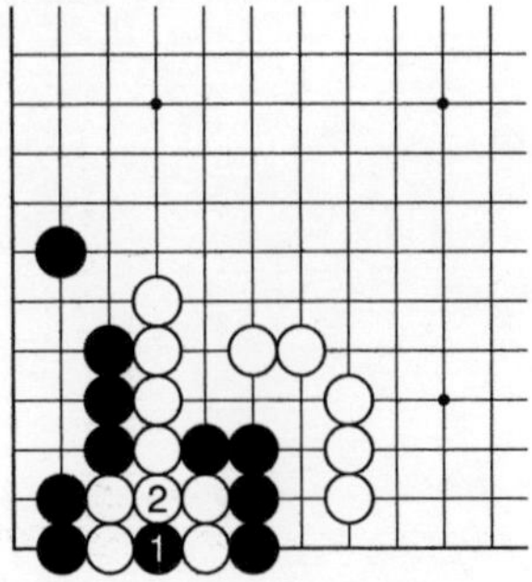

失败

黑 1 打吃，白 2 提，黑棋没有后续手段。所以扑的位置很重要，一般会选择走在对方会下出假眼的地方。

问题 22（黑先）

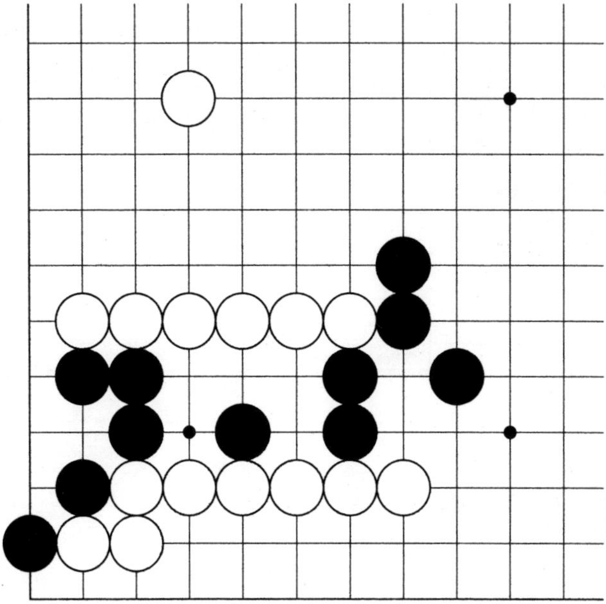

黑棋棋形很薄，零零散散。

黑棋若想全都连起来，应该走哪里呢？

问题 22（解答）

双是联络的好形

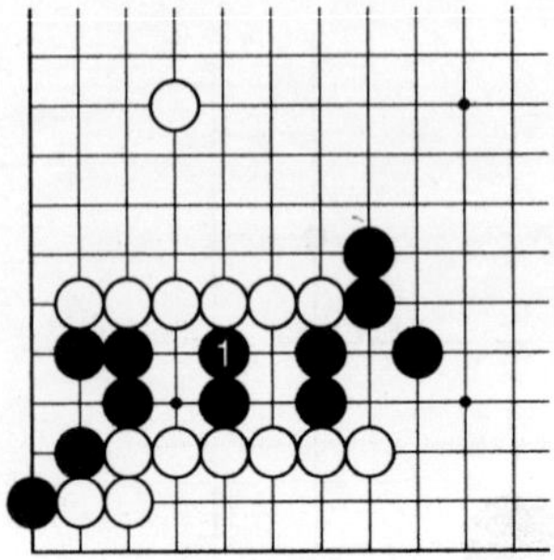

正解

黑 1 是将自身都连起来的好手。这个形叫作“双”，指由两个单关挨在一起。

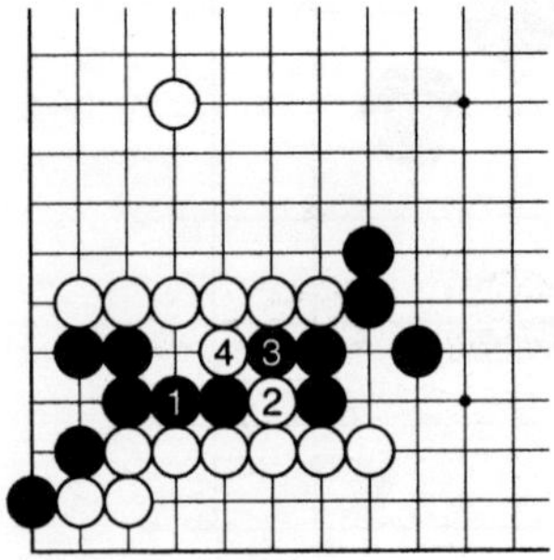

失败 1

黑 1 粘的话，白 2、4 冲断，黑棋连接失败。

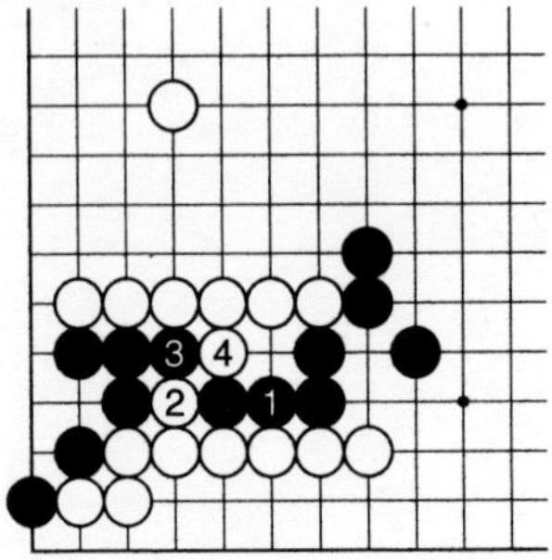

失败 2

黑 1 粘没用，白 2、4 冲断，黑棋一样会失败。

为了防止两个失败图中的情况，“双”是正解。

问题 23（黑先）

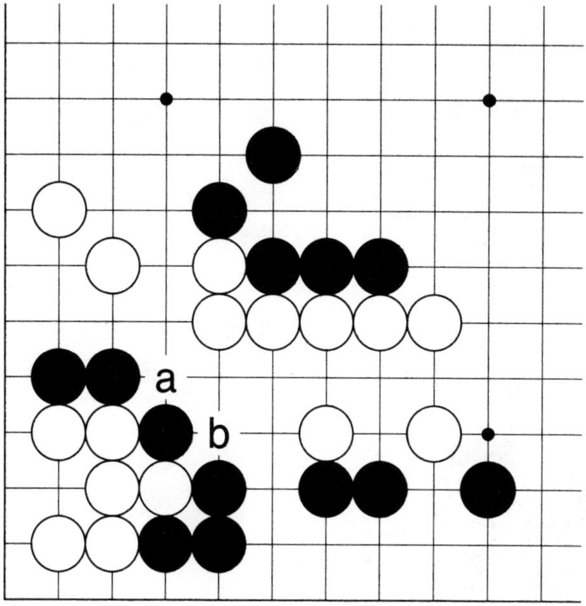

黑棋有 a、b 两处断点。

请思考如何补断点才能将黑棋整体连接起来。

问题 23（解答）

双虎

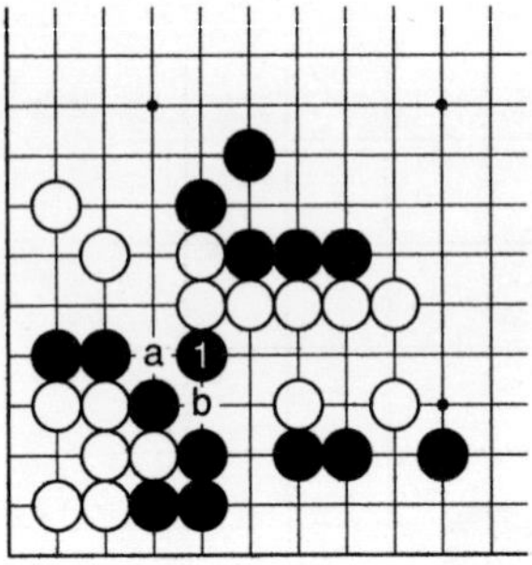

正解

黑 1 是叫作“双虎”的好手。直接补断点叫作“粘”，间接补断点叫作“虎”。黑 1 的双虎，可以同时补住 a、b 两处断点。白棋如果走 a、b 任意一点，都会被黑棋马上提掉。

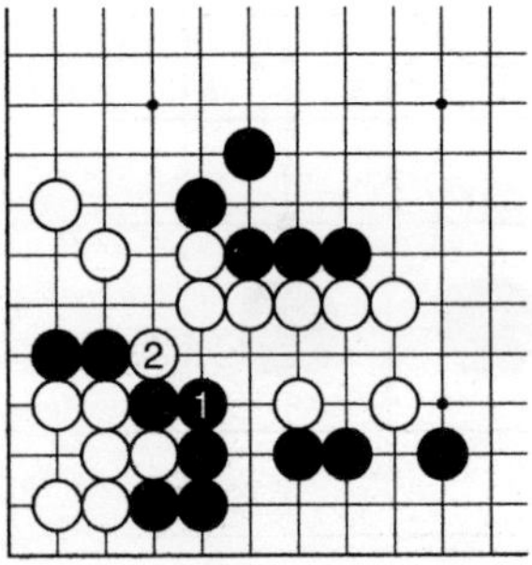

失败 1

黑 1 粘的话，白 2 断。

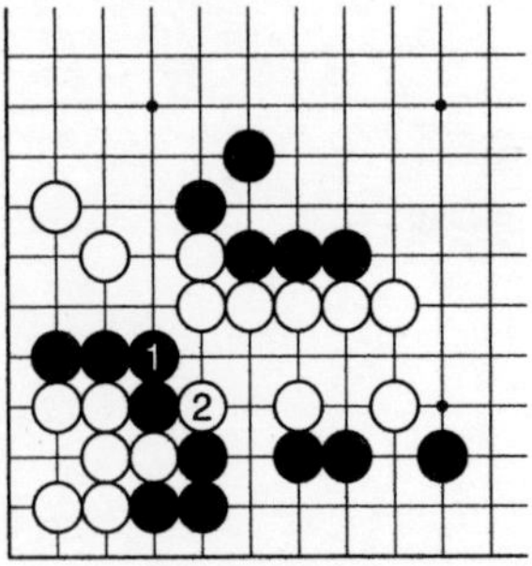

失败 2

黑 1 粘另一边，白 2 仍可以断。

被断了的黑棋也就被白棋吃住了。

问题 24（黑先）

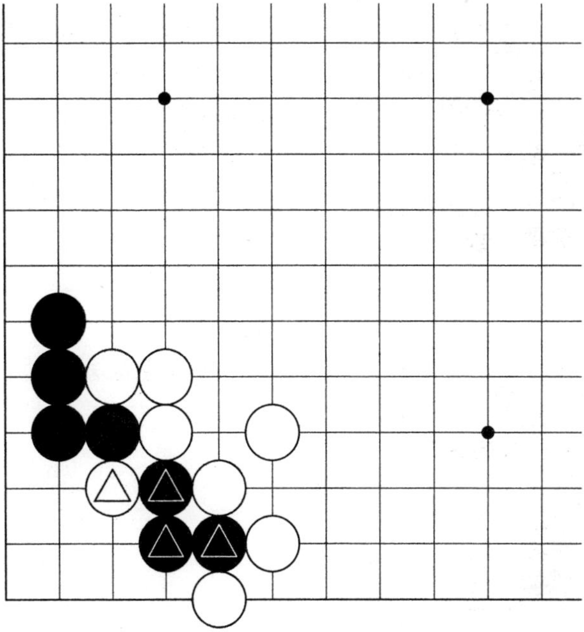

黑棋如果能吃掉白◬，就可以救出黑▲三子。

黑棋该如何走？

问题 24（解答）

从自身薄弱的方向打吃

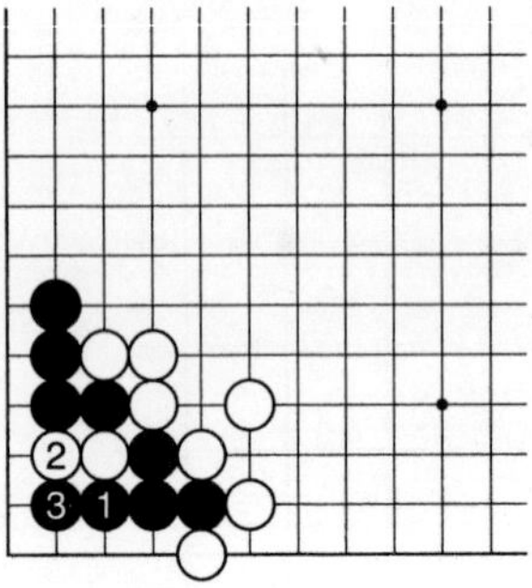

正解

黑 1 拐，从自身薄弱的方向打吃白棋。白 2 跑，黑 3 打吃。

白棋被吃住。

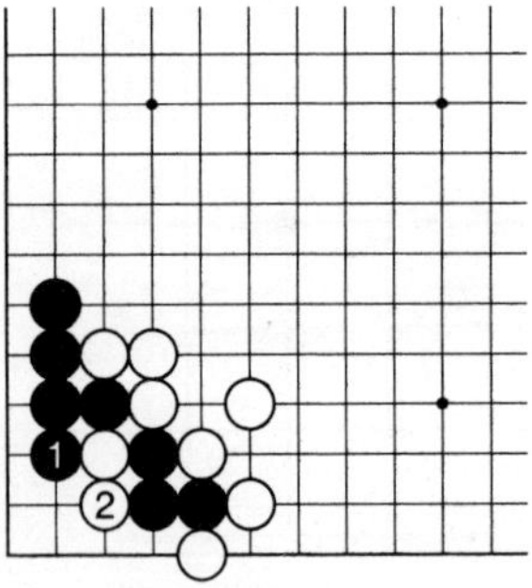

失败 1

黑 1 打吃的话，白 2 逃跑的同时打吃了黑三子，黑棋不行。

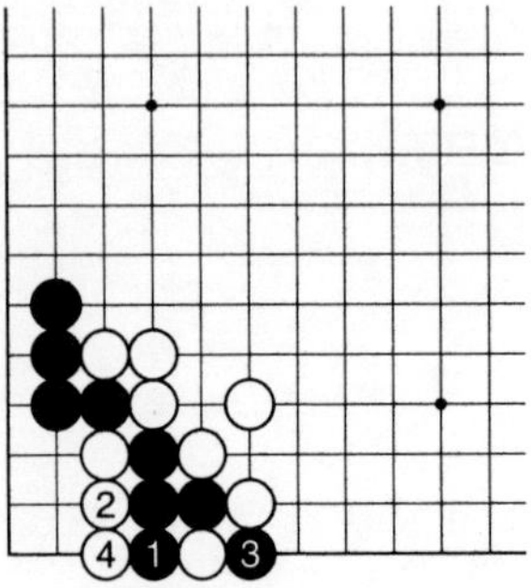

失败 2

黑 1 打吃，白棋不粘而是于 2 位打吃，黑 3 提也没用，白 4 继续打吃，黑棋被杀。

问题 25（黑先）

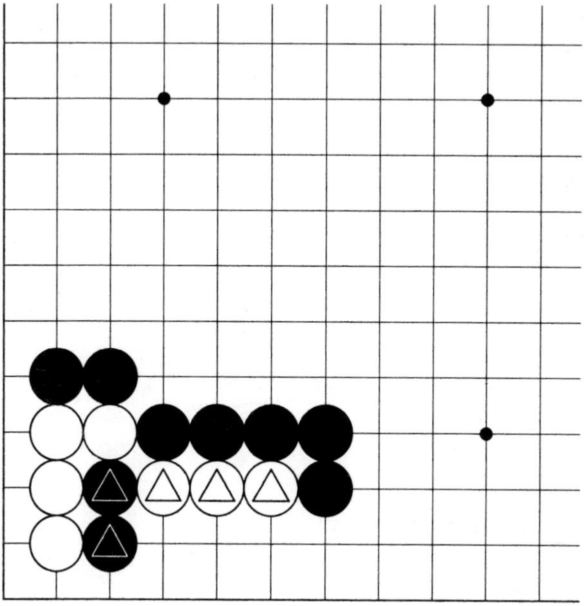

黑▲还有两口气，而白△有三口气。

请思考黑棋如何才能吃掉白棋。

问题 25（解答）

延气反杀

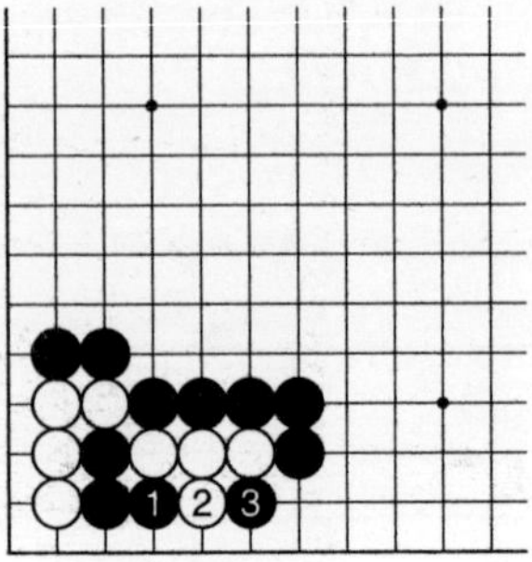

正解

黑 1 拐是正解。这样一来，就成为黑棋三口气、白棋两口气的情况了。

白走 2 位，黑 3 打吃，白棋被杀。

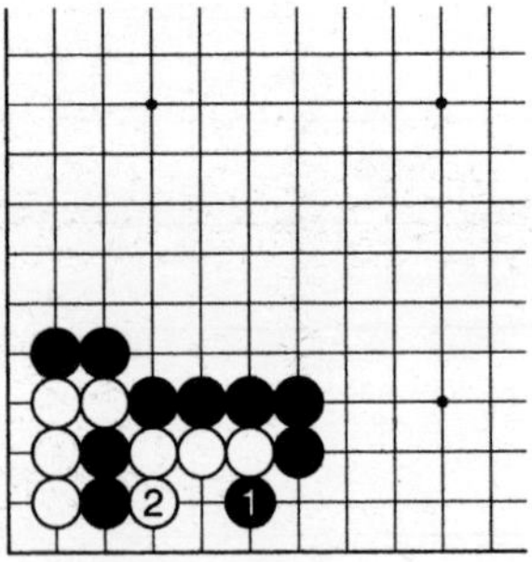

失败 1

黑 1 扳的话，白 2 打吃，黑两子被吃住。

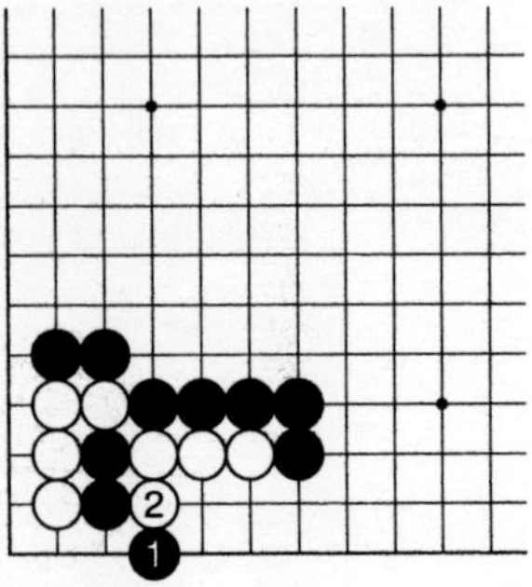

失败 2

黑 1 尖，白 2 打吃。黑棋还是不行。

问题 26（黑先）

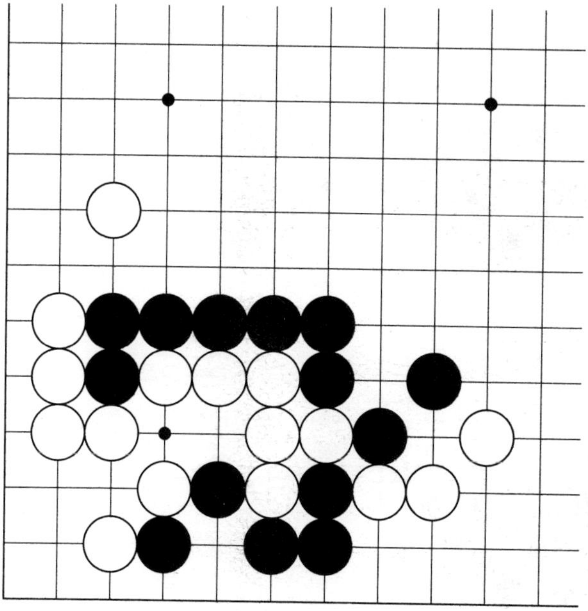

黑棋上下被分断，而且下面的黑棋也没有做活。

但白棋也有致命的弱点。黑棋怎样才能吃掉白棋以获取联络呢？

问题 26（解答）

扑

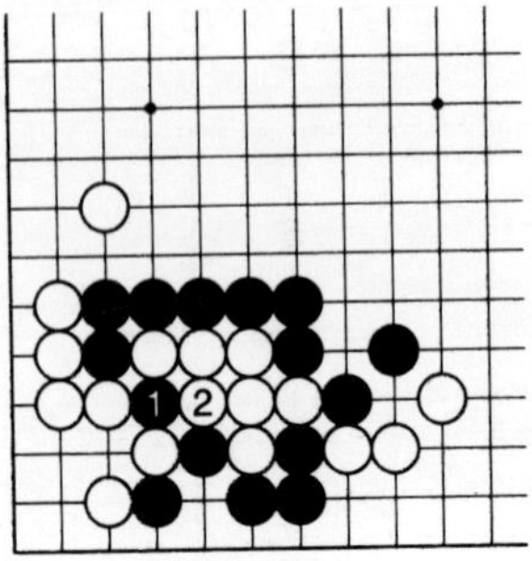

正解

黑 1 故意送出一子，白 2 提。

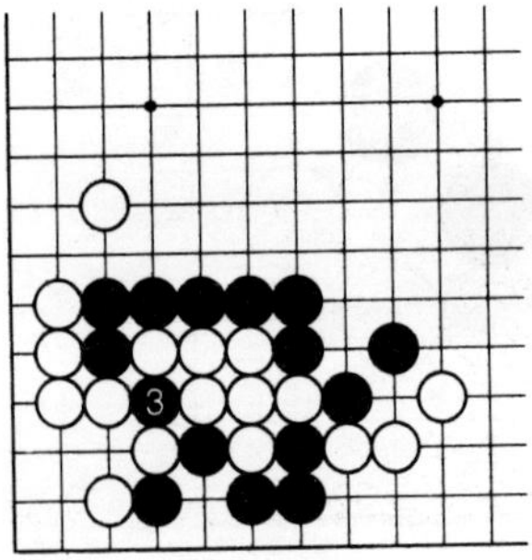

正解（续）

白棋只剩一口气，黑 3 尽数吃掉白棋。

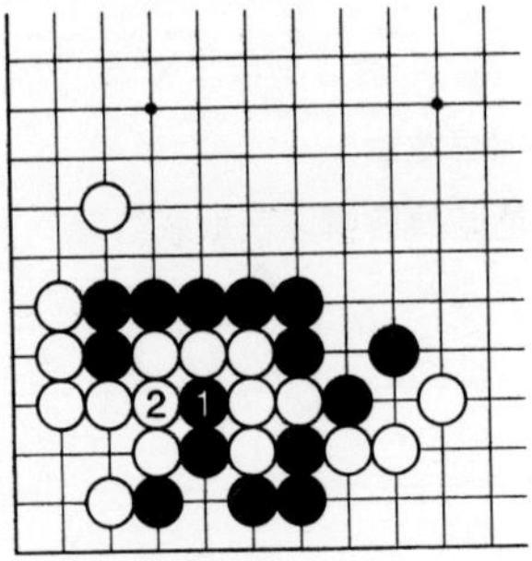

失败

黑 1 打吃，白 2 粘，白棋成功逃跑。

问题 27（黑先）

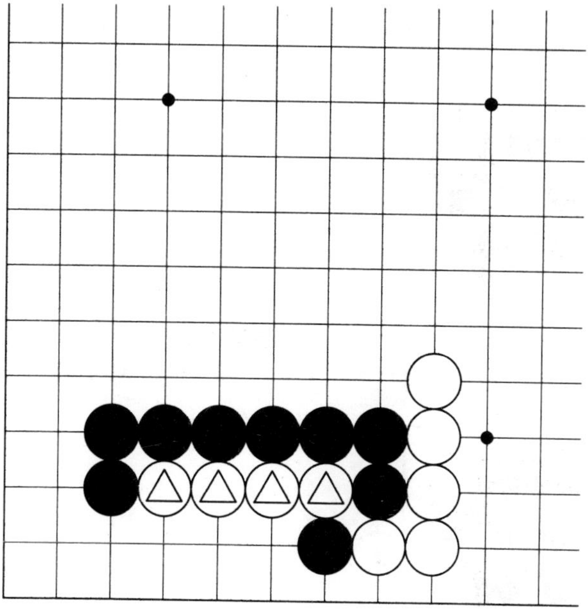

黑棋有吃掉白Ⓐ四子的手段。

请思考正解在哪里。注意从弱子的方向开始行动。

问题 27（解答） 从自身薄弱处开始行动

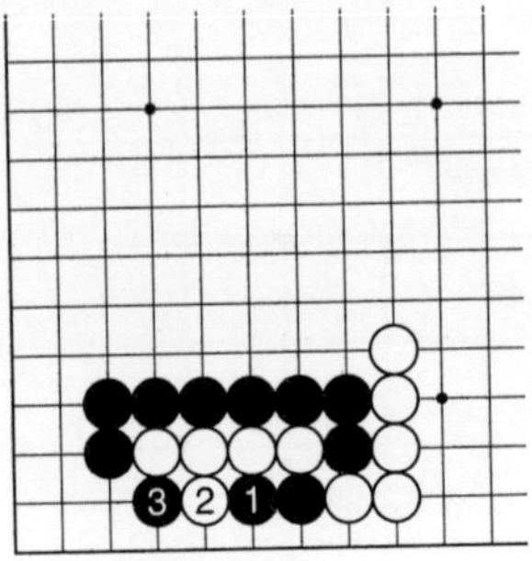

正解

黑 1 爬，从即将被吃的一边开始行棋。白 2 挡，黑 3 打吃，白棋被杀。

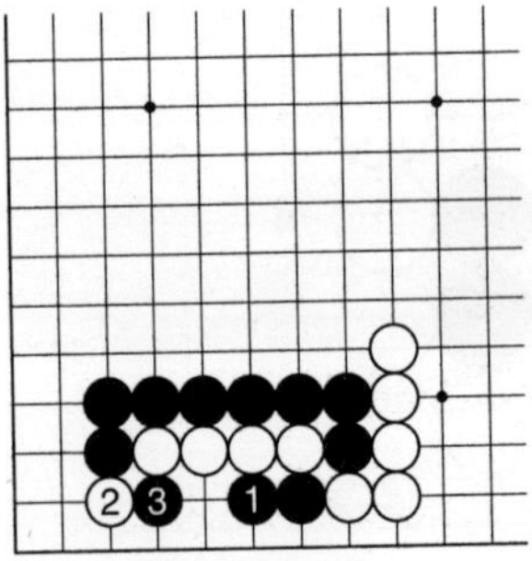

正解变化

黑 1 爬，白 2 扳，黑 3 断。白棋被杀。

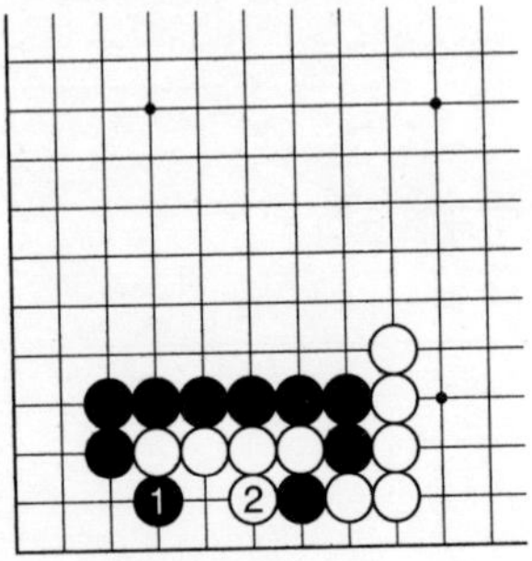

失败

黑 1 扳的话，白 2 打吃。黑棋不行。

问题 28（黑先）

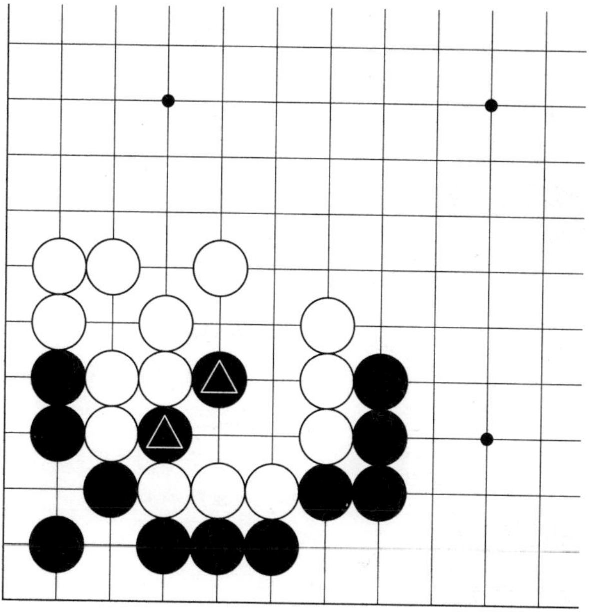

白地中央有黑▲两子。

黑棋怎样才能在救出黑两子的同时又破坏了白空？

问题 28（解答）

当机立“断”

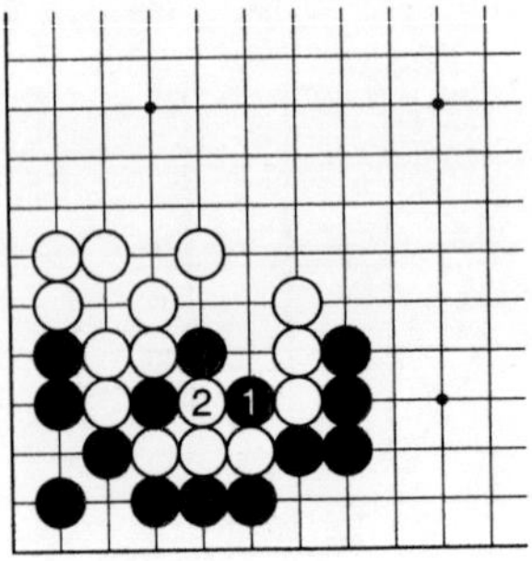

正解

黑 1 断是好手，白 2 提。

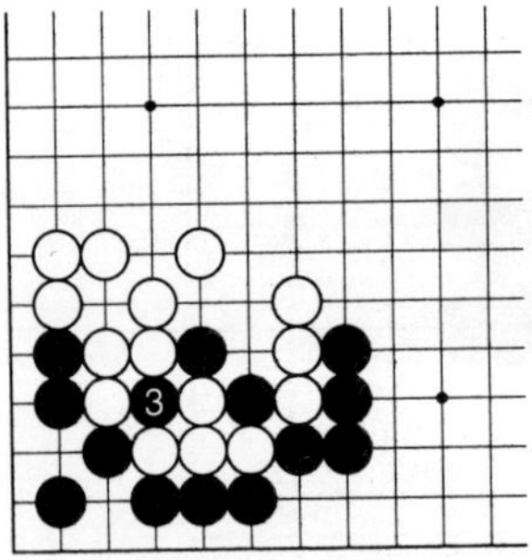

正解（续）

黑 3 反提白四子。这就是扑的吃子技巧。

断点是对方的弱点，找出弱点是解题的关键。

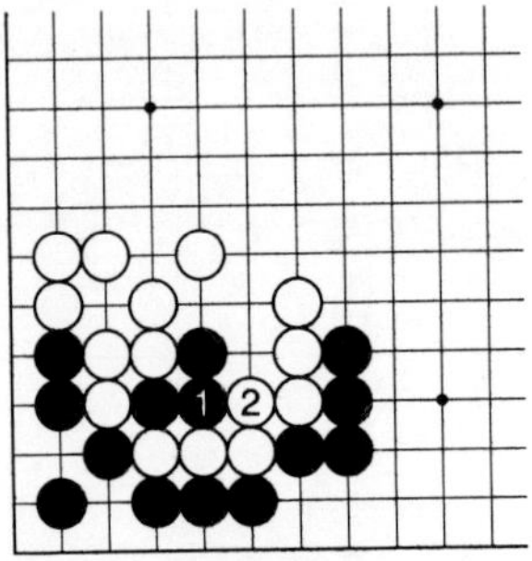

失败

黑棋如果因为自己被打吃就于 1 位粘的话，白 2 粘，黑棋就被吃住了。

问题 29（黑先）

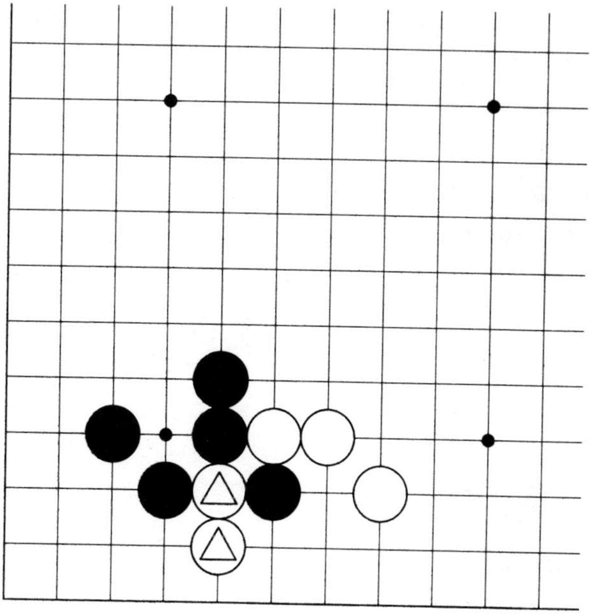

黑棋应该从哪边围堵白棋才能吃掉白△两子？

问题 29（解答）

从自身薄弱的一边围堵

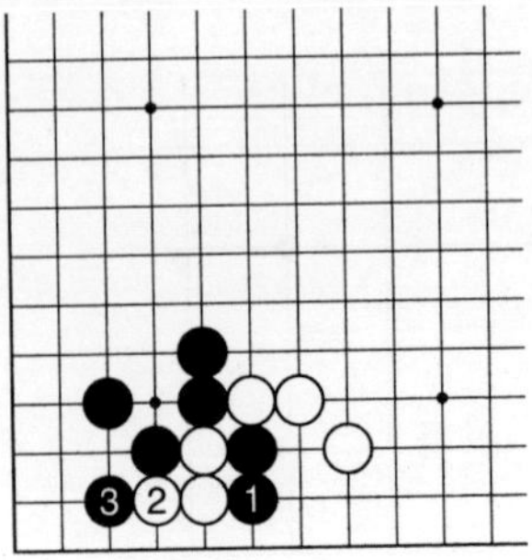

正解

黑棋从右侧的弱子处即于 1 位围堵白棋。

白 2 拐时，黑 3 挡住。白吃黑需要三手，而黑棋只需要两手就能吃掉白棋。

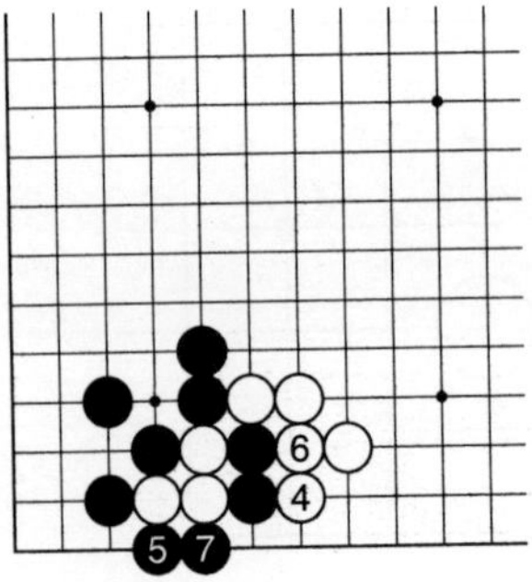

正解（续）

黑棋三口气，白棋两口气，至黑 7 可以率先提掉白棋。

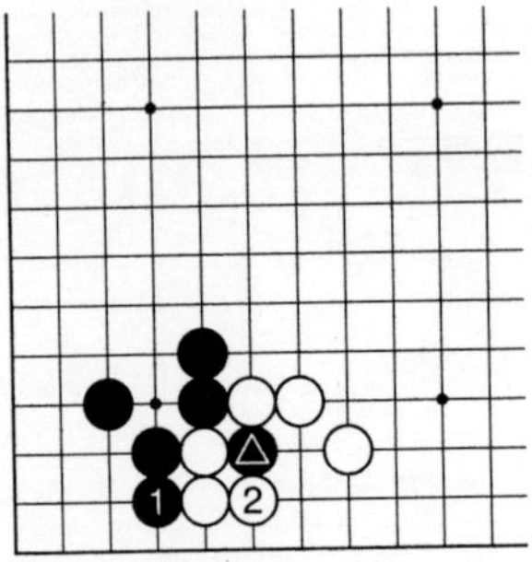

失败

黑 1 若从强子处出发围堵的话，白 2 拐吃，黑棋不行。

问题 30（黑先）

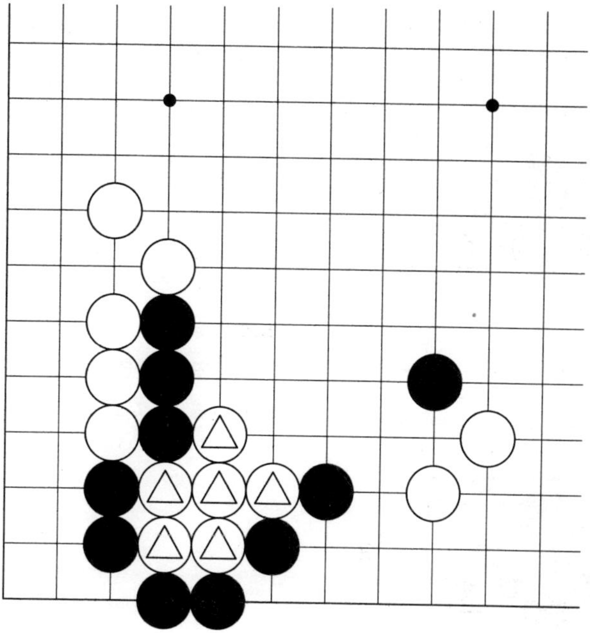

黑棋要征吃白◬六子，应该如何走？注意不要被白棋反杀。

问题 30（解答）

注意不要被反吃

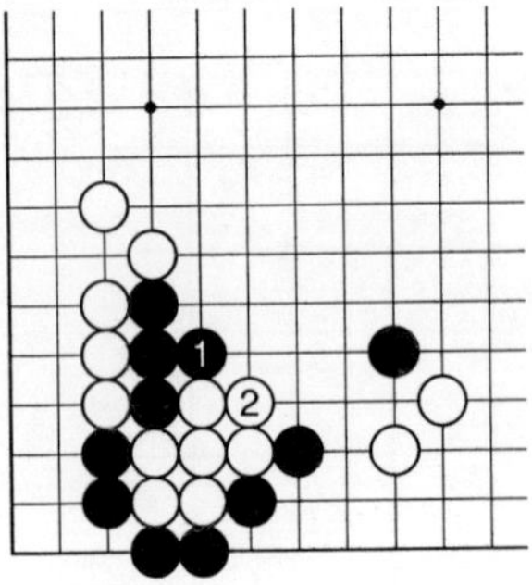

正解

黑 1 拐打，白 2 跑时，黑棋下一手是关键。

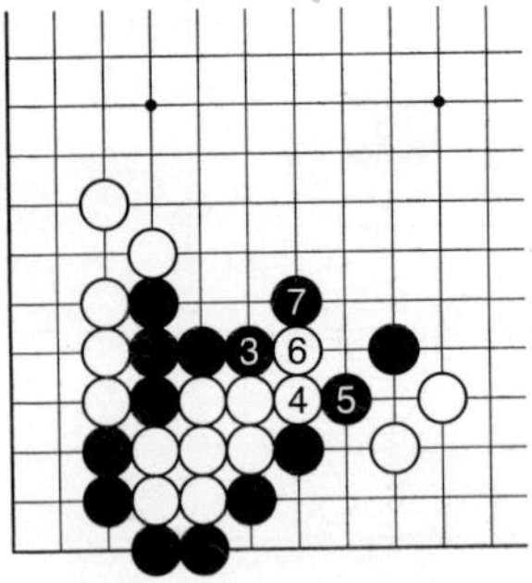

正解（续）

黑棋于 3 位打吃是正解。白 4 跑，黑 5、7 可以征吃白棋。

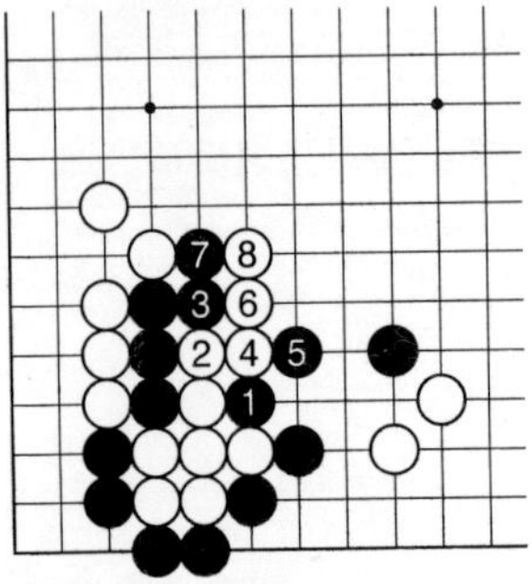

失败

黑棋若从 1 位打吃的话，不仅吃不着白棋，黑棋自身还陷入被打吃的危机。

因此要留意打吃的方向。

问题 31（黑先）

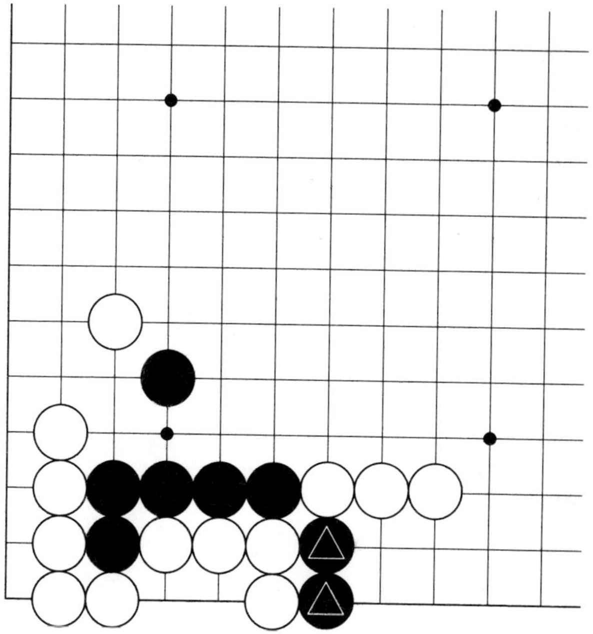

为了救出黑△，黑棋需要吃掉周围的白棋。

黑棋应该怎么走？

问题 31（解答）

扑

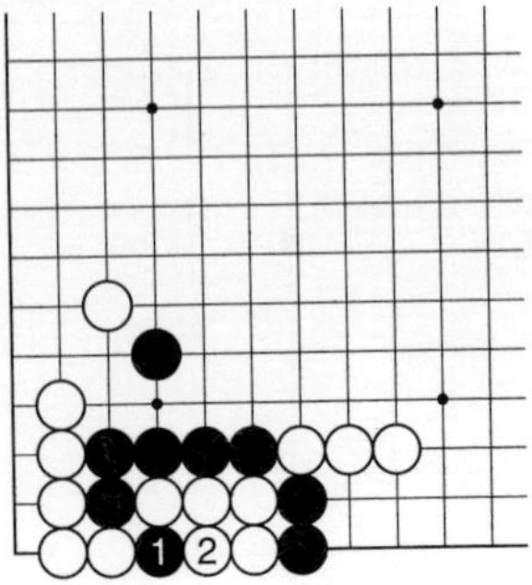

正解

黑 1 扑是正解。

白 2 提，白五子处于被打吃的状态。

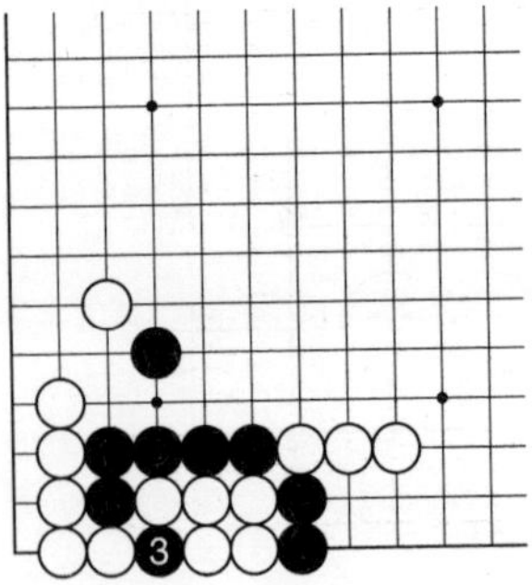

正解（续）

黑 3 提掉白棋后，成功救出黑两子。

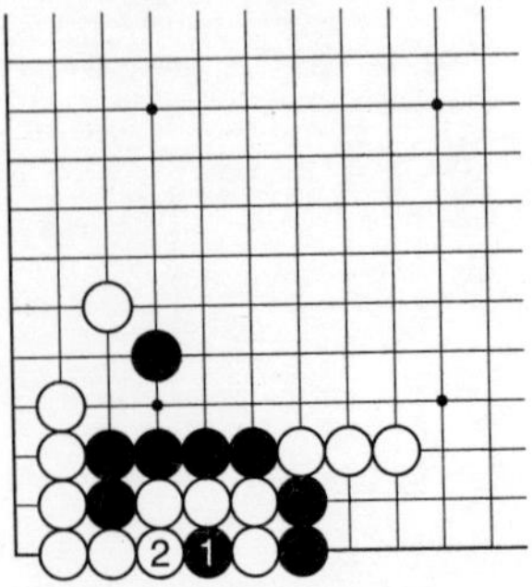

失败

黑 1 打吃位置不对。

白 2 提，黑棋无后续手段。因此要注意弃子的位置。

问题 32（黑先）

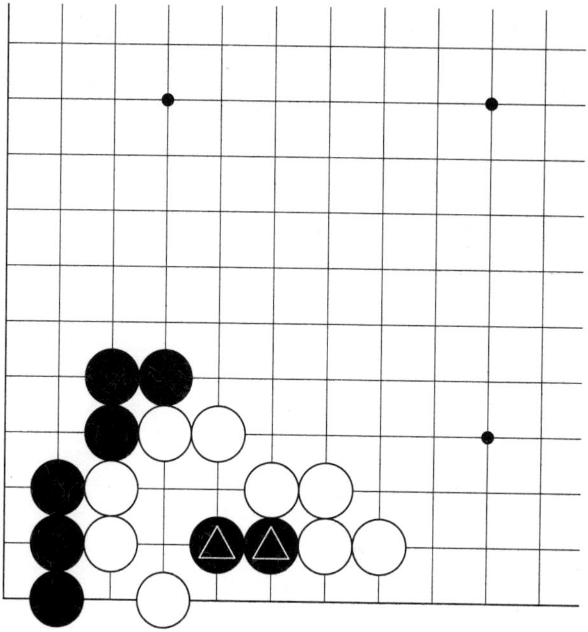

黑△两子如何从白棋的包围圈中脱困？

黑棋应找出白棋的弱点，攻其不备。

问题 32（解答）

找出对方弱点

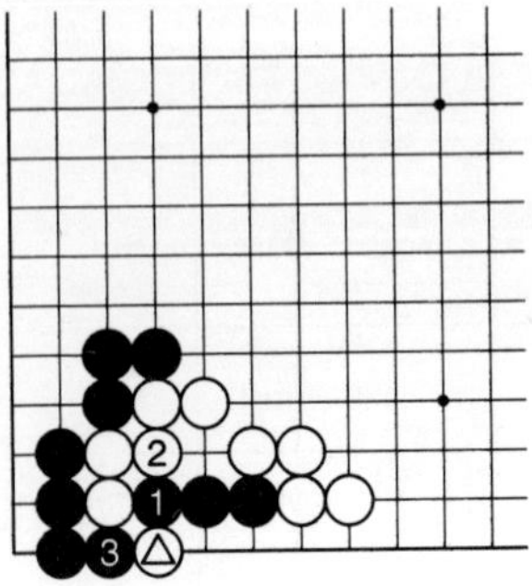

正解

黑 1 卡，瞄准白棋的断点。

白 2 粘，黑 3 断，在打吃白△的同时也联络了自身。

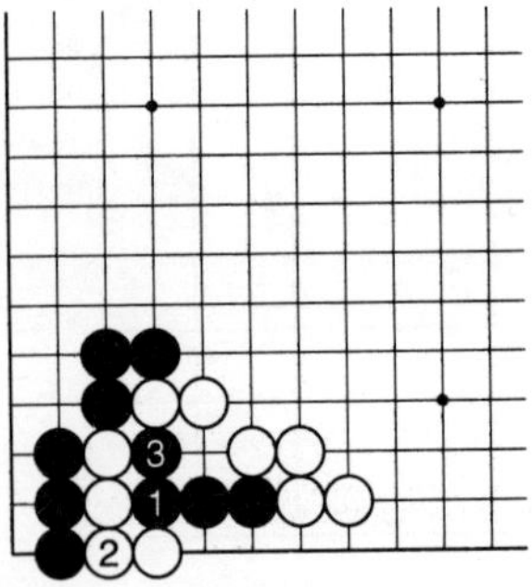

正解变化

黑 1 卡，白 2 若粘下面，黑 3 断。白四子无路可逃。

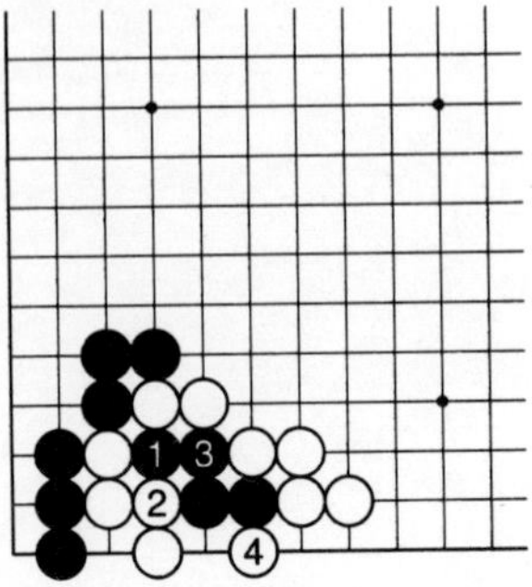

失败

黑 1 断的话，白 2 打吃黑棋，黑 3 粘，至白 4，黑棋反而被白棋吃住了。

问题 33（黑先）

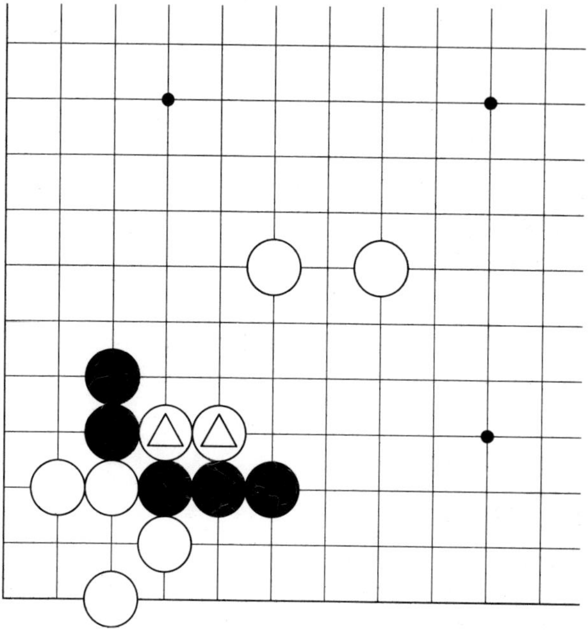

黑棋必须吃掉白◬才能联络自身，应该怎么走呢？

问题 33（解答） 考虑枷吃

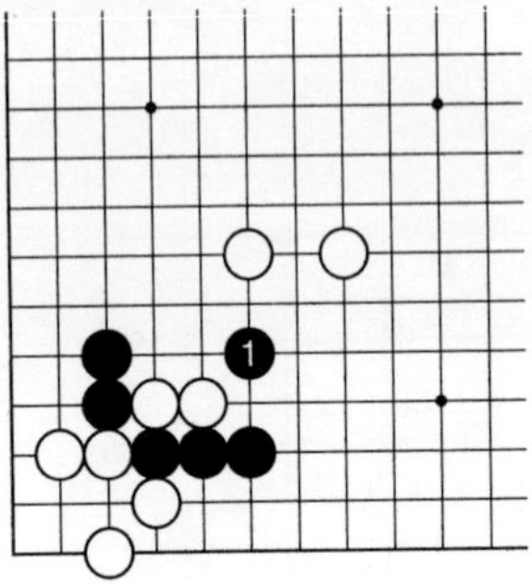

正解

如果没法立即打吃对方的话，可以考虑枷吃。

黑 1 枷，白棋就跑不掉了。

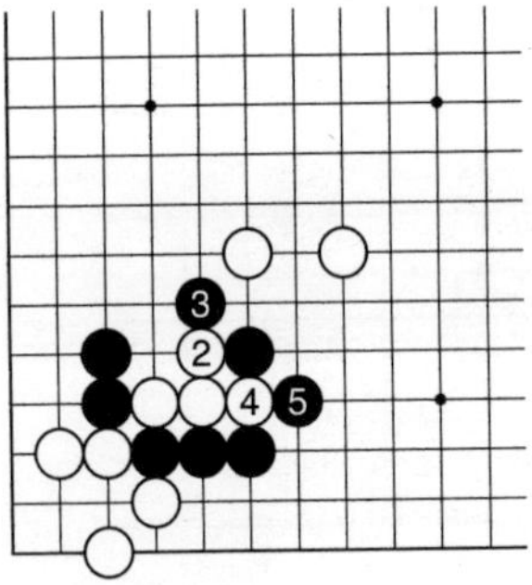

正解（续）

白棋冲不出去，至黑 5，白棋被杀。

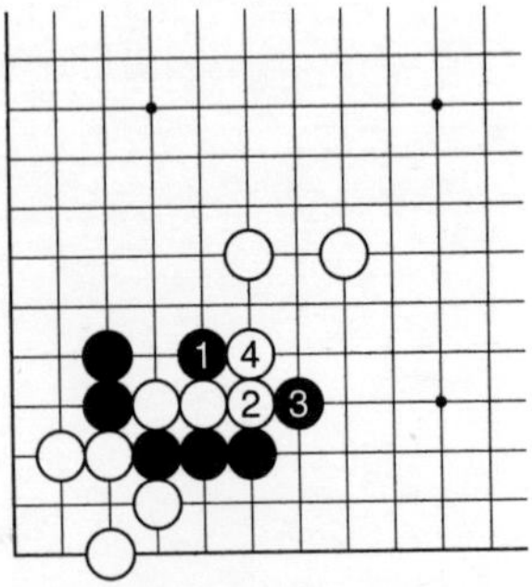

失败

黑棋若不枷，而走 1 位夹的话，至白 4，白棋成功跑出。

问题 34（黑先）

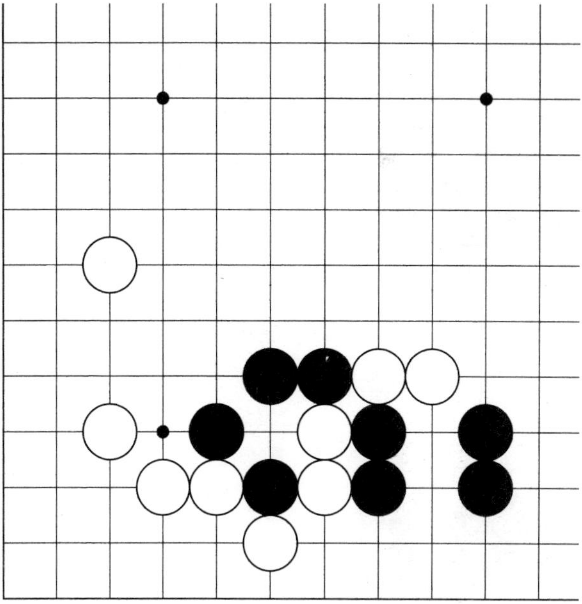

黑棋若想联络，则必须吃掉白棋。

黑棋应该怎么走呢？

问题 34（解答）

走出“扑”的形

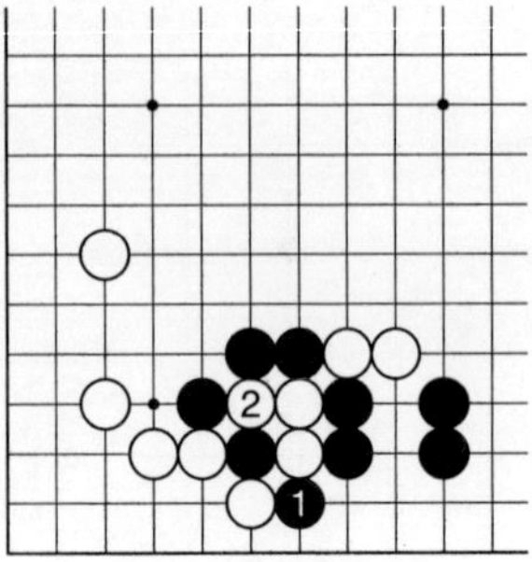

正解

吃子时，断点是应该注意的地方。

黑 1 断，白 2 提。

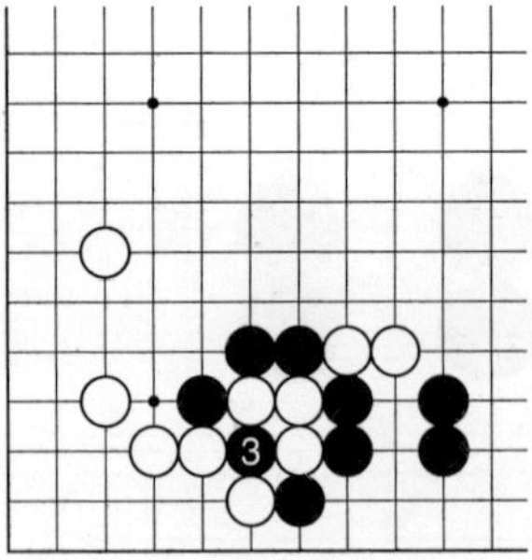

正解（续）

黑 3 尽数吃掉白棋。

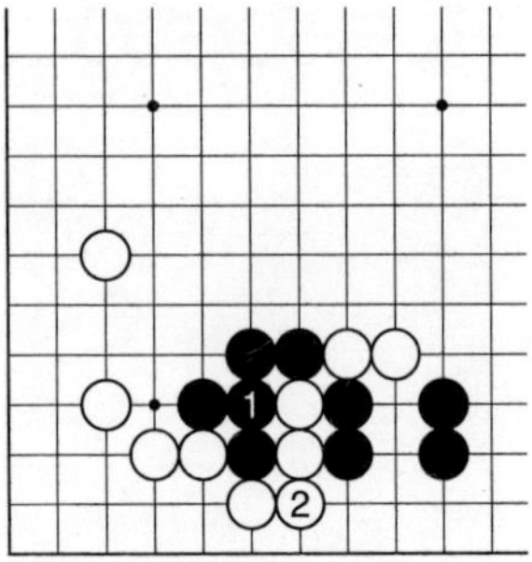

失败

黑 1 粘，救出被打吃的黑一子。白 2 粘。

黑棋左右联络失败。

问题 35（黑先）

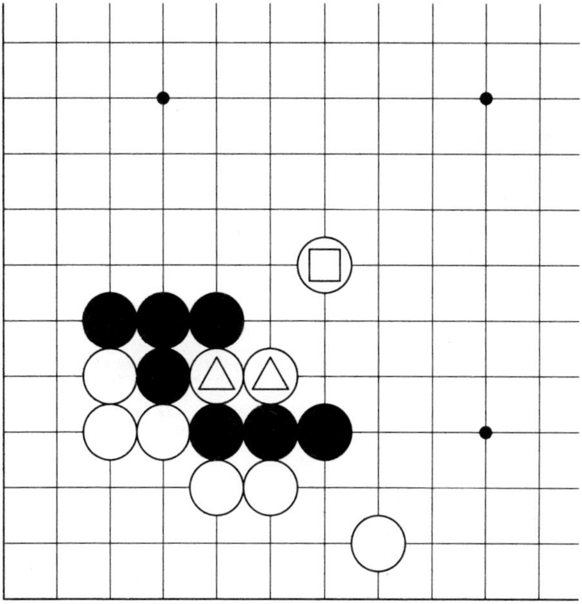

黑棋若能吃掉白Ⓐ两子的话，就可以成功联络。

黑棋应该怎么走？吃子时要注意白◻的存在。

问题 35（解答）

即使周围有对方的子，枷吃依然成立

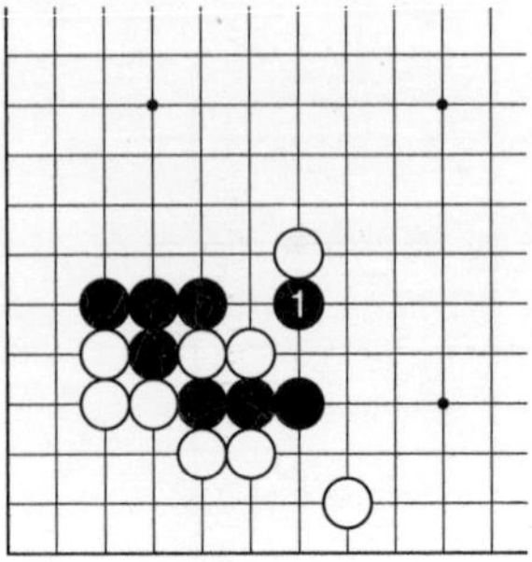

正解

黑 1 枷，白两子就跑不掉了。

黑 1 的枷，即使周围有对方子也是成立的。

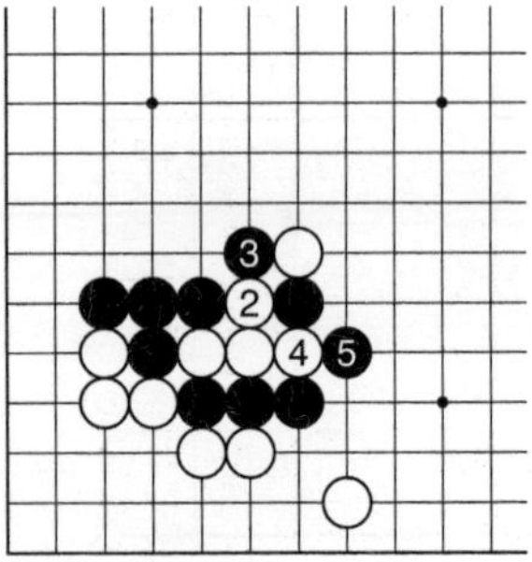

正解（续）

白 2 冲意图突围，黑 3 挡，至黑 5，白棋被吃。

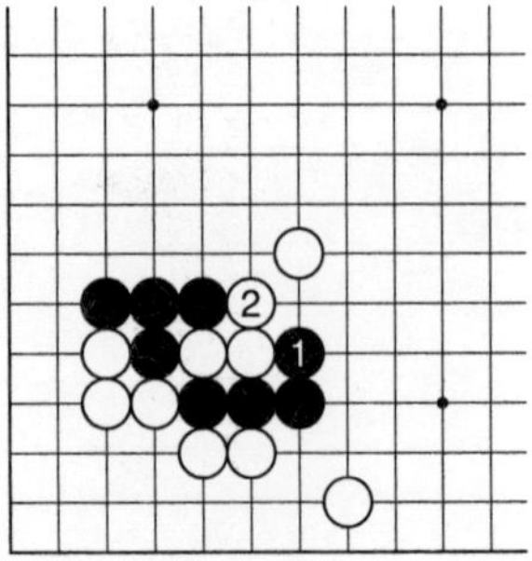

失败

黑 1 征吃白棋的话，白 2 跑，黑棋不行。

黑 1 若走 2 位也一样失败。

问题 36（黑先）

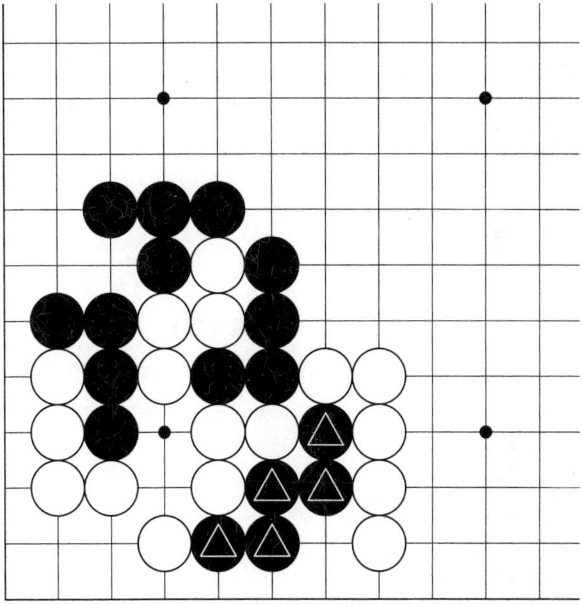

黑棋应如何救出黑△五子？

注意找出白棋的毛病。

问题 36（解答）　“打”在棋筋上

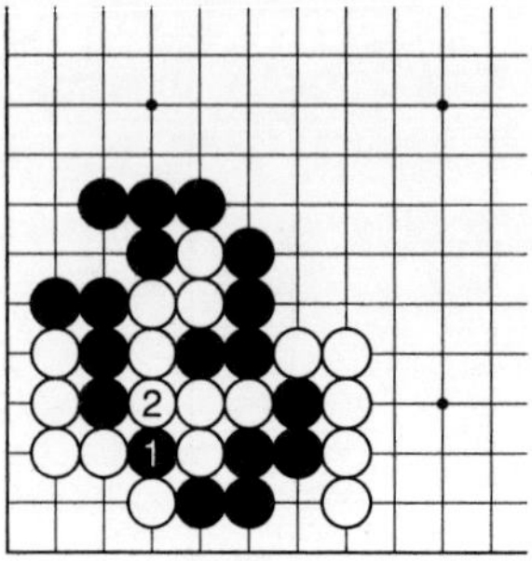

正解

黑 1 扑是正解，白 2 提。

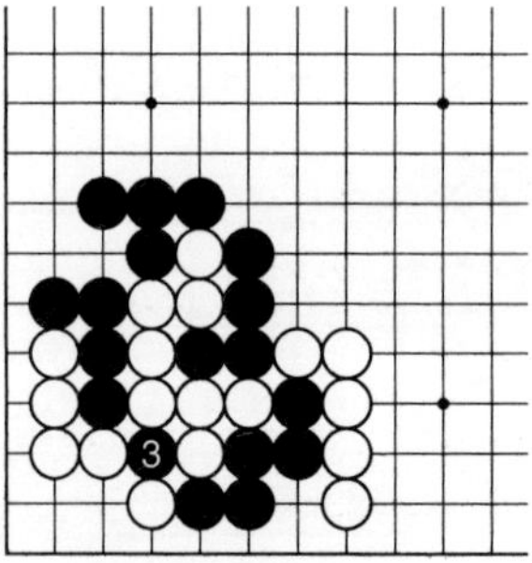

正解（续）

黑 3 提掉大片的白棋。

黑五子成功生还。

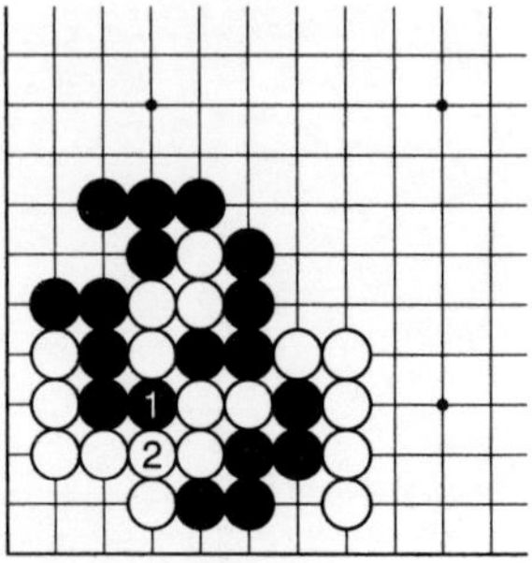

失败

黑 1 若只是简单地吃掉白四子的话是救不出黑五子的。黑棋不行。

问题 37（黑先）

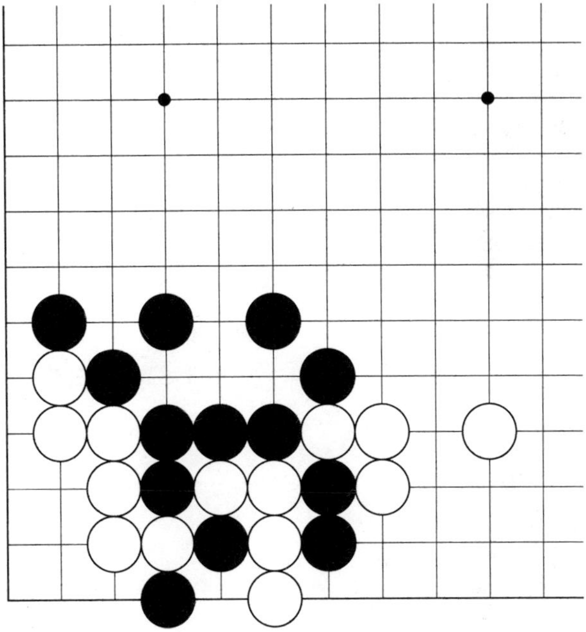

请思考黑棋应该走在哪里才能救出两子？

问题 37（解答）

多熟悉“倒扑”的形

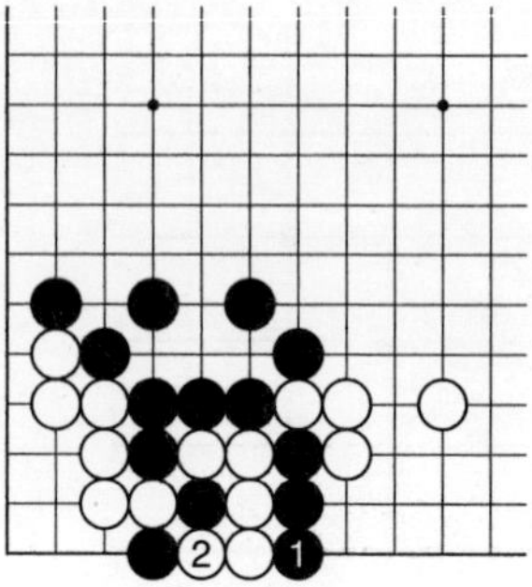

正解

黑 1 是构成倒扑的手段。白 2 提。

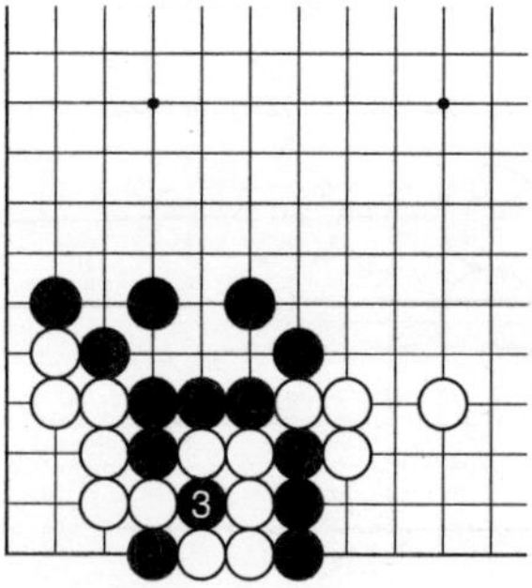

正解（续）

黑 3 尽数吃掉白棋。

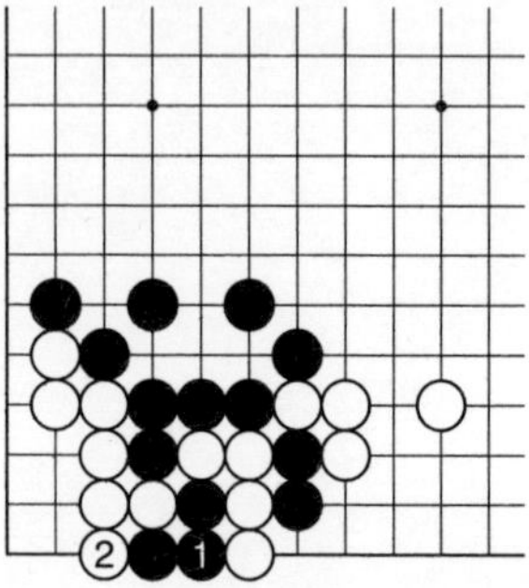

失败

黑 1 粘的话，白 2 吃掉黑棋。黑棋不行。

问题 38（黑先）

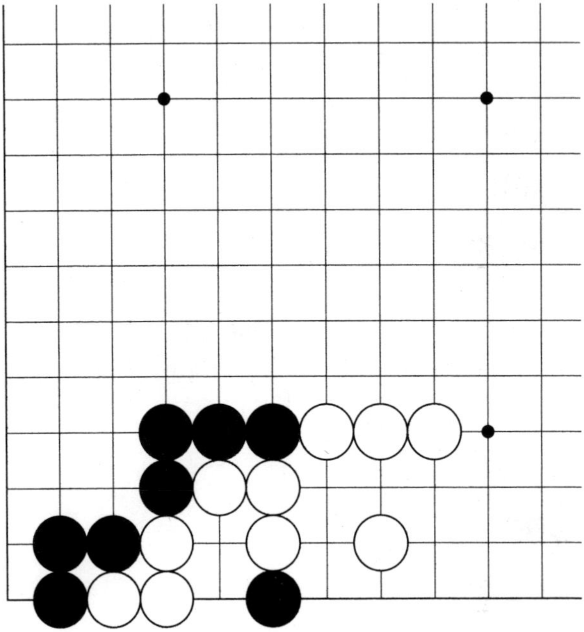

本题是有关倒扑的题型，黑棋应该走哪里？

问题 38（解答）

找出扑的位置

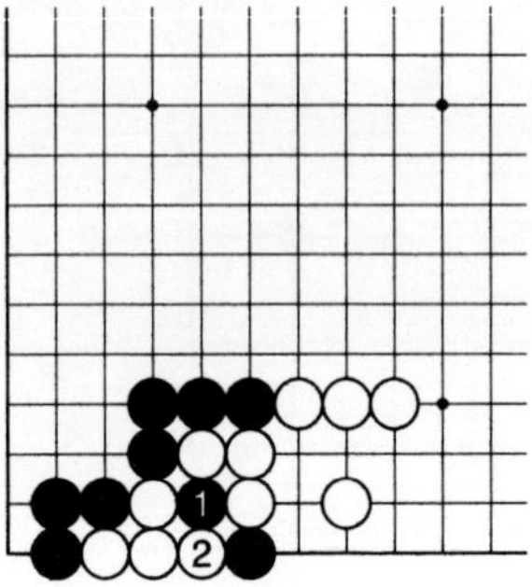

正解

黑 1 扑，送给对方一子。

白 2 提了以后自身就陷入被打吃的状态了。

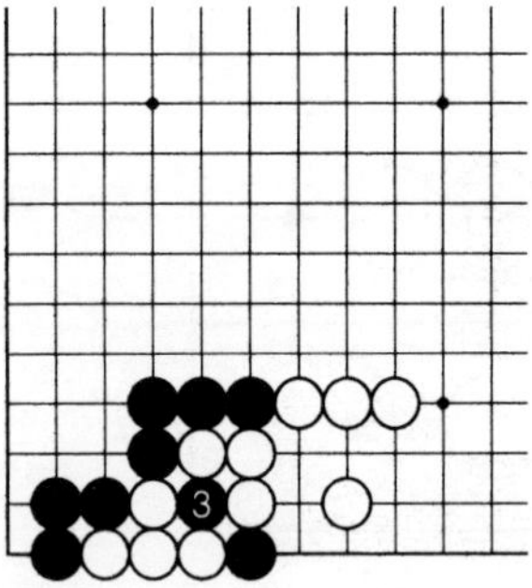

正解（续）

黑 3 可以将白四子尽数吃掉。

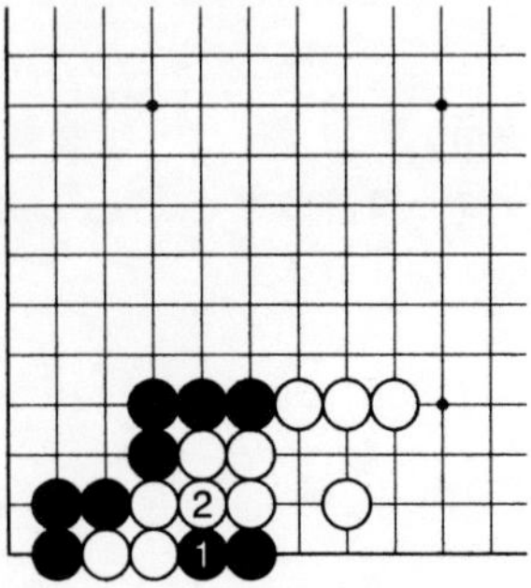

失败

黑 1 打吃是恶手。

白 2 粘后，黑棋束手无策。

问题 39（黑先）

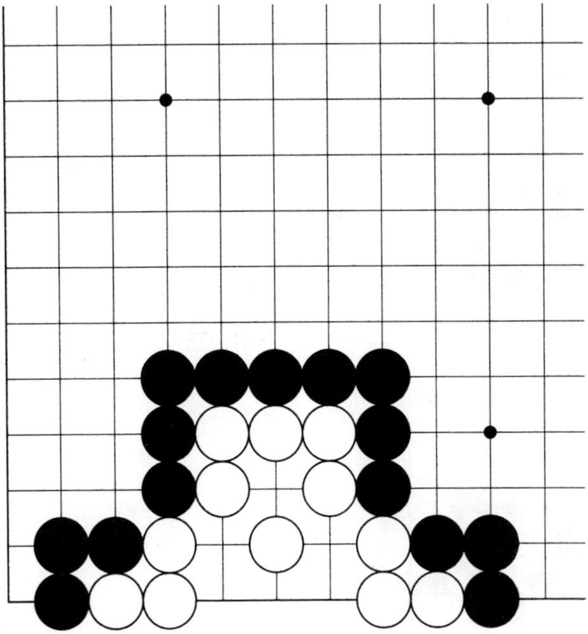

本题是左右对称的题型。

这种形的急所多有共通点。黑棋应该如何杀死白棋？

问题 39（解答）

左右同形走中间

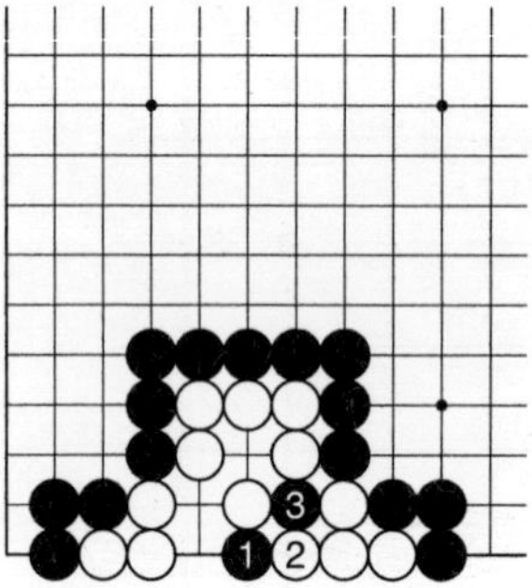

正解

有一句围棋名言：“左右同形走中间。”

黑 1 是急所。白 2 打吃时，黑 3 直接提掉白四子。白棋就被杀死了。

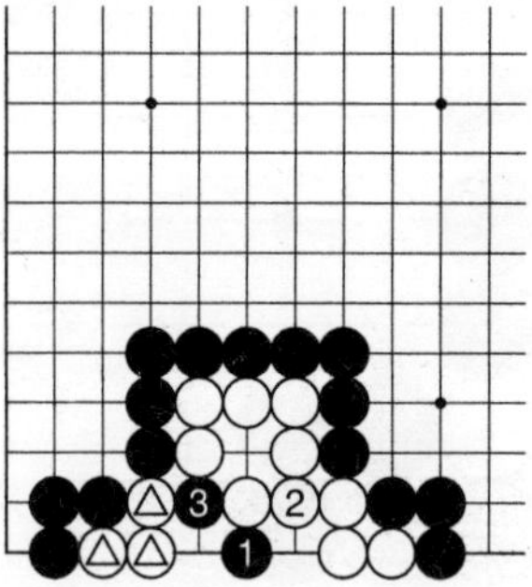

正解变化

黑 1 点，白 2 粘，黑 3 扑。吃掉白◬三子后，白棋被杀。

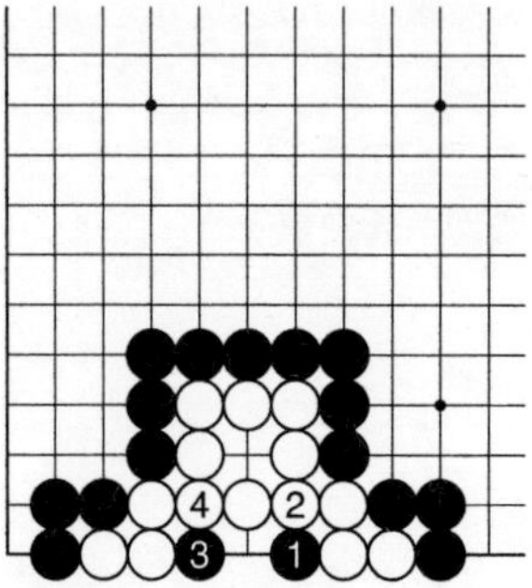

失败

黑 1、3 打吃的话是杀不掉白棋的。白 2、4 粘后白棋就活了。

问题 40（黑先）

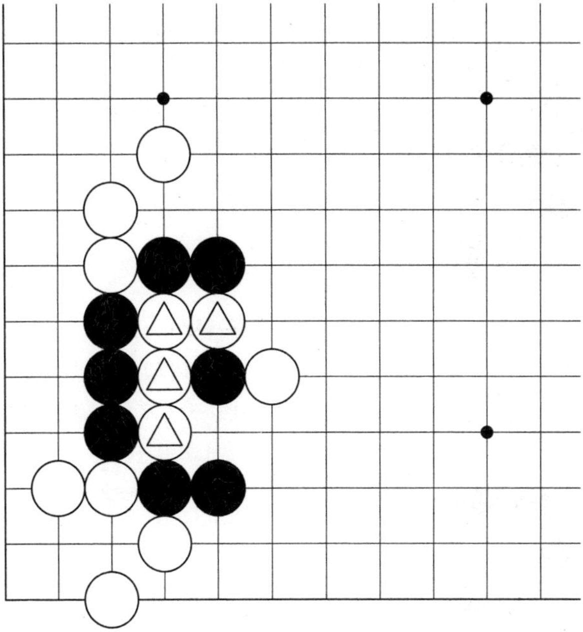

黑棋若能吃掉白◬的话，就可以获得自身的联络。

黑棋怎么走才能吃住白棋?

问题 40（解答）

棋从断处生

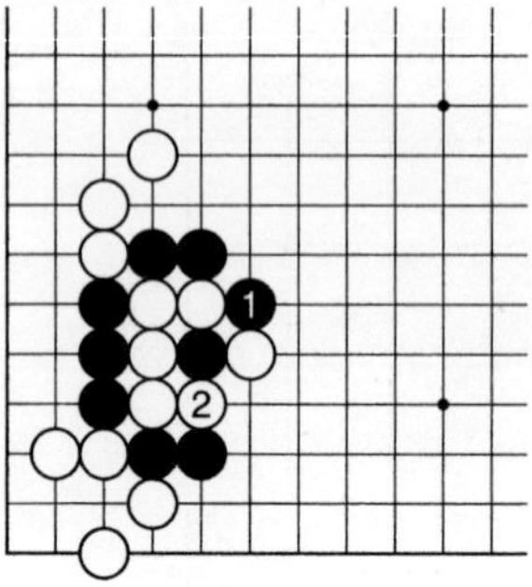

正解

黑棋先不去管被打吃的黑一子而于 1 位断打是好手。

白棋由于被打吃，因此于 2 位提掉黑子。

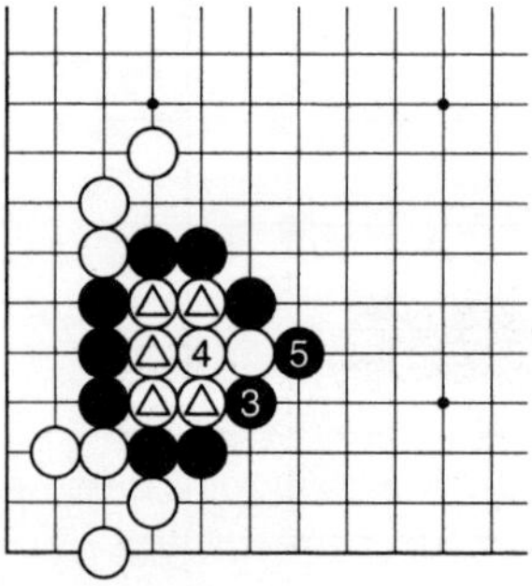

正解（续）

黑 3 打吃白◎五子。白 4 粘的话，黑 5 可以尽数吃掉白棋。

其实黑 3 打吃的时候白棋已经死了。

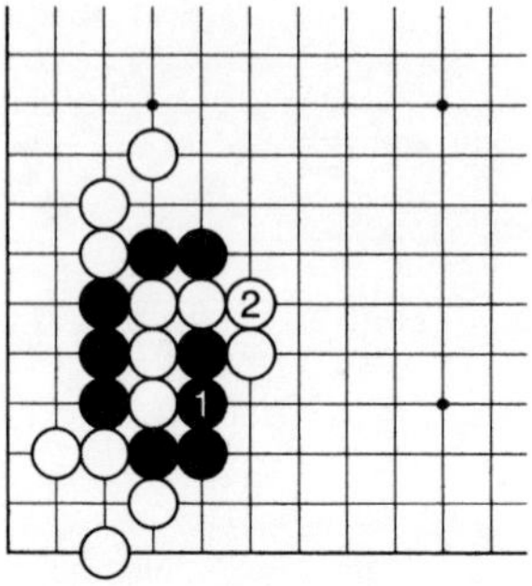

失败

黑 1 若粘住被打吃的黑一子的话，白 2 就逃出去了。

黑棋失策。

问题 41（黑先）

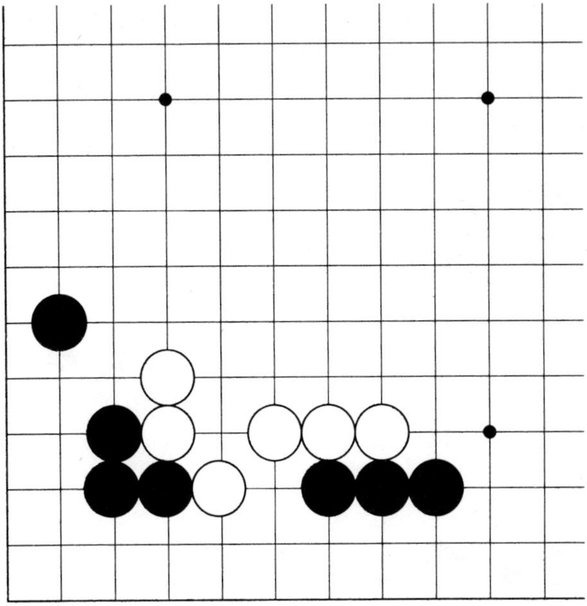

棋子的联络很重要，可使弱子变强。

黑棋怎样才能将左右两边联络起来？

问题 41（解答）

联络的一手——扳

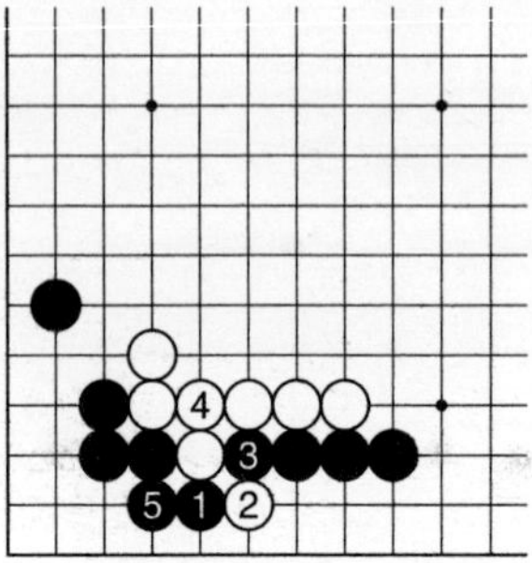

正解

黑 1 扳是获取联络的手段。

白 2 扳时，黑 3 断。

白 4 必须粘，黑 5 也粘。这样黑棋就连起来了。

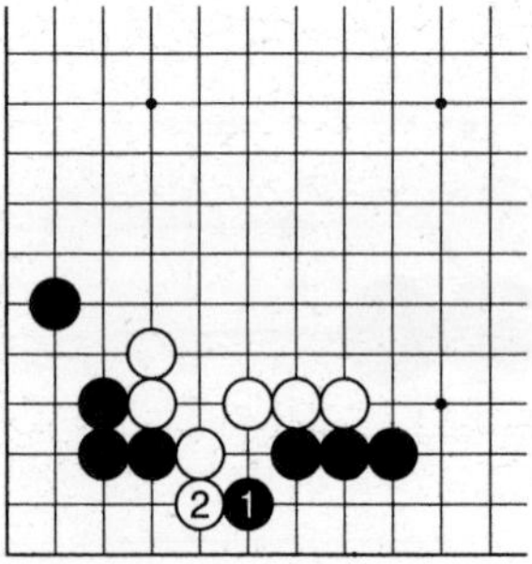

失败 1

黑 1 尖是错的。白 2 挡住后黑棋就没有后续手段了。

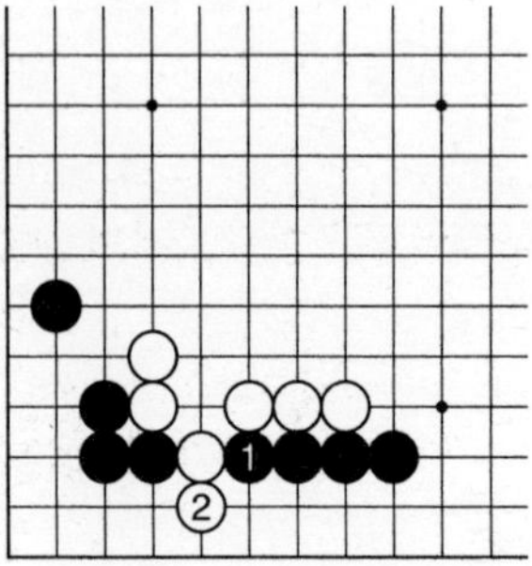

失败 2

黑 1 卡，白 2 立，黑棋左右被分断。

问题 42（黑先）

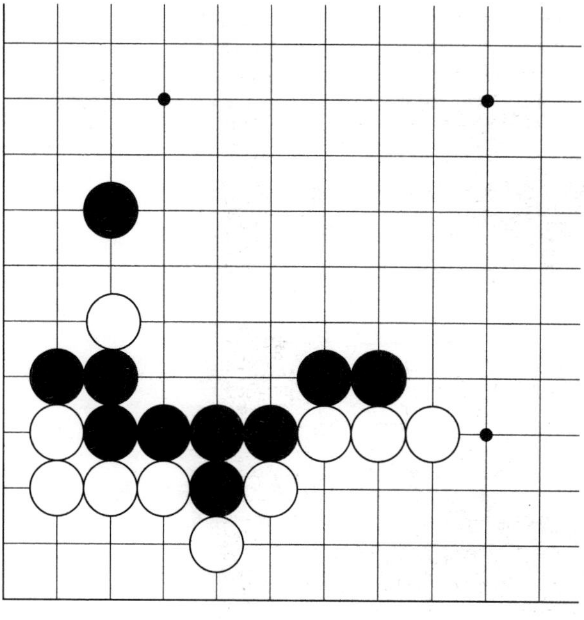

白棋很危险。

黑棋有追究白棋毛病的好手。黑棋应该走哪里？

问题 42（解答）

对方的弱点是断点

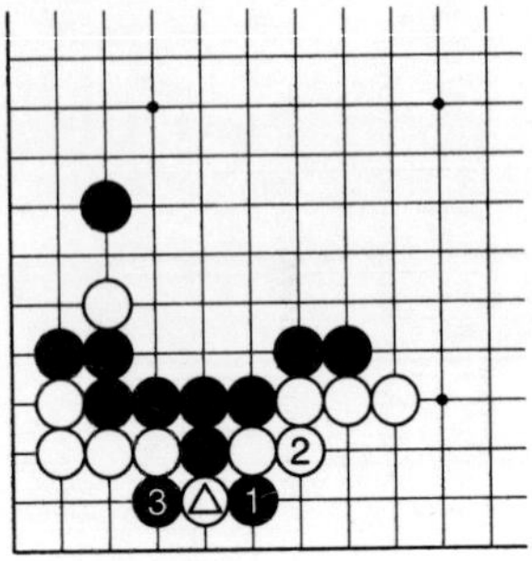

正解

白棋的形断点很多。黑 1 断打是好手。白 2 粘时，黑 3 再断打。

这样一来，黑棋不仅使白棋无法逃跑，同时还吃住了左下的白四子。

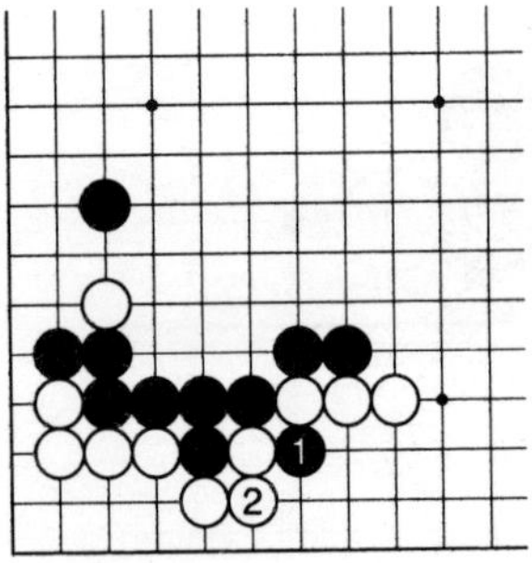

失败 1

黑 1 断，白 2 粘。黑棋再无后续手段。

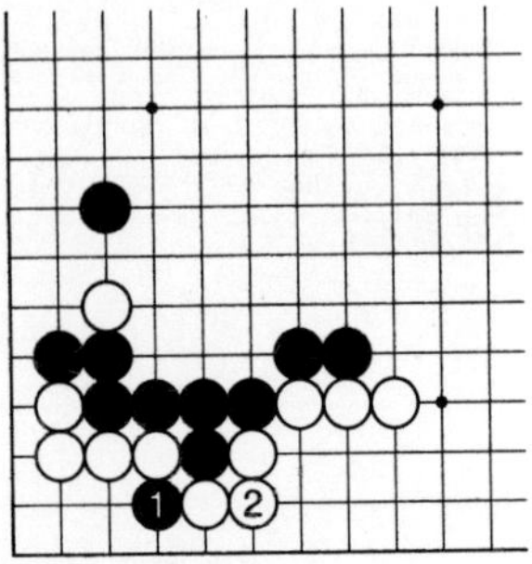

失败 2

黑 1 断，白 2 粘，黑棋不行。

问题 43（黑先）

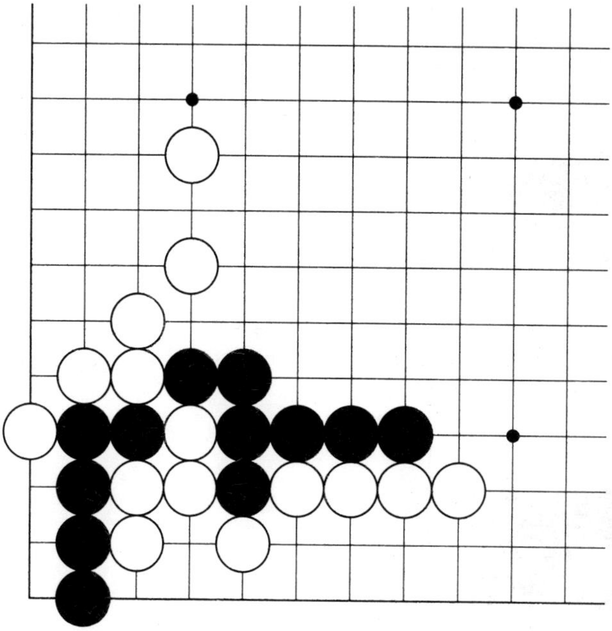

左下角的黑棋虽然眼位不够无法做活，但如果可以吃掉白棋的话，就能与另一边的黑棋成功联络了。

黑棋应该怎么走？

问题 43（解答）

弃子紧气

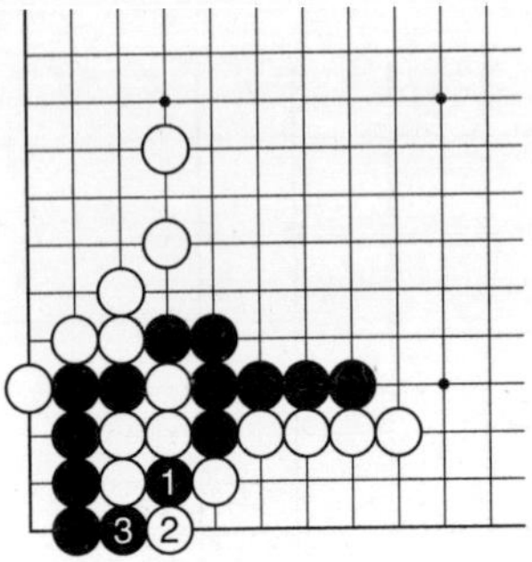

正解

黑 1 扑，白 2 提，黑 3 打吃。

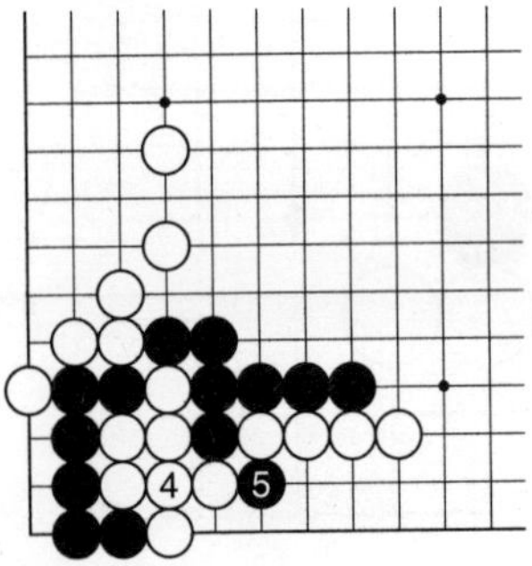

正解（续）

白 4 粘，黑 5 断打，白棋尽数被吃。

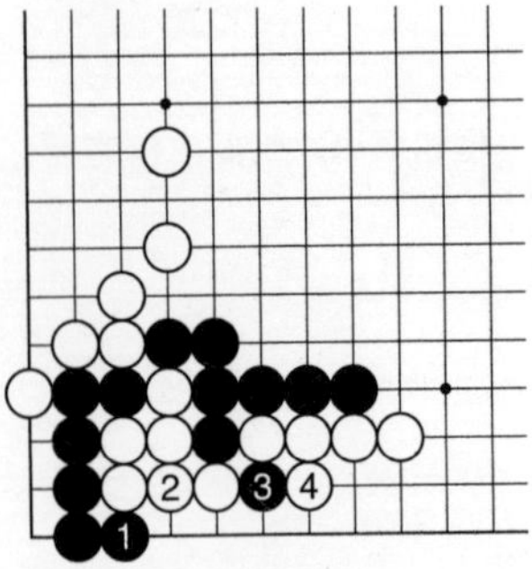

失败

黑 1 只是简单打吃的话，白 2 粘。黑 3 断，白 4 打吃，黑棋就没有后续手段了。

问题 44（黑先）

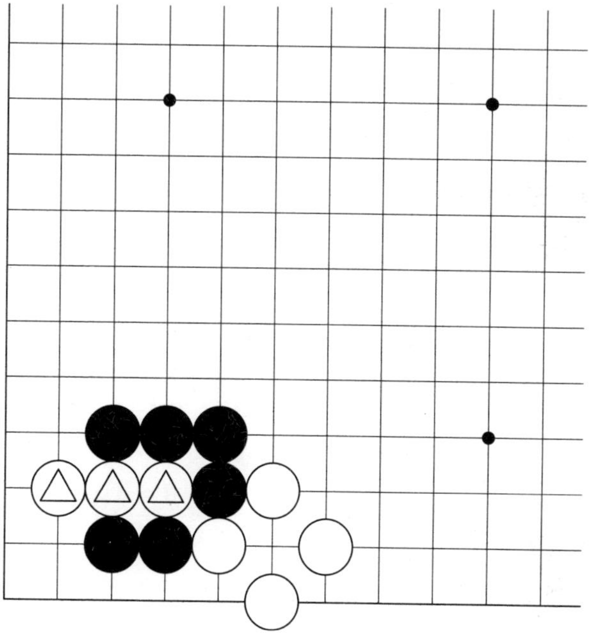

黑棋如何才能吃掉白◎三子？

黑棋需要注意自身不要被反吃。

问题 44（解答）

从自身较弱的方向开始行动

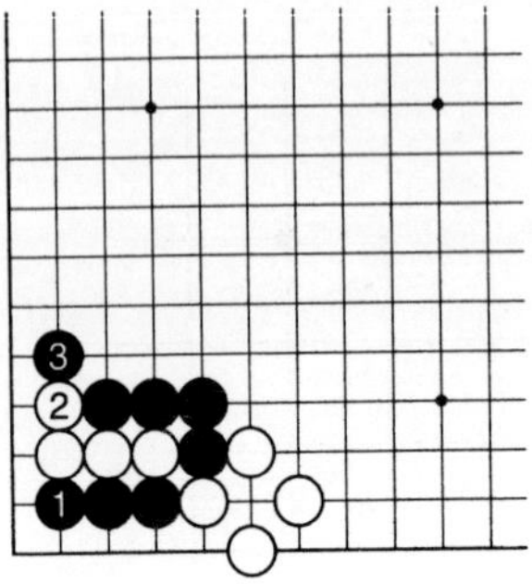

正解

黑棋从 1 位方向围攻白棋是正解。白 2 拐，黑 3 扳住，白棋就跑不掉了。

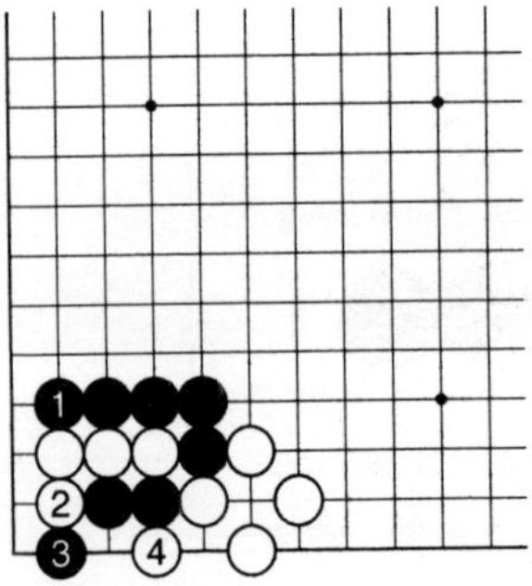

失败

黑棋反过来从 1 位围攻白棋的话，白 2 拐，攻守逆转，至白 4，黑棋被杀。

因此从自身较弱的方向开始行动十分重要。

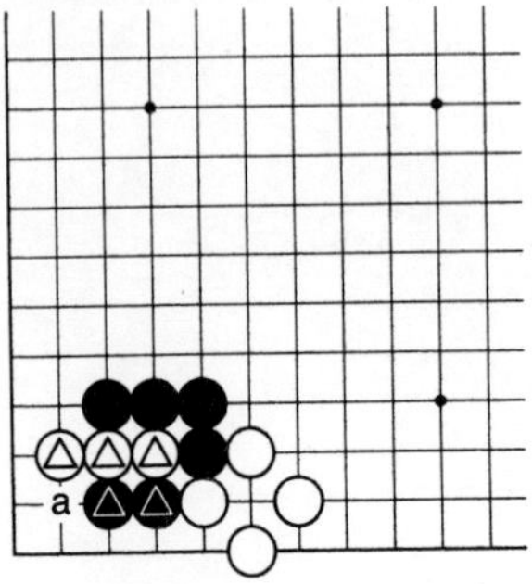

参考

仔细观察黑▲和白△对杀的情况。a 位是黑白双方长气必争之地。对杀中此处多为急所。

问题 45（黑先）

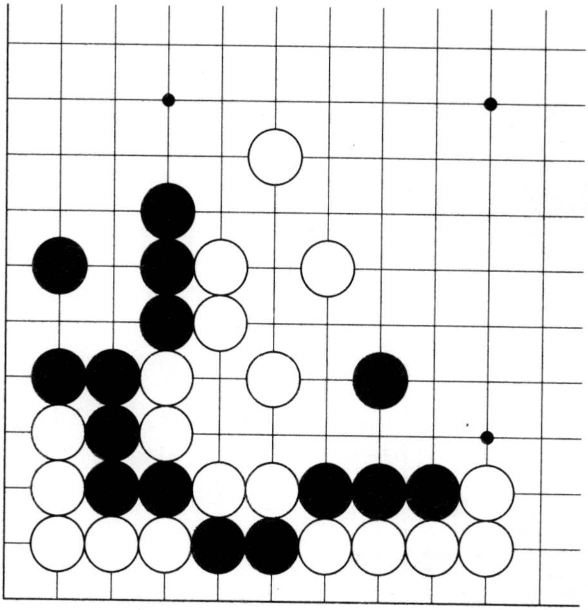

白棋棋形有弱点。

黑棋怎样才能追究白棋的弱点，将自身连起来？

问题 45（解答） 找出棋筋

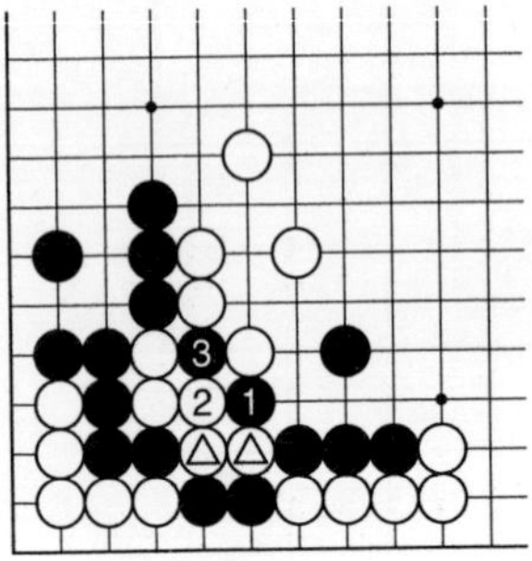

正解

若能吃掉作为棋筋的白◬两子，黑棋就能成功连接自身。

黑 1 打吃。白 2 粘，黑 3 提，白棋全部被黑棋吃掉。

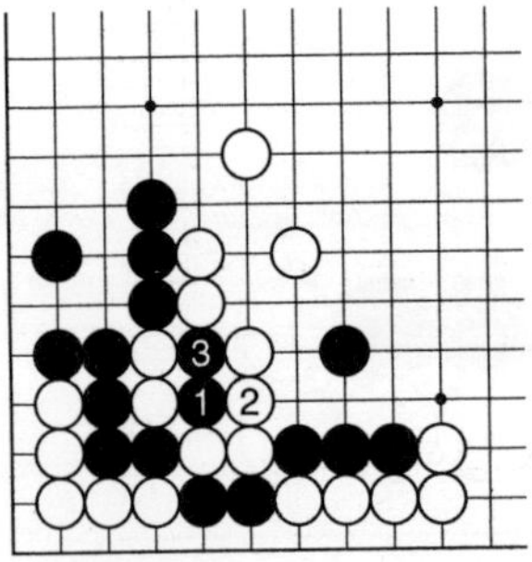

失败

黑 1 双打吃虽然看起来没什么问题，但没踩在点子上。

白 2 粘保住了棋筋。黑 3 吃掉白两子。

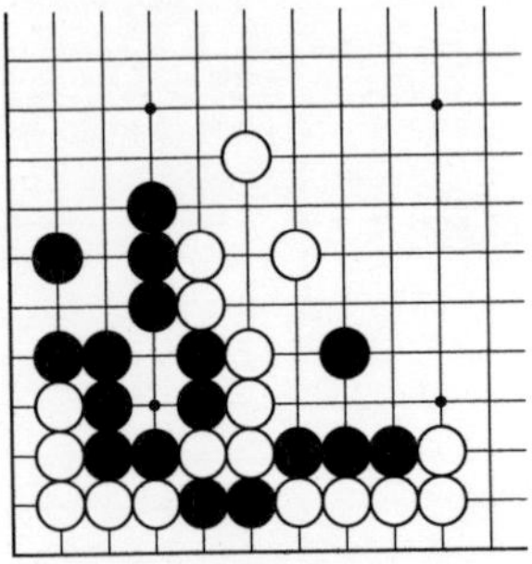

失败（续）

黑棋虽然吃掉白两子，但依然四分五裂，和之前没什么区别。

问题 46（黑先）

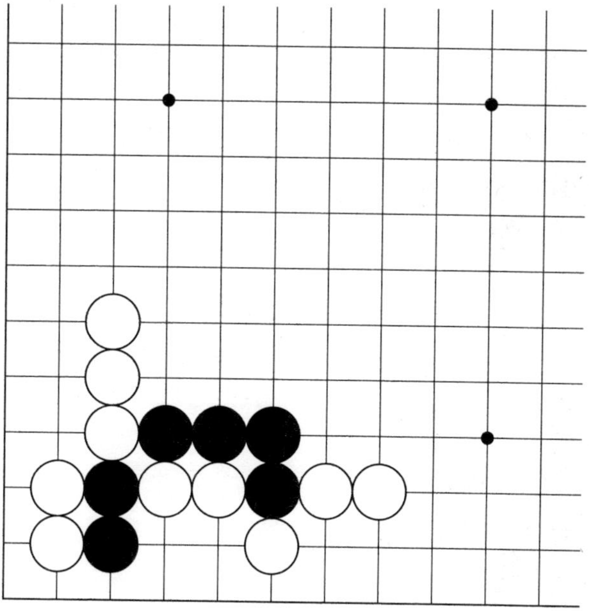

白棋棋形有弱点。

看似要被吃掉的黑两子应该如何伺机反击？

问题 46（解答）

连接的手段——断吃

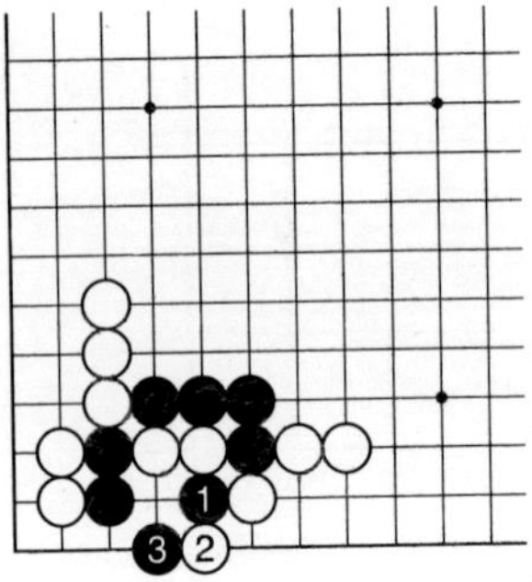

正解

黑 1 断是正解。白两子已无路可逃。

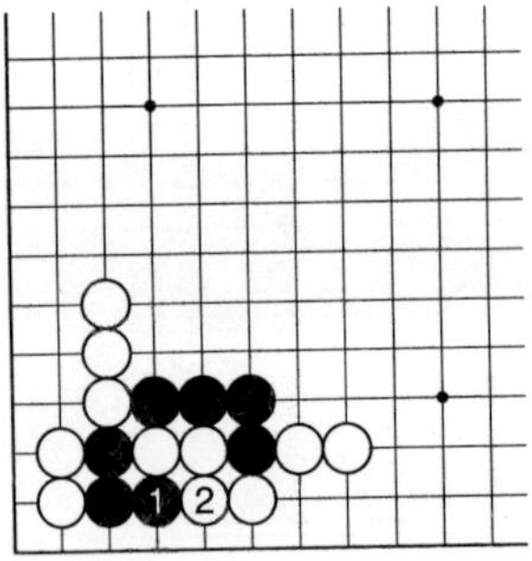

失败 1

黑 1 打吃不行。白 2 粘住，黑棋被杀。

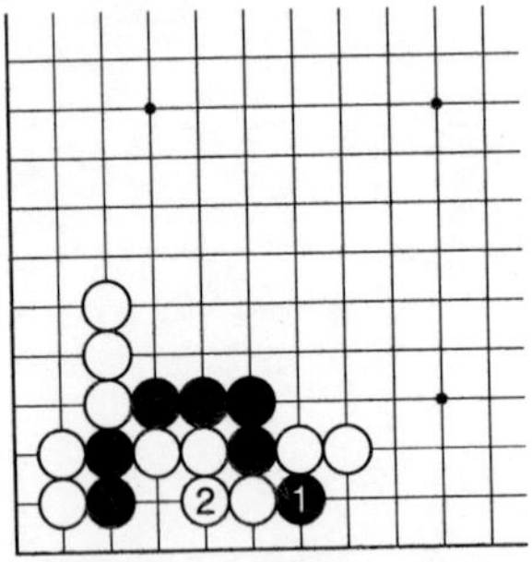

失败 2

黑 1 断错方向了。白 2 粘，黑棋不行。

问题 47（黑先）

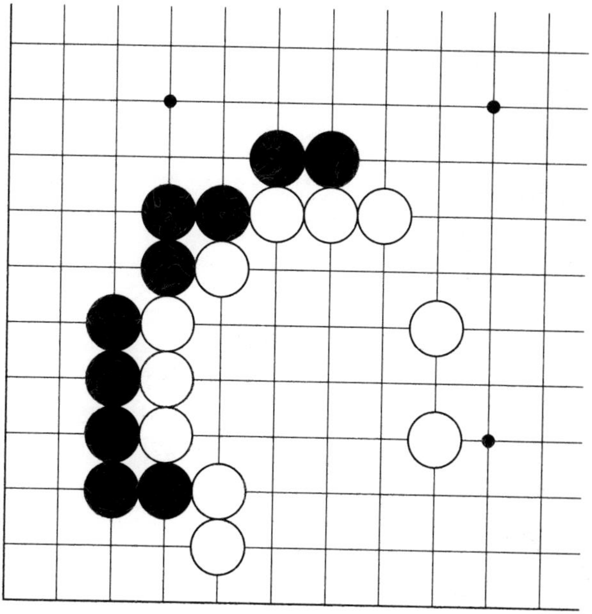

白棋围了一圈，看似都是白地，但黑棋其实有破空的好手。黑棋应该怎么走？

问题 47（解答）

断！再断！

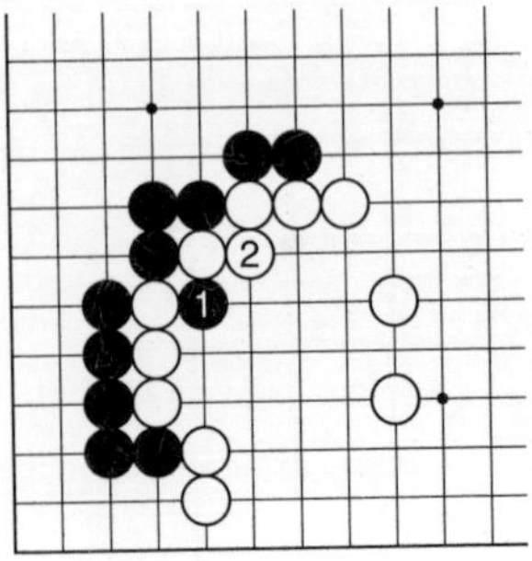

正解

黑 1 断是正解。白 2 粘，黑棋下一手是关键。

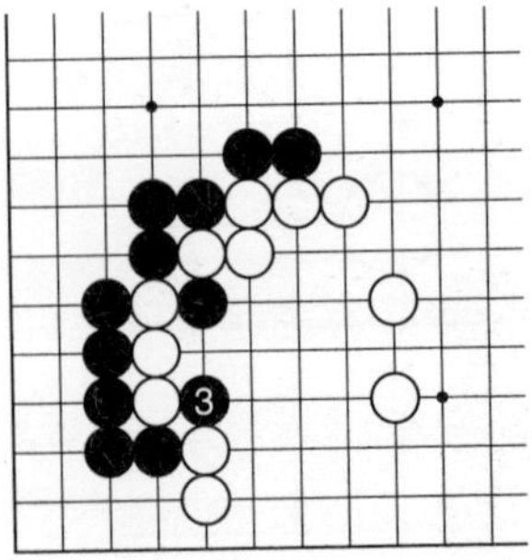

正解（续）

黑 3 再断，白三子无路可逃。

在有多处断点时，打出“组合拳”是关键。

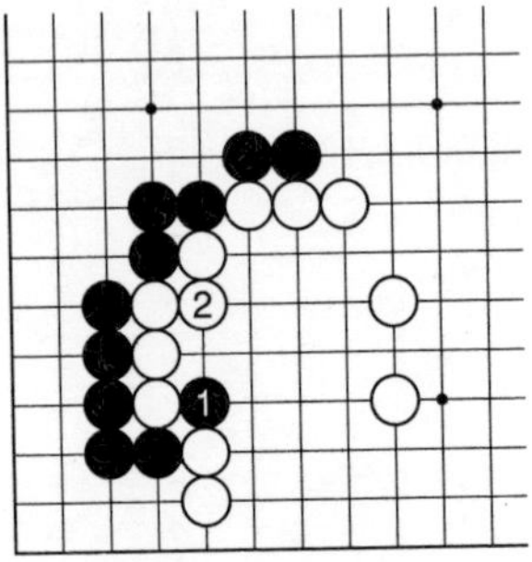

失败

黑 1 断的话，白 2 粘，黑棋再没后续手段。

问题 48（黑先）

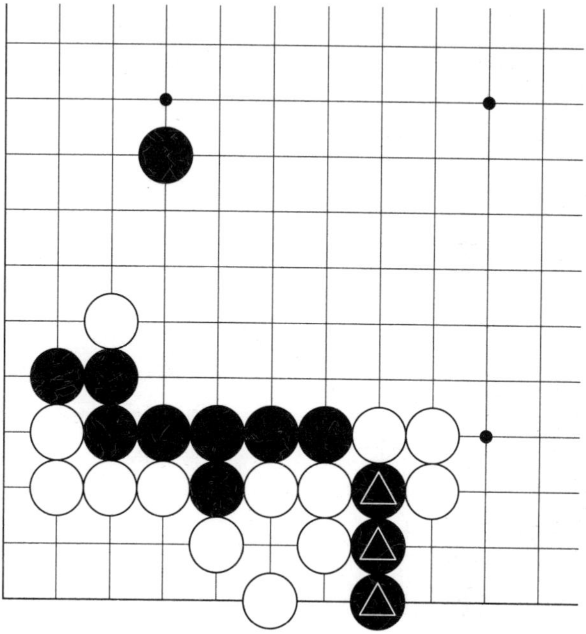

黑▲三子仍有活力。

黑棋如何发挥它们的作用？

问题 48（解答）

接不归

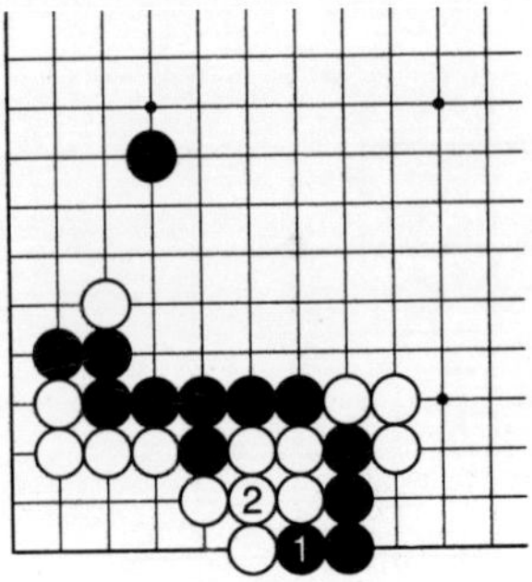

正解

黑 1 打吃是正解。

白 2 粘。

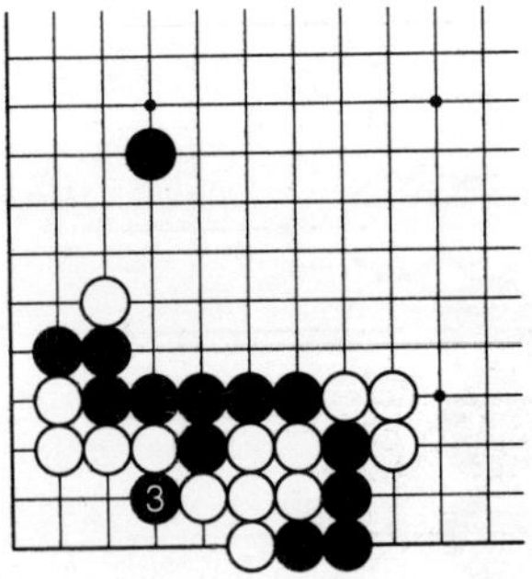

正解（续）

黑 3 断，不仅吃了白六子，左边的白棋也被杀了。

黑棋大赚。

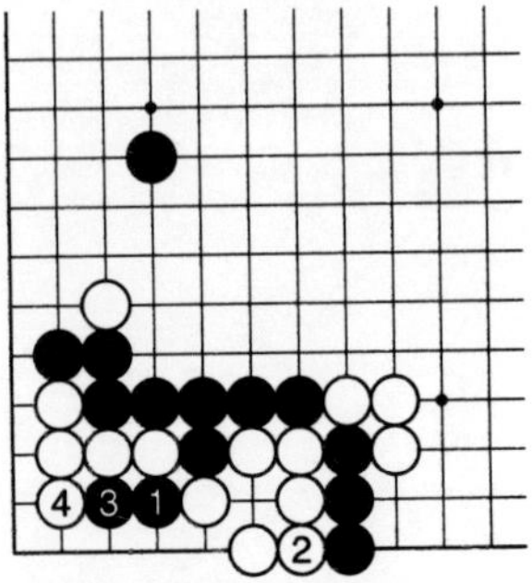

失败

黑 1 断的话，白 2 团。黑 3 爬时，白 4 挡，黑棋不行。

问题 49（黑先）

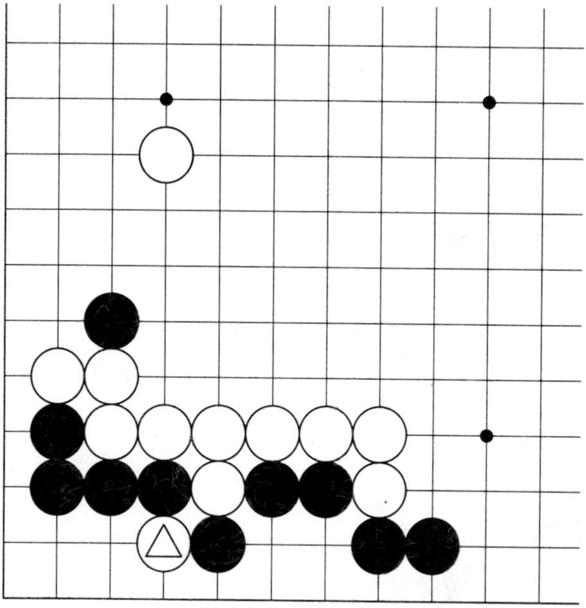

黑棋需要对白◎多加注意。

黑棋应该如何补防呢？

问题 49（解答）

补断

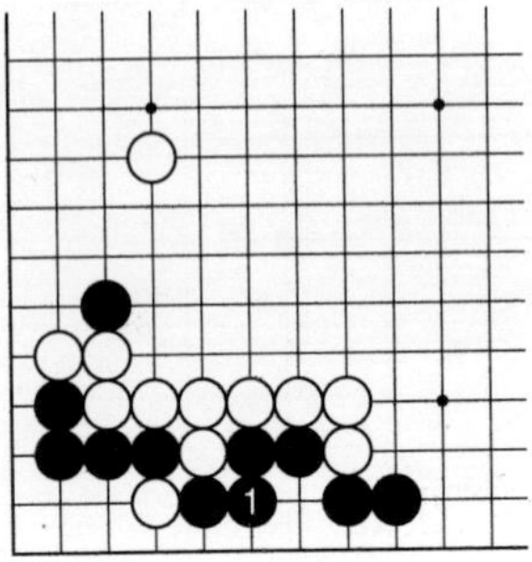

正解

黑 1 粘补断是关键。

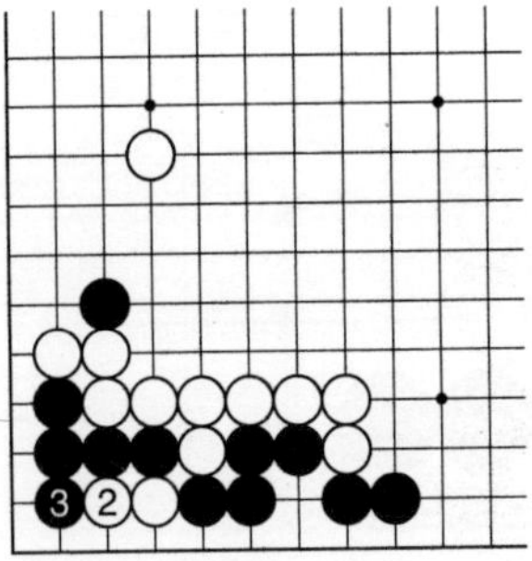

正解（续）

白 2 逃跑的话黑 3 挡住就好了。

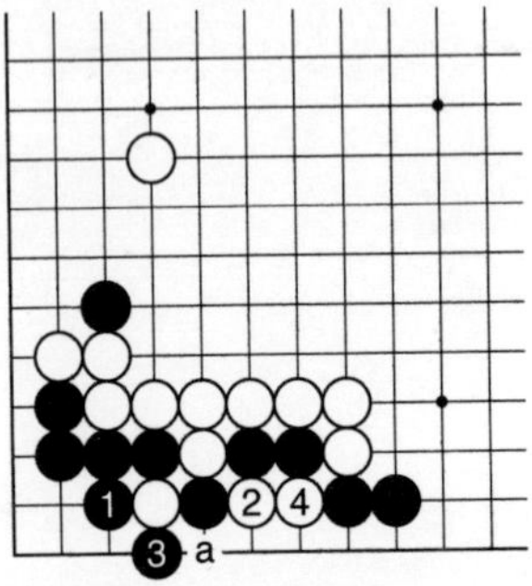

失败

如果黑 1 随手打吃的话，白 2 双打吃。

黑 3 提白一子，白 4 吃掉黑两子，黑 3 就算走 4 位粘，白 a 提黑一子后黑棋束手无策。黑棋崩溃。

问题 50（黑先）

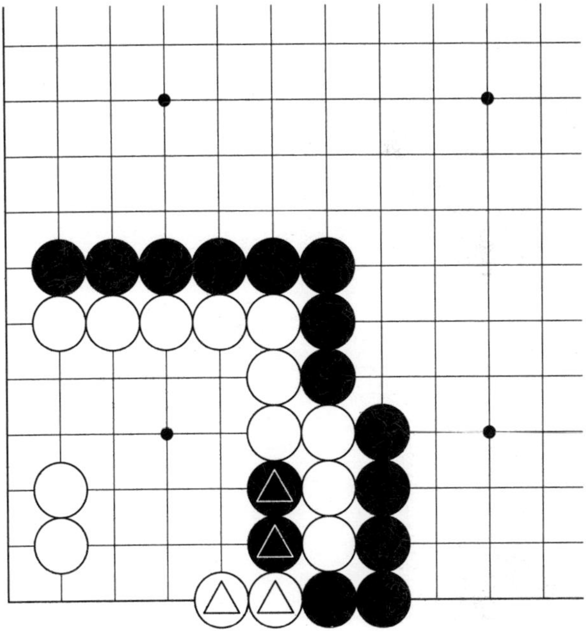

黑棋如何利用黑▲吃掉白△？

问题 50（解答）

即使在一线也能枷吃

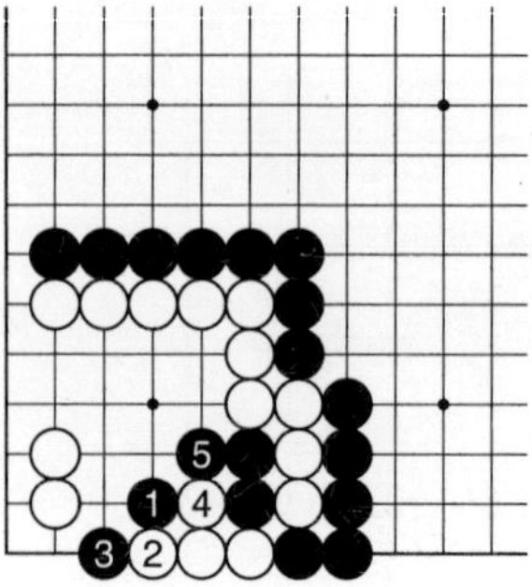

正解

黑 1 枷，白棋就跑不掉了。

白棋冲不出去，至黑 5，白棋被杀。

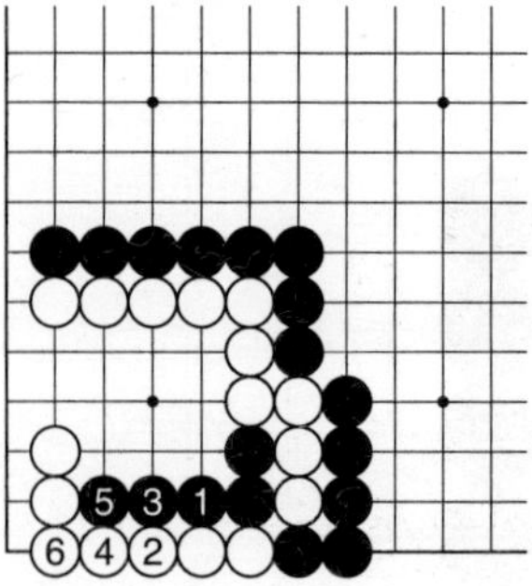

失败 1

如图，黑棋若只是这个样子推过去，至白 6，白棋就连回去了。黑棋不行。

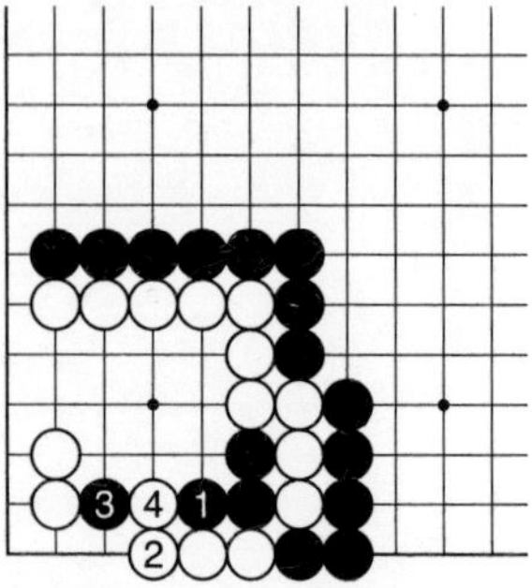

失败 2

黑 3 枷为时已晚，白 4 可以冲出打吃黑三子。所以黑 1 打吃不是时机。

问题 51（黑先）

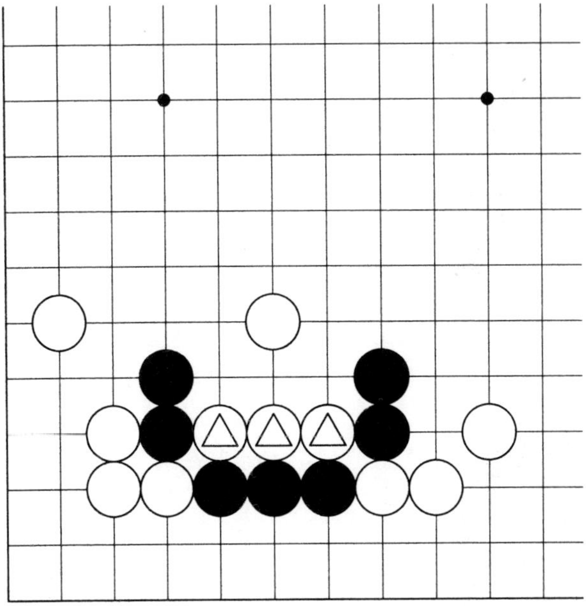

黑棋四分五裂，若想取得连接，需要吃掉棋筋白△三子。黑棋应该怎么办？

问题 51（解答） 乌龟不出头

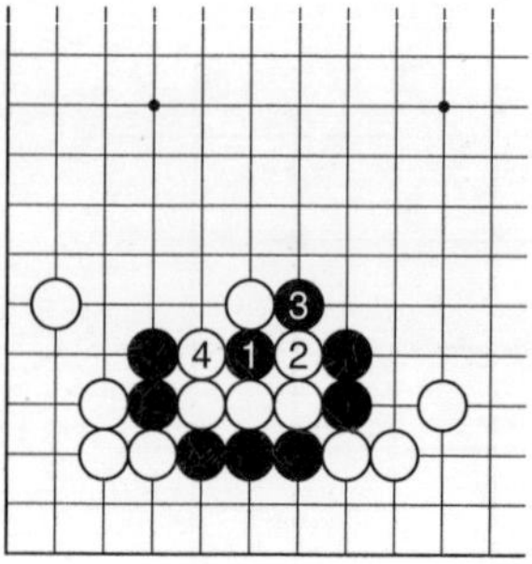

正解

“左右同形走中间”。黑 1 挖是好手。

白 2 打吃的话，黑 3 断是很关键的一手。白 4 提。

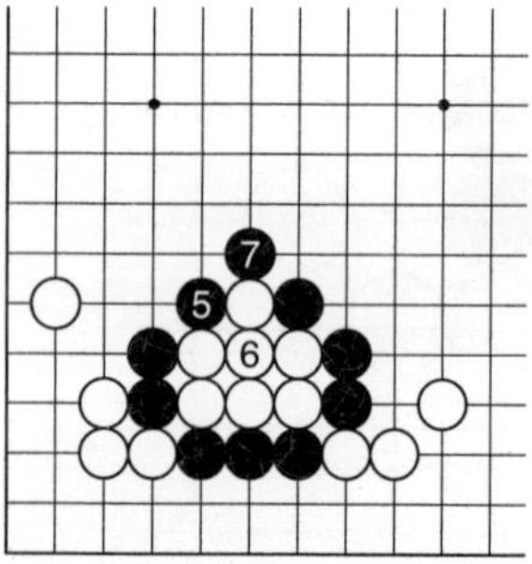

正解（续）

黑 5 打吃，白 6 粘，黑 7 提，白棋被杀。这个吃子技巧叫“乌龟不出头”。请一定要记住。

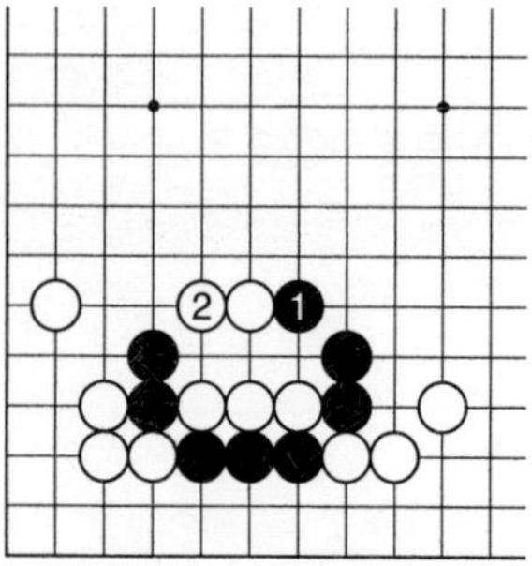

失败

黑 1 尖，白 2 双，黑棋不行。

问题 52（黑先）

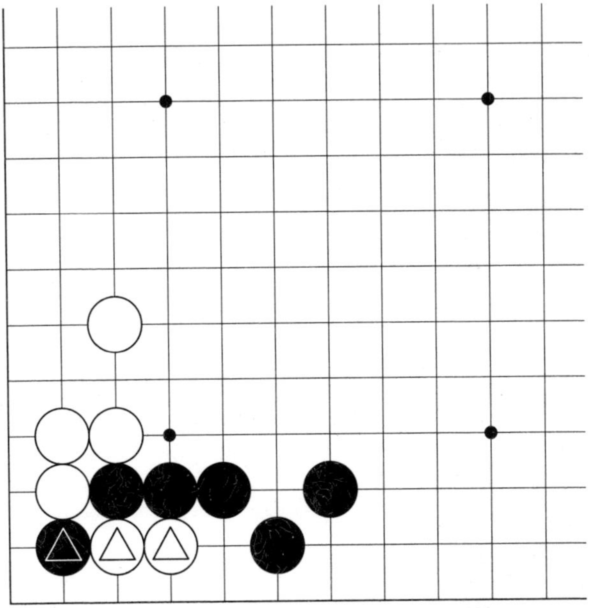

黑▲还有两口气，而白△有三口气。

虽然表面上看起来黑▲注定会被吃，但黑棋有逆转局面的一手。黑棋应该怎么走？

问题 52（解答）

利用角部的特殊性

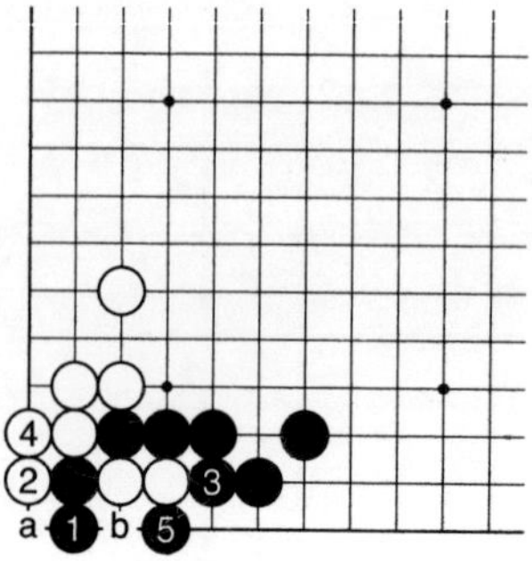

正解

黑 1 立是好手。白 2 扳，黑 3 紧气。这样的话黑、白都只剩两口气了。但是白棋不能走 a 点，走 b 点是自紧一气，所以只能于 4 位粘。这样黑棋快一步将白棋杀死。

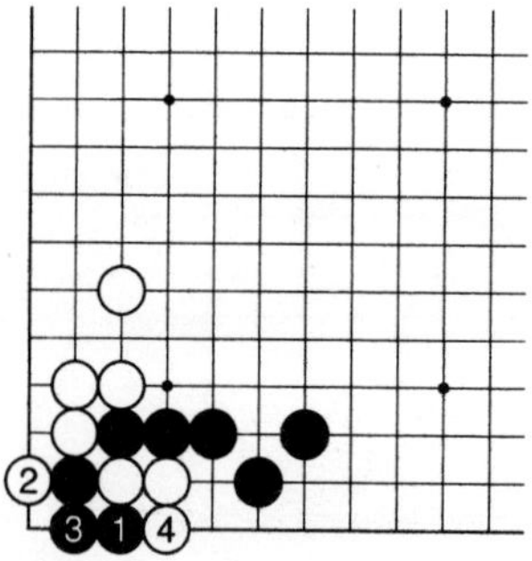

失败 1

黑 1 扳，至白 4，黑棋被白棋吃住。

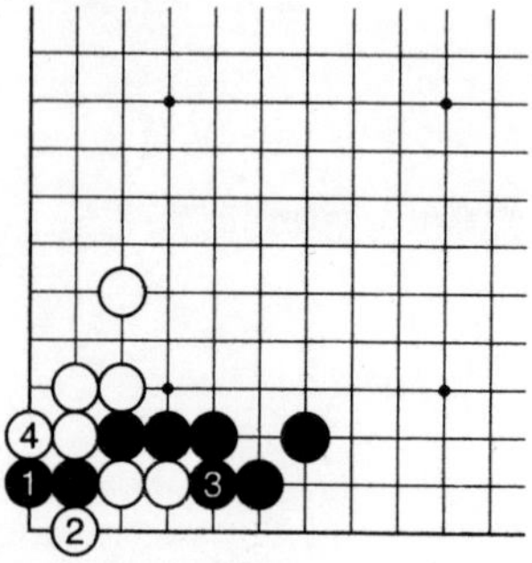

失败 2

黑 1 立，白 2 扳，黑棋还是不行。

问题 53（黑先）

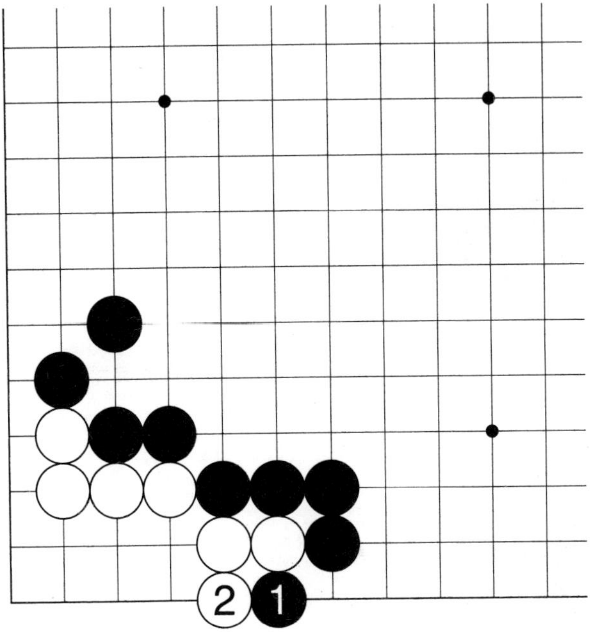

黑 1 扳时，白 2 打吃。

白 2 是恶手。黑棋应该怎样惩治白棋？

问题 53（解答）

不要错失良机

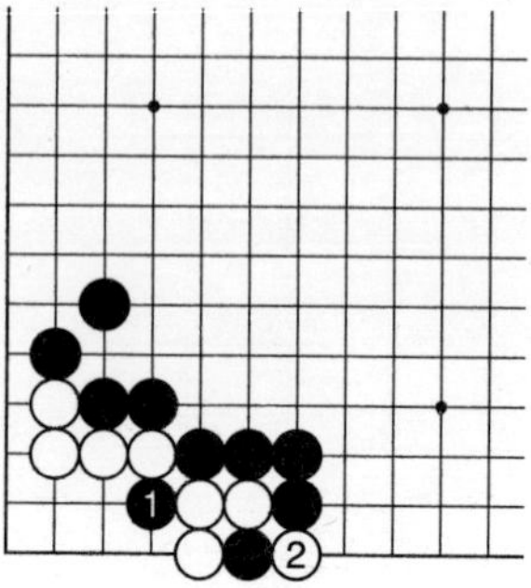

正解

黑 1 断打是正解。

白 2 提了之后，黑棋下一手是关键。

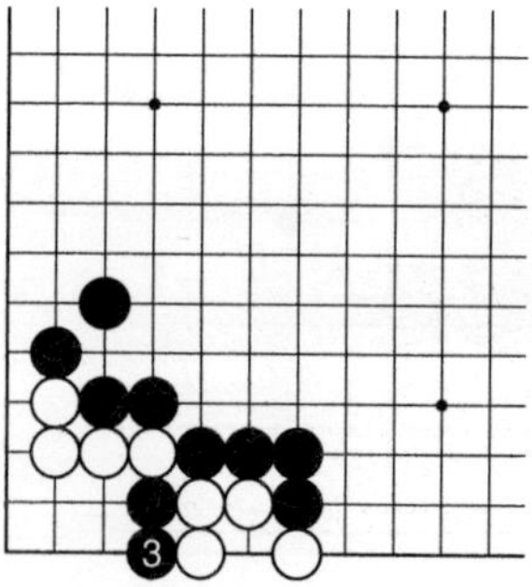

正解（续）

黑 3 打吃很关键。这样白棋就跑不掉了。

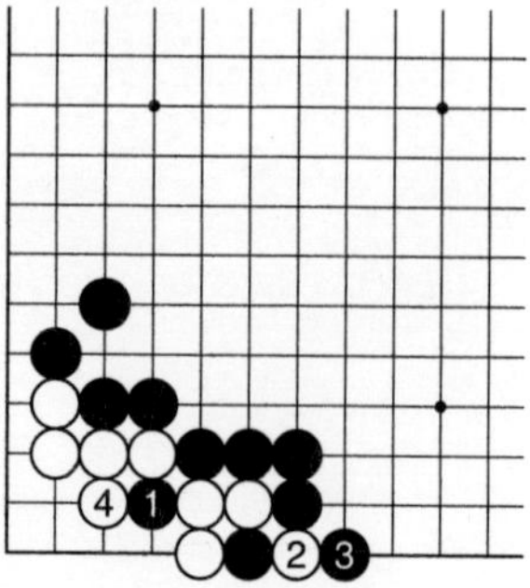

失败

黑 1 断了之后，若走 3 位打吃白棋的话，白 4 打吃，黑棋功亏一篑。

因此一定要找出主要矛盾。

问题 54（黑先）

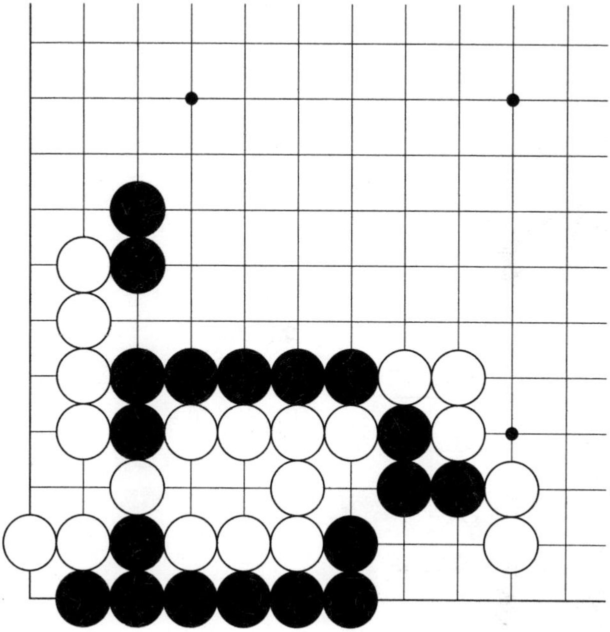

虽然从这么多棋子中找出关键点看起来会有些困难，但这是实战中常见的状况。

下边的黑棋很危险，若想脱困，必须要吃掉白棋。黑棋应该怎么走？

问题 54（解答）

弃子构成接不归

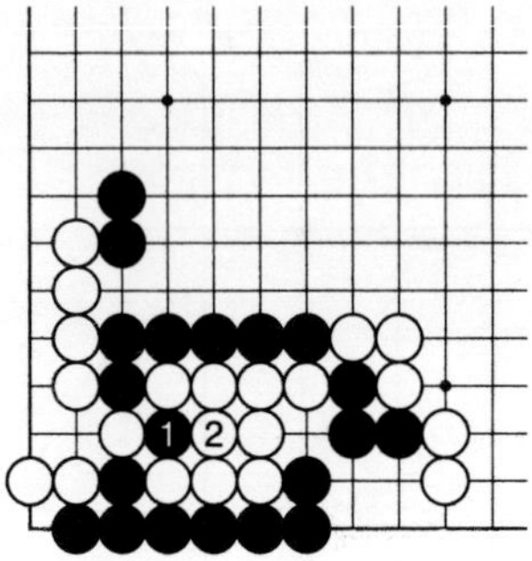

正解

黑 1 扑是好手，白 2 提。

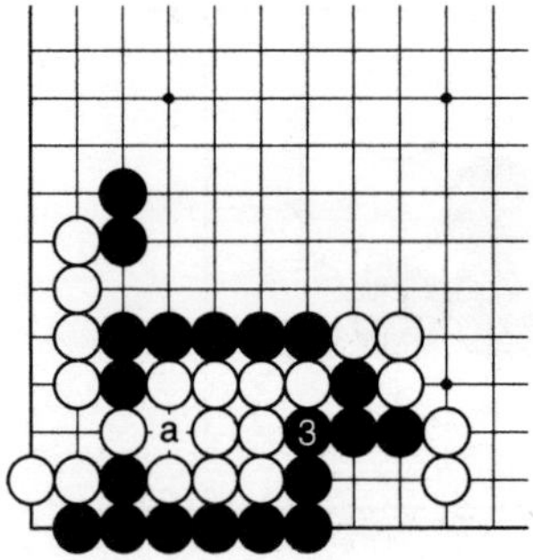

正解（续）

黑 3 打吃，白棋若于 a 位粘的话损失更大，因此白棋不会粘。

黑棋吃掉白棋之后，下边的黑棋也因此获救。

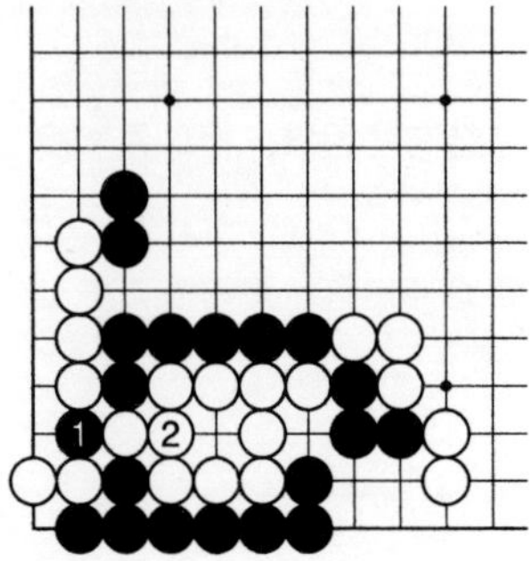

失败

黑 1 扑的话，白 2 粘住，黑棋逸机。

问题 55（黑先）

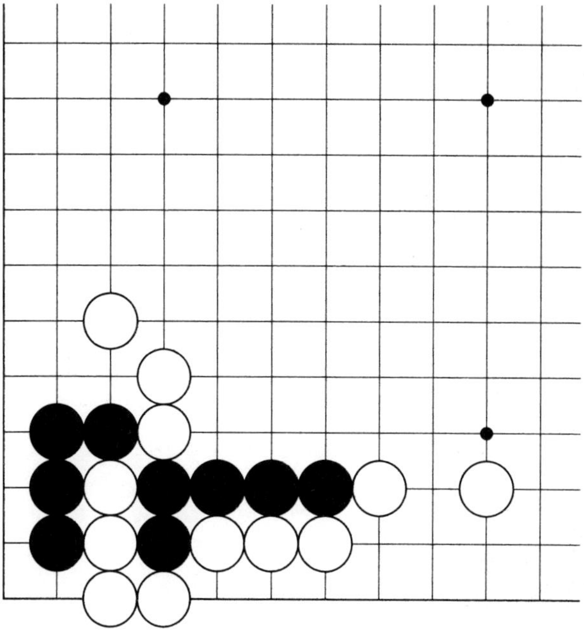

这是接不归的基本形。

黑棋如何联络起来？

问题 55（解答）

扑是构造接不归的基本手法

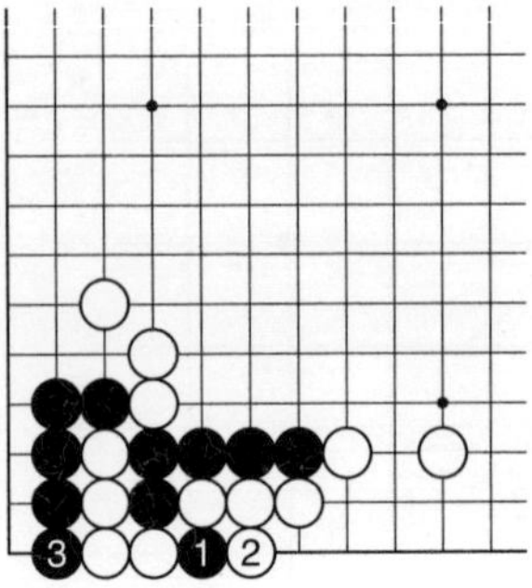

正解

黑 1 扑很关键。白 2 提，黑 3 打。

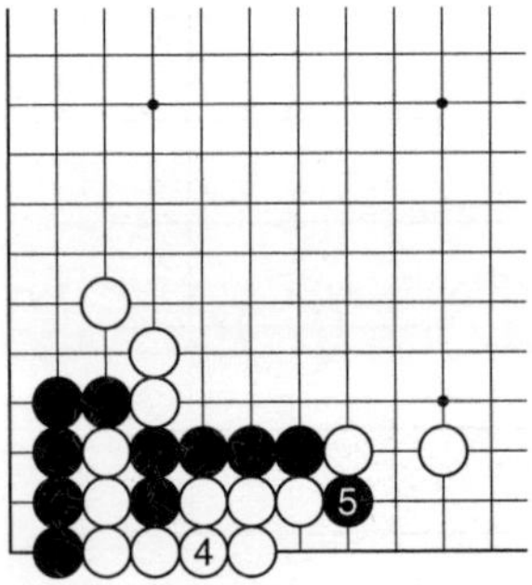

正解（续）

白 4 粘的话，黑 5 断，白棋就无路可逃。

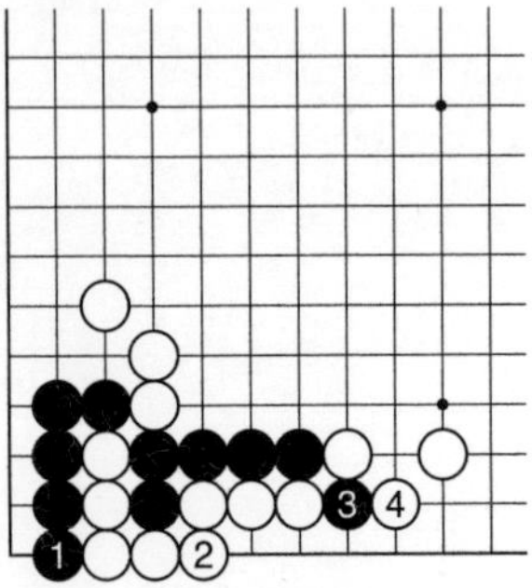

失败

黑棋若不扑而于 1 位打吃的话，白 2 粘。

此时黑 3 再断就是白送一子，毫无意义。

问题 56（黑先）

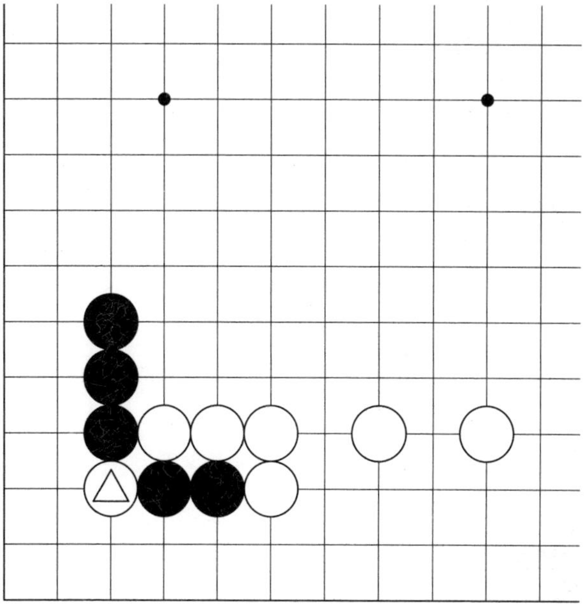

黑棋怎样才能吃掉白Ⓐ?

问题 56（解答）

从弱子方向围攻

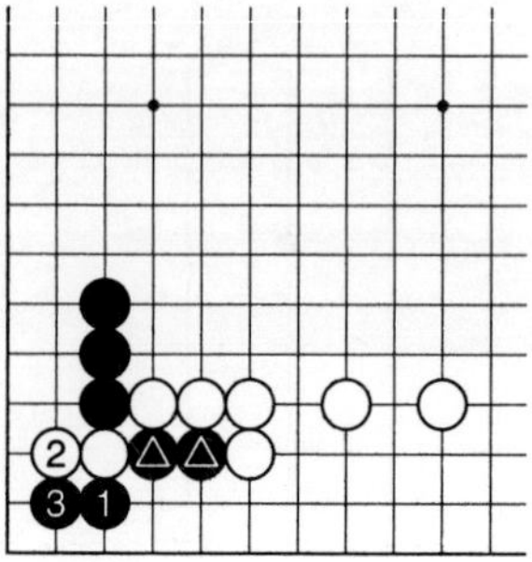

正解

黑棋于 1 位打吃正确。

白 2 逃跑，黑 3 紧气。白棋被杀。

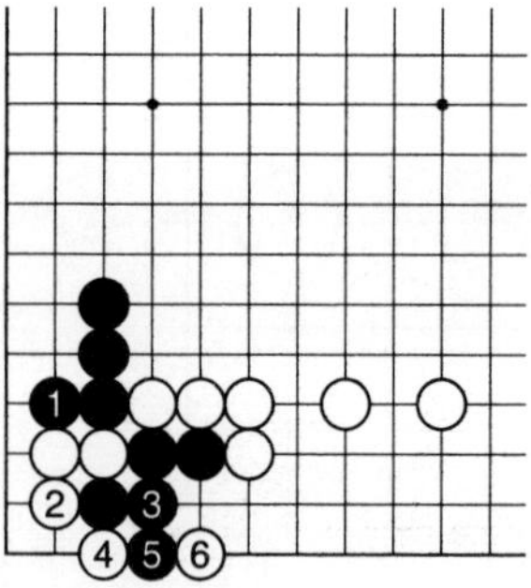

失败 1

正解图中，黑 3 若从本图 1 位紧气的话，白 2 拐，至白 6，黑棋被反杀。

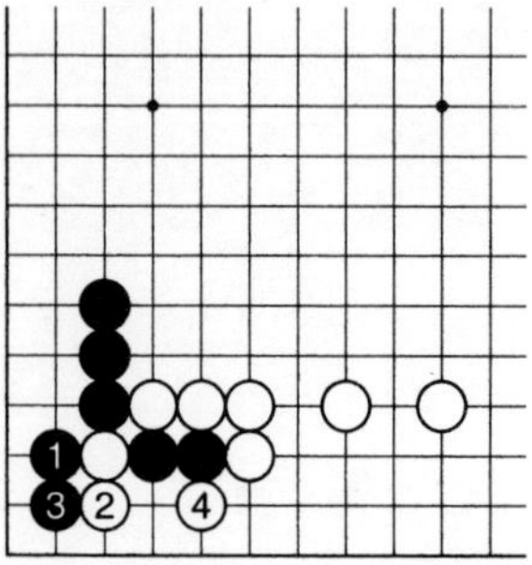

失败 2

黑 1 若从较强的一边打吃的话，至白 4 吃，黑棋失败。

问题 57（黑先）

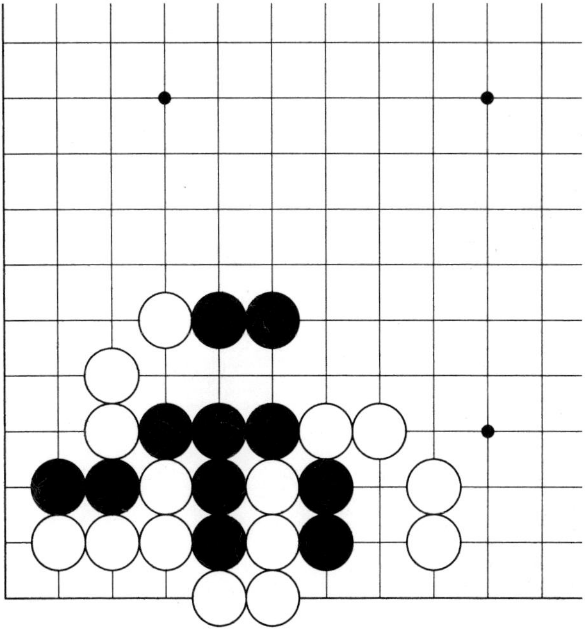

下边被白棋围住的黑棋还有能够生还的手段吗？

问题 57（解答）

弃子构造接不归

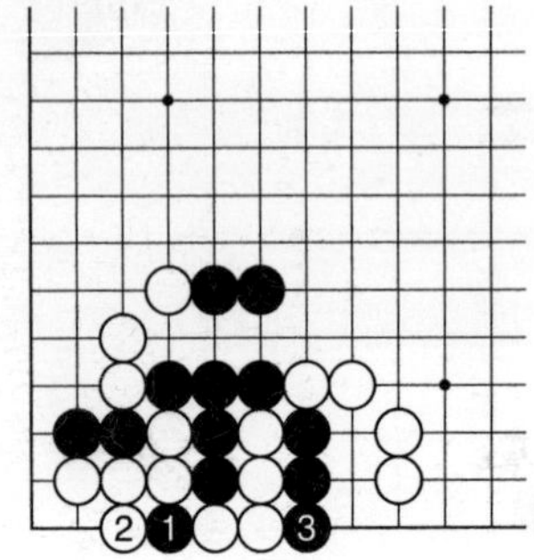

正解

黑 1 扑是正解。

白 2 提，黑 3 打吃。

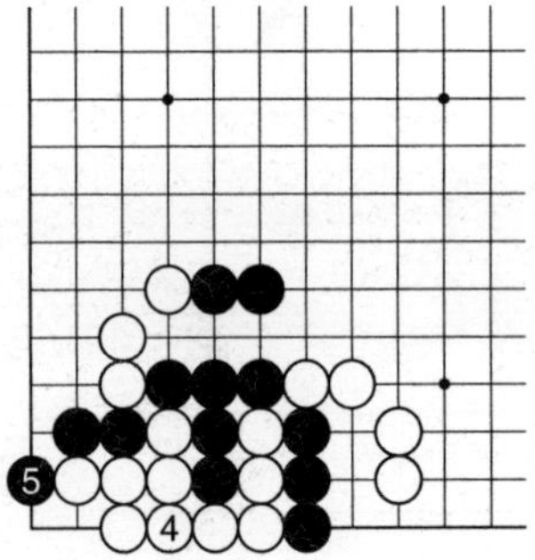

正解（续）

白 4 粘的话，黑 5 打吃，白棋尽数被吃。

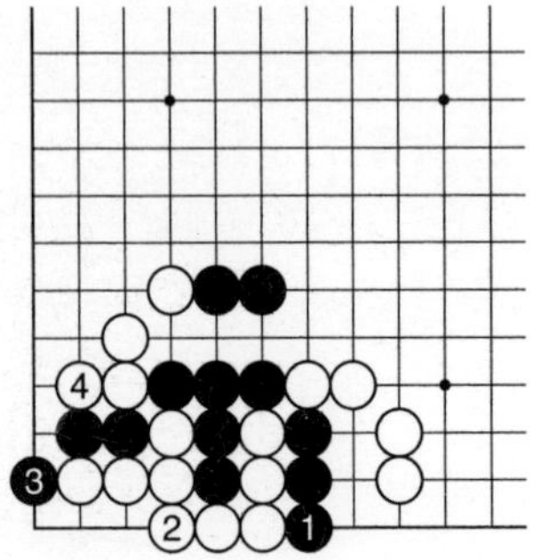

失败

黑 1 若只是单纯地打吃，白 2 粘。黑 3 扳，白 4 打吃。黑棋不行。

此时就能看出扑的用意了。

问题 58（黑先）

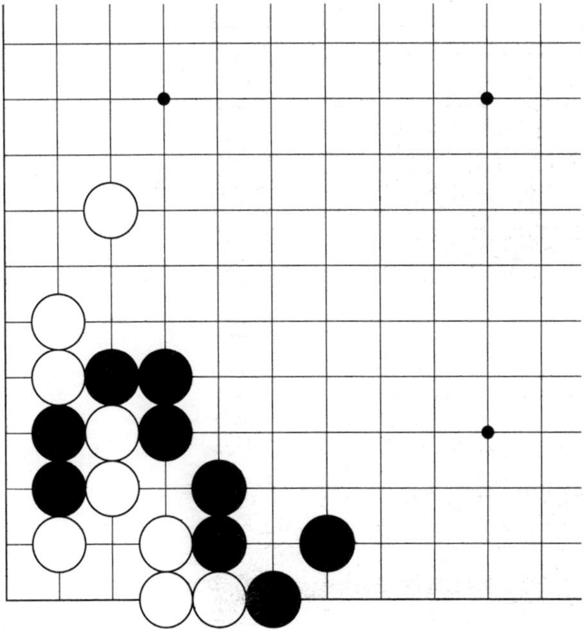

黑两子虽看起来要被吃掉了，但如果正确运用吃子技巧的话是可以解围的。

本题和接不归是一类题型。

黑先，请运用弃子的技巧，吃掉角上的白棋。

问题 58（解答）

扑

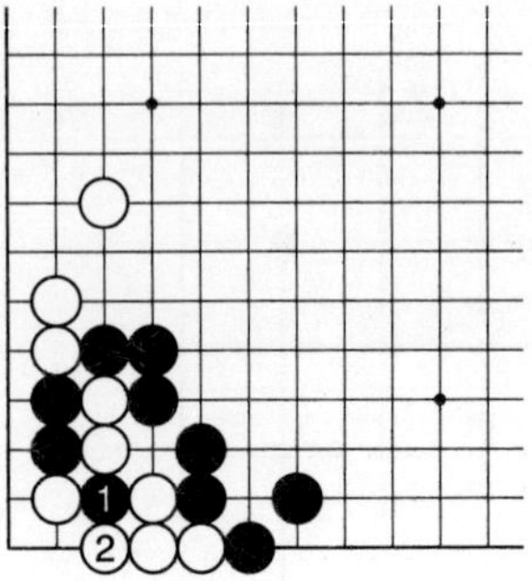

正解

黑 1 扑，白 2 只能提。

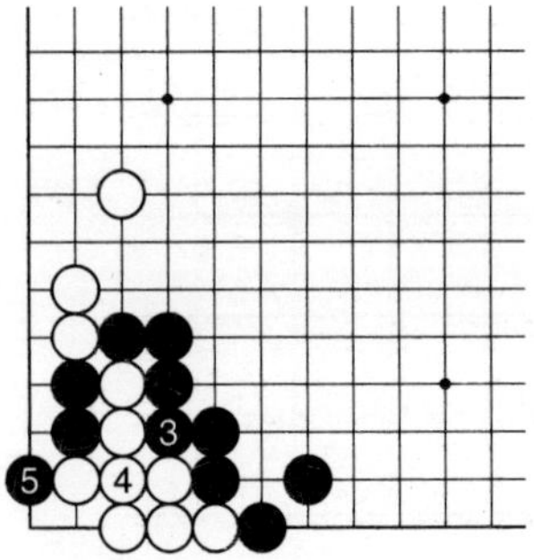

正解（续）

黑 3 打吃，白 4 粘住后白棋只剩两口气了。

黑 5 紧气，白棋被吃。

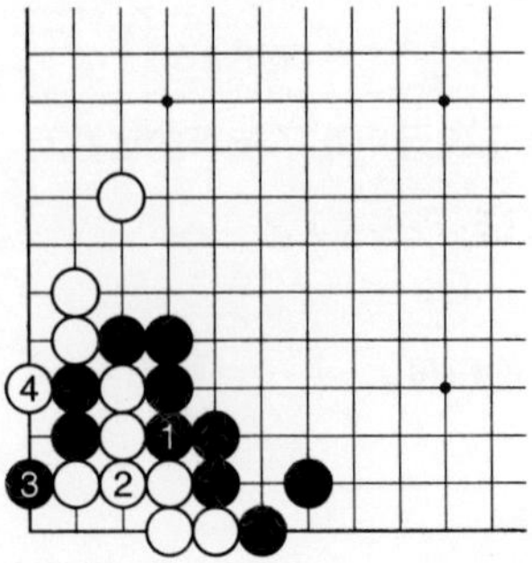

失败

黑棋若不扑而于 1 位打吃的话，至白 4，黑棋失败。

问题 59（黑先）

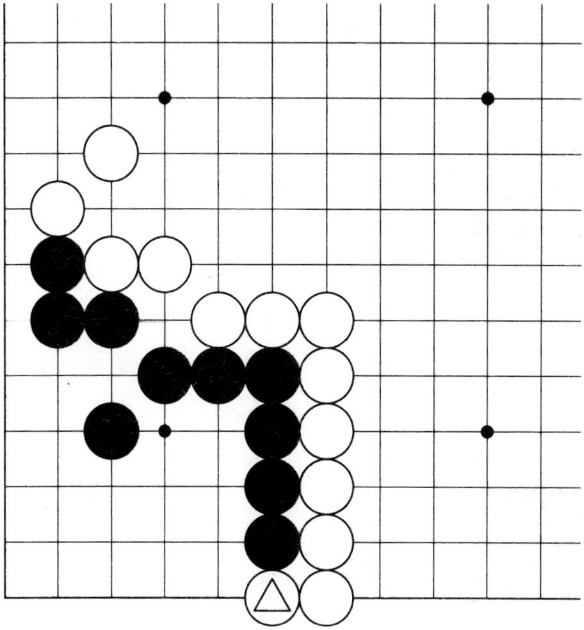

白△欲侵入黑地。

黑棋应该如何在注意自身弱点的情况下阻止白棋呢？

问题 59（解答）

以退为进

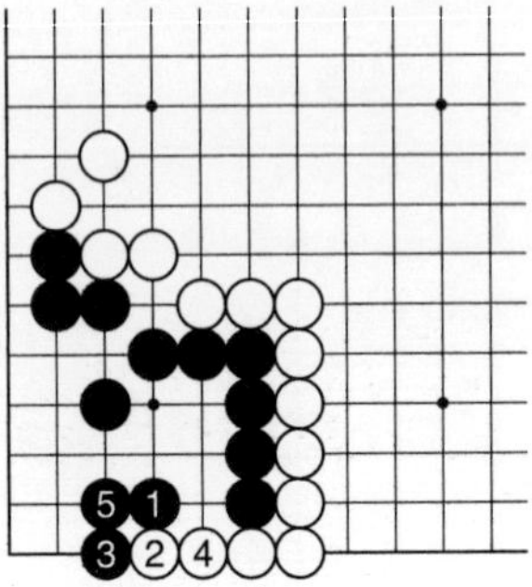

正解

黑 1 跳是防守的好手。

白 2 托，至黑 5 粘，是此际最佳的止损方式。

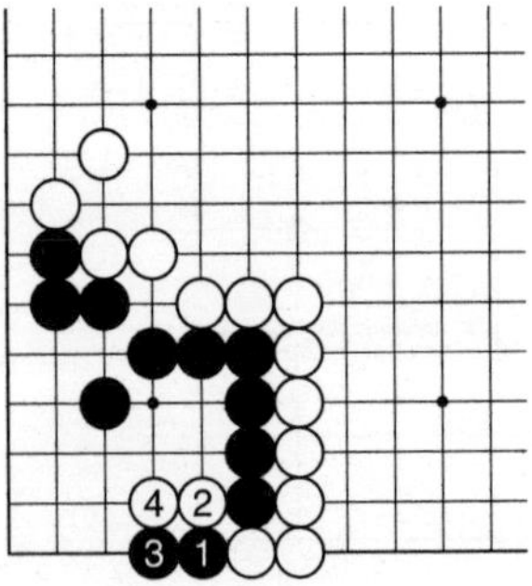

失败 1

黑 1 如果硬挡的话很危险。

白 2 断，黑地被白棋大幅消减。

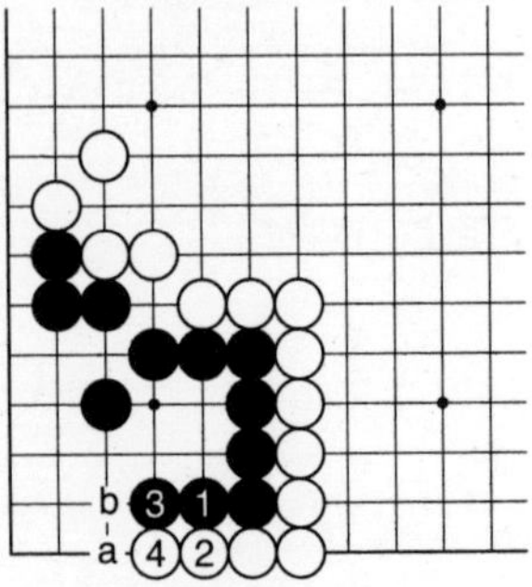

失败 2

黑 1 退的话，白 2 爬，黑 5 如果于 a 位挡，白 b 断，黑棋损失惨重。

3. 进阶篇

本部分有一些题的正解会在一些意想不到的地方，这也是手筋的一个特点。而将这些“想不到的地方”逐渐变成“理所当然”，就需要我们通过不断地学习来实现了。

问题 60（黑先）

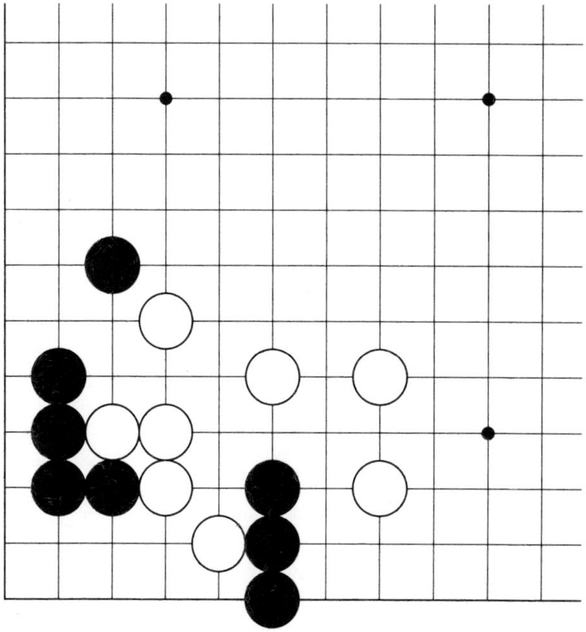

黑棋有联络左右的手段。

请找出白棋的弱点。

问题 60（解答） 卡

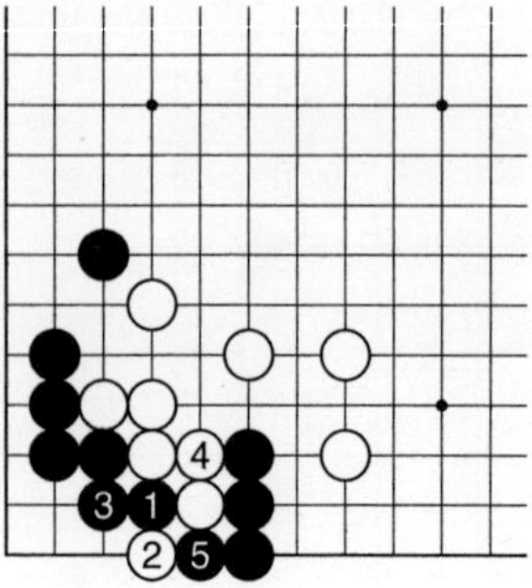

正解

黑 1 卡制造断点是好手。

白 2 打吃，黑 3 粘，白 4 粘，黑 5 断，吃掉白一子后获得联络。

白 4 若走 5 位的话，黑 5 走 4 位断就可以吃住白三子了。

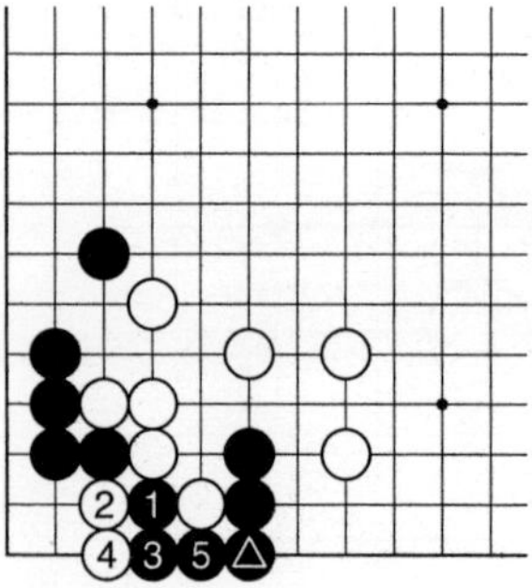

正解变化

白 2 打吃时，黑 3 立。此时黑▲就派上用途了。

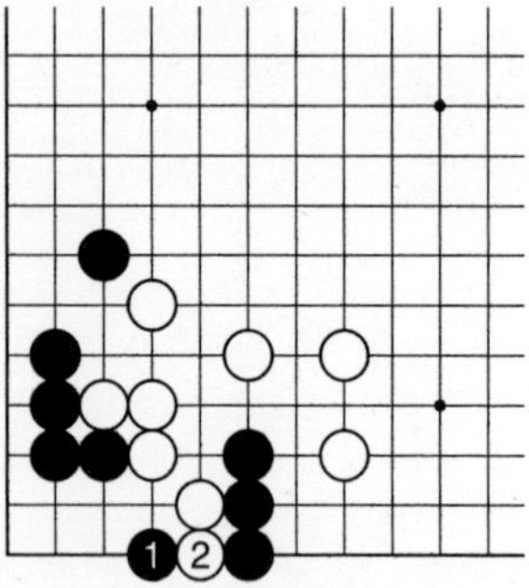

失败

黑 1 跳，白 2 挡，黑棋不行。

问题 61（白先）

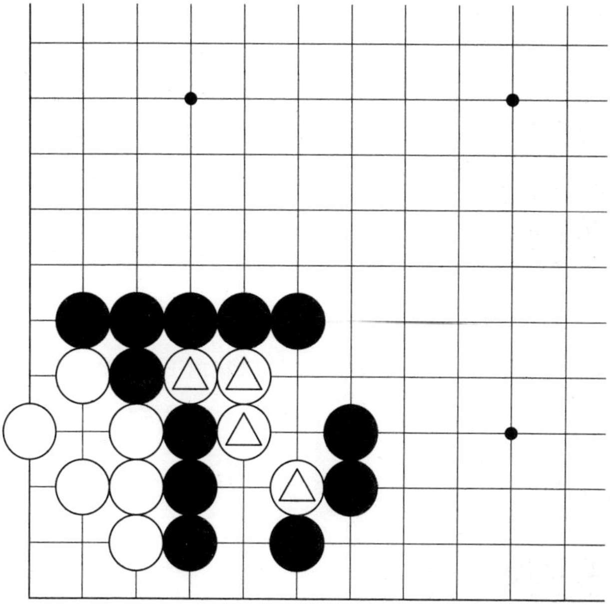

白棋有救出被围攻的白◬四子的手段。

请找出黑棋的缺点。

问题 61（解答）

盯紧处于对杀中的子

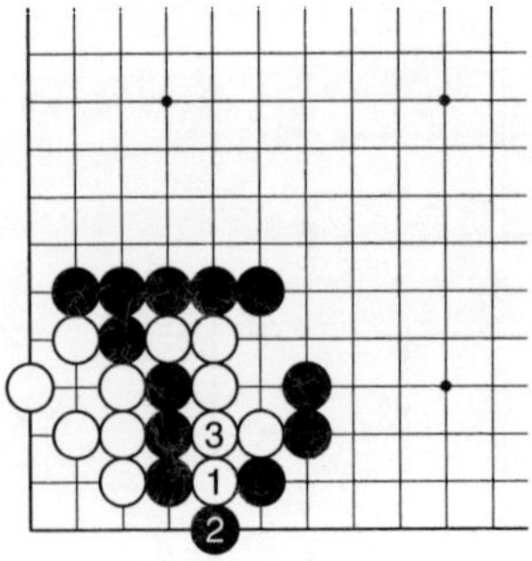

正解

白 1 挖是急所。黑 2 只能打吃，白 3 粘。

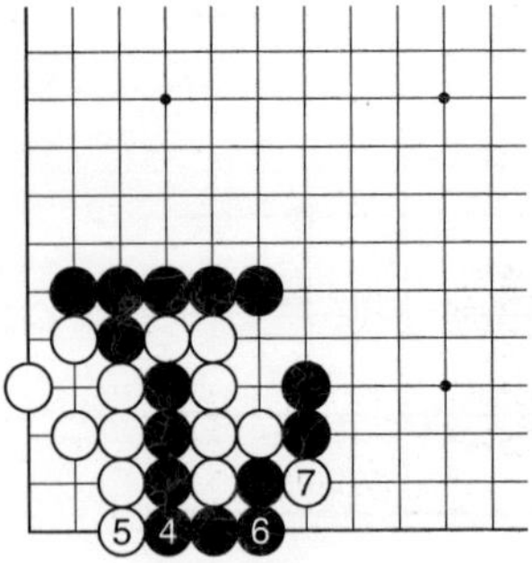

正解（续）

黑棋由于被打吃，只能于 4 位粘。白 5 继续打吃，至白 7，黑棋尽数被吃。

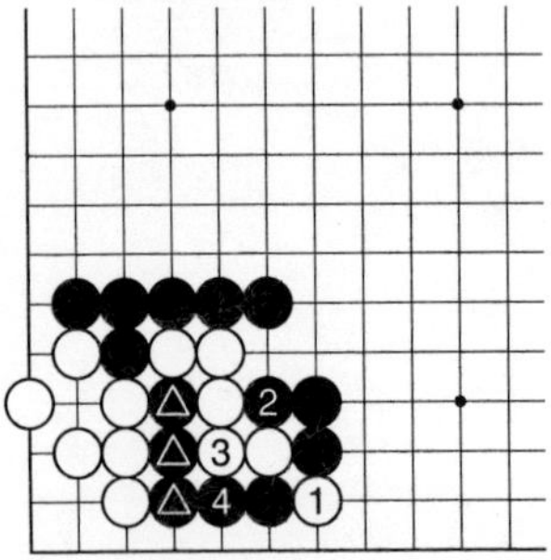

失败

白 1 断，黑 2 打吃，至黑 4，白棋反被吃住。

和白棋对杀的是黑▲。对杀时切忌偏离目标。

问题 62（黑先）

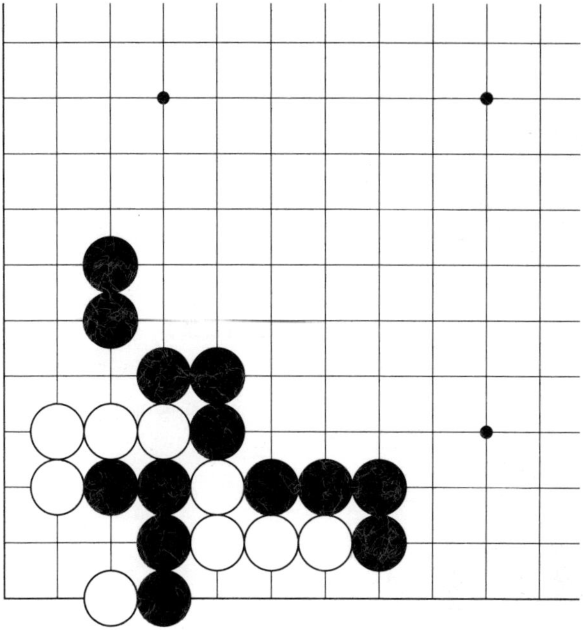

下面的对杀从表面上看黑棋似乎没有胜算，黑棋应该怎么走才能摆脱这种困境？

问题 62（解答）

做眼延气

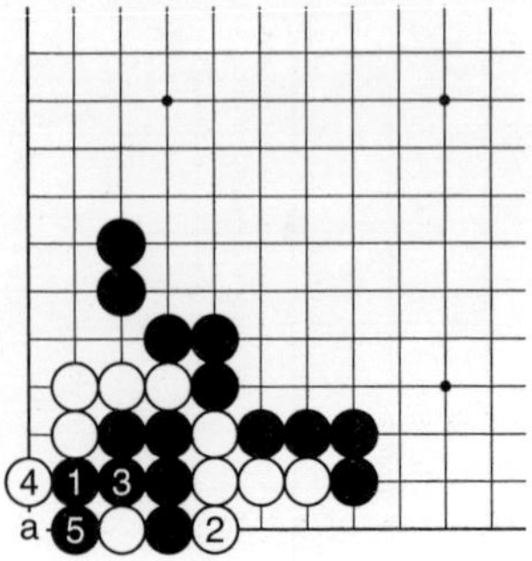

正解

黑 1 扳正确。白 2、4 打吃时，黑 5 提。黑棋做出一眼。由于 a 位不入气，因此黑棋等于多了一口气。

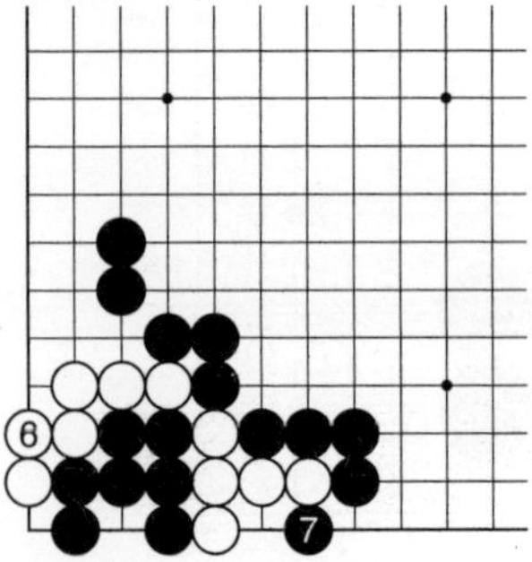

正解（续）

白 6 粘，黑 7 只要紧气就可以吃住白棋了。

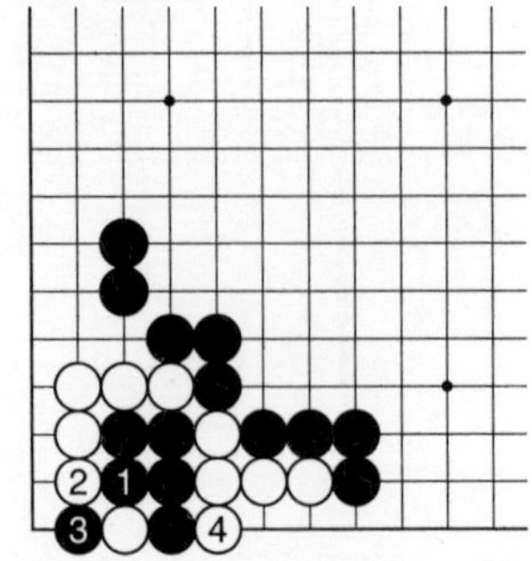

失败

黑 1 打吃只能做出假眼。黑 3 即使吃掉白一子，白 4 从背后打吃，黑棋被反杀。

问题 63（黑先）

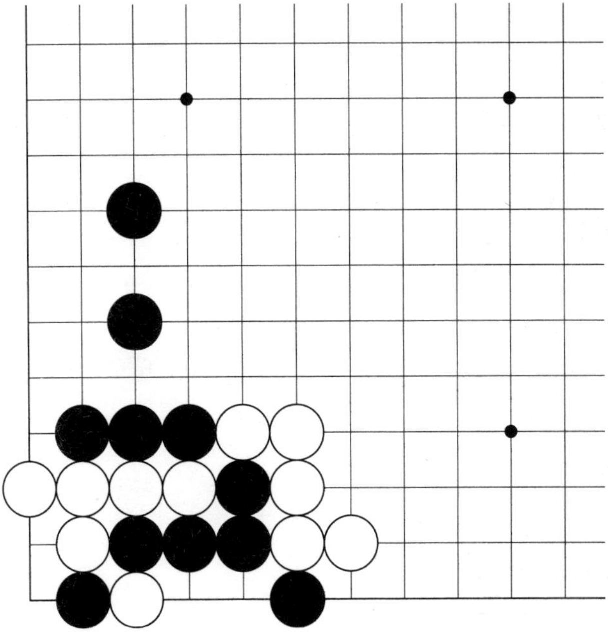

黑棋如何才能吃掉左边的白五子？

问题 63（解答）

弃子紧气

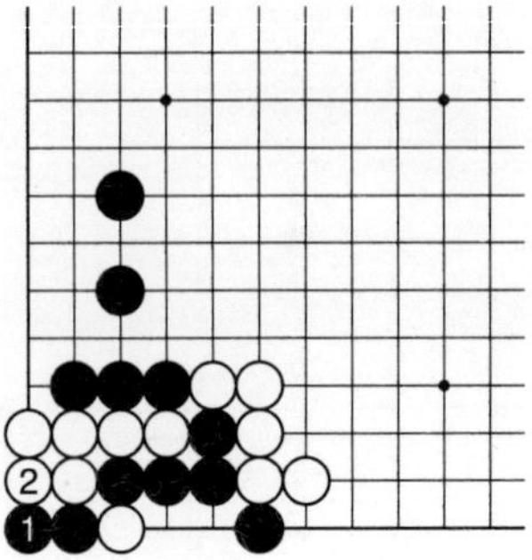

正解

黑 1 长，故意送吃是紧气的好棋，白 2 吃子。

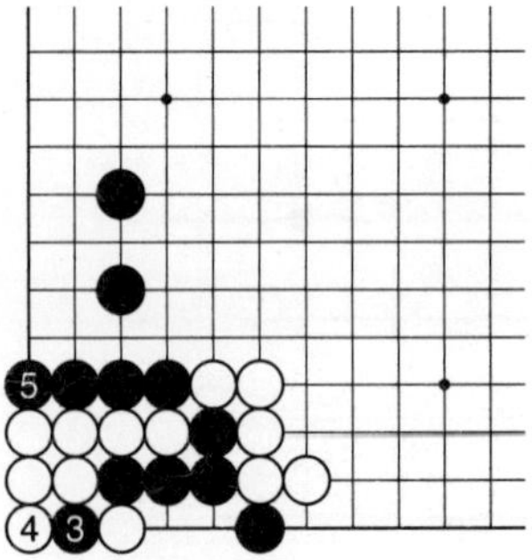

正解（续）

黑 3 扑，白 4 提后，黑 5 打吃，白棋被杀。

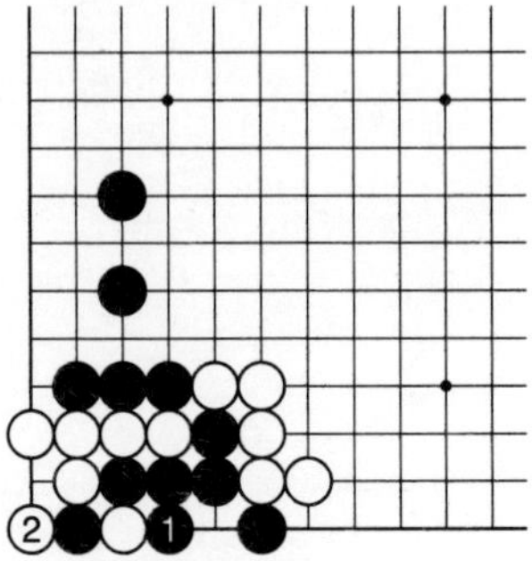

失败

黑棋不能因为自己被打吃就提掉白一子。如此一来，白 2 扑，局部形成打劫，黑棋无法脱身。

黑棋不能让白棋做劫。

问题 64（黑先）

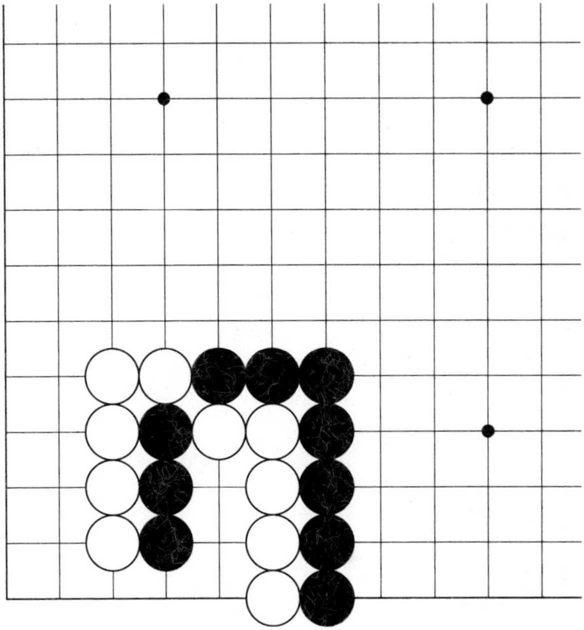

黑三子和白五子都各剩三口气。

黑棋若能走出好手的话是可以吃掉白棋的，黑棋应该怎么走？

问题 64（解答）

延气——一路小尖

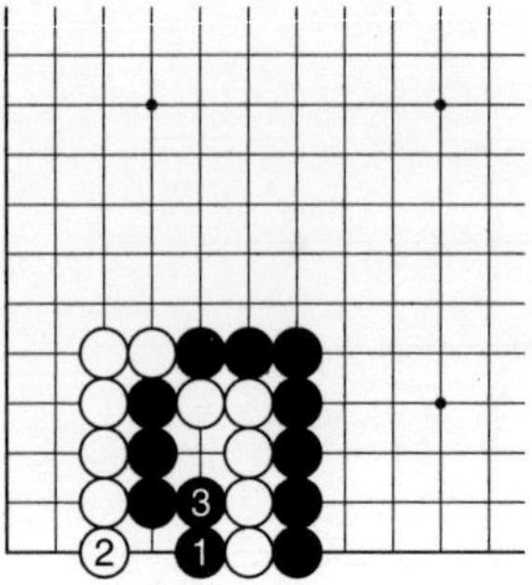

正解

黑 1 一路小尖是手筋。白棋立即走 3 位的话是紧自己的气，因此只能白 2 立。黑 3 紧气，白棋被杀。

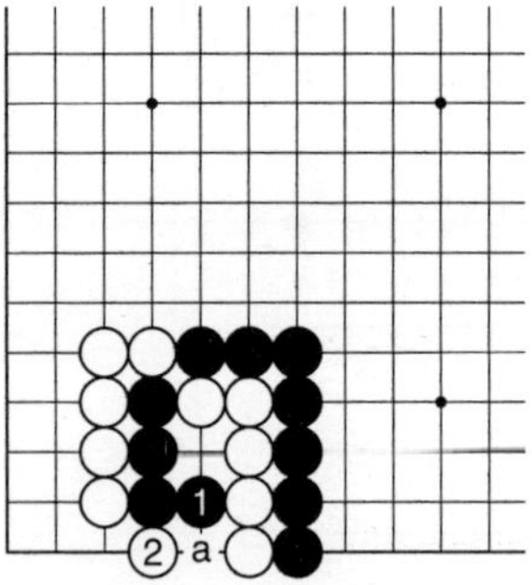

失败 1

黑 1 拐，白 2 扳。由于黑在 a 位不入气，因此黑棋不能走 a 位，走的话立刻就被白棋吃了。

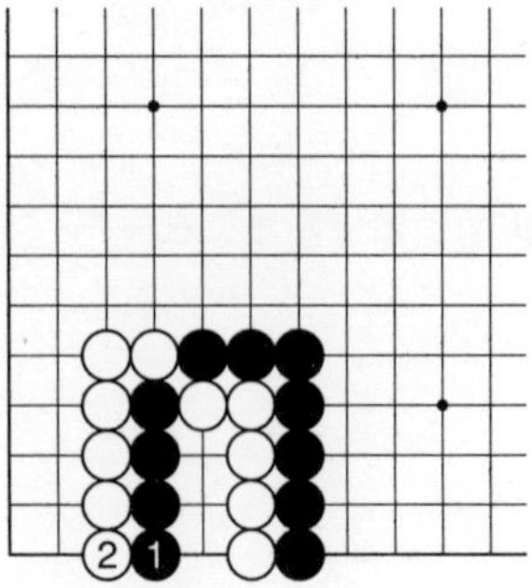

失败 2

黑 1 立，白 2 挡，局部形成双活。双活是指黑白双方谁都吃不了谁的状态。这样一来黑棋就吃不掉白棋了，黑棋失败。

问题 65（黑先）

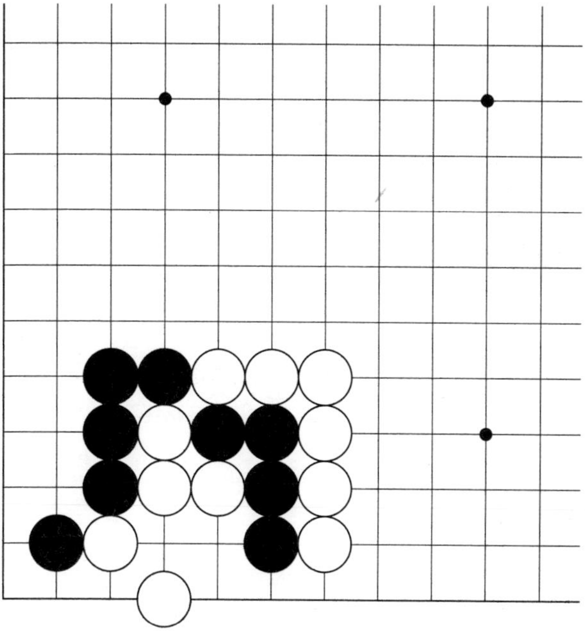

黑棋怎样才能在对杀中胜出，救出黑四子？

问题 65（解答）

瞄准倒扑

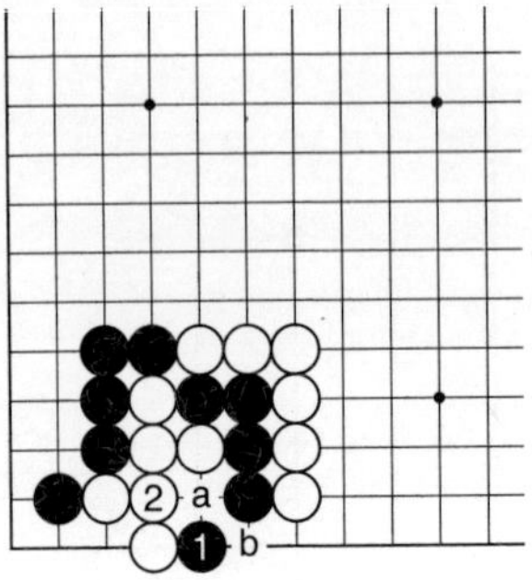

正解

黑 1 尖顶是好手。走出尖的形，且兼起顶撞对方棋子作用的一手叫作“尖顶”。由于接下来黑棋若走 2 位的话会形成倒扑，因此白 2 只能粘。

黑 1 的尖顶导致白棋既不能走 a 也不能走 b。

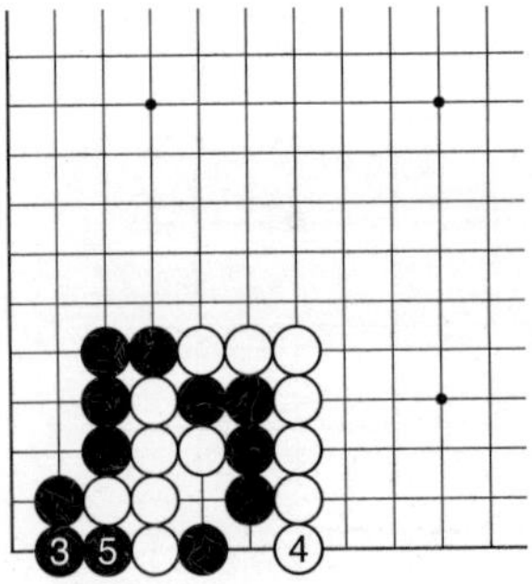

正解（续）

接上图，黑 3 立，至黑 5，白棋就被吃住了。

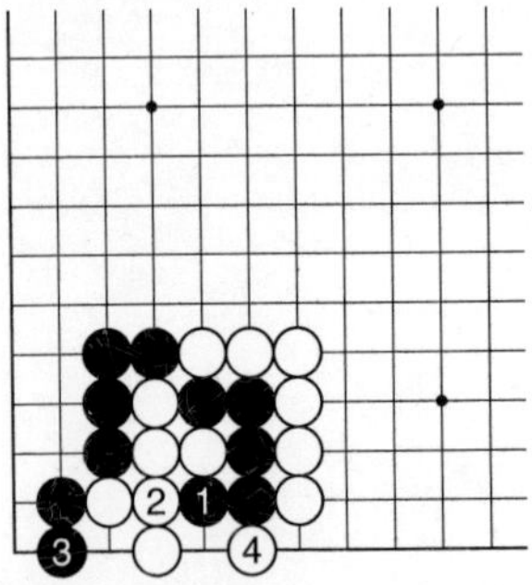

失败

黑 1 打吃是俗手。白 2 粘，黑 3 不入气只能立。白 4 打吃，黑棋被杀。

问题 66（黑先）

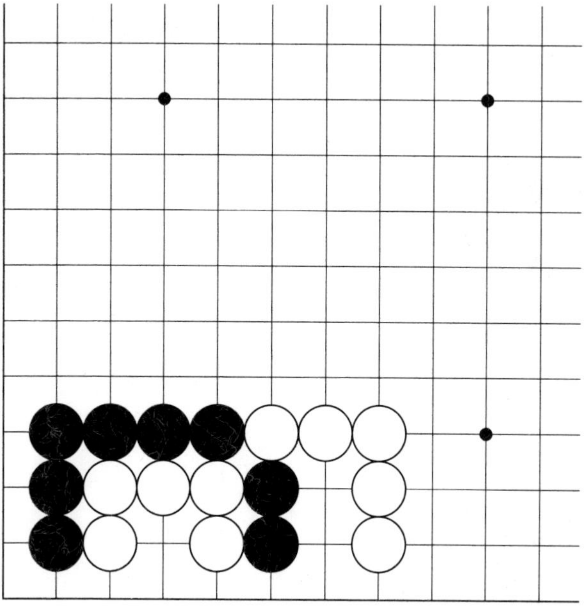

黑棋如何走才能救出下边的黑两子?

问题 66（解答）　不让对方做眼

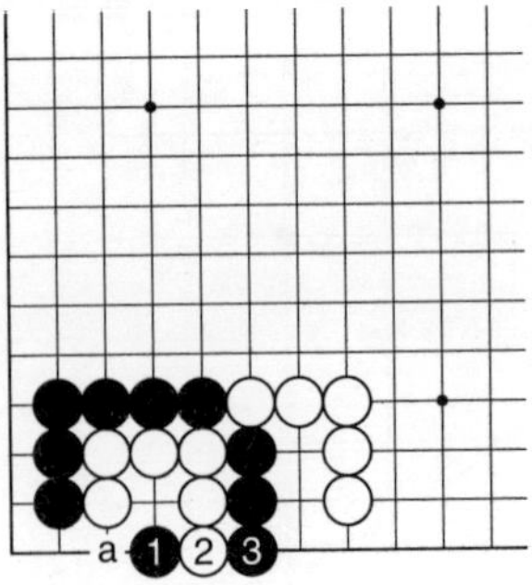

正解

黑 1 点是好手。若 1 位反被白棋占了的话白棋就做出眼了。对杀时有眼的一方气更长，因此要避免让对方做眼是正确的思路。白 2 挡分断。之后黑棋只要走 a 位或 3 位紧气就能吃掉白棋了。

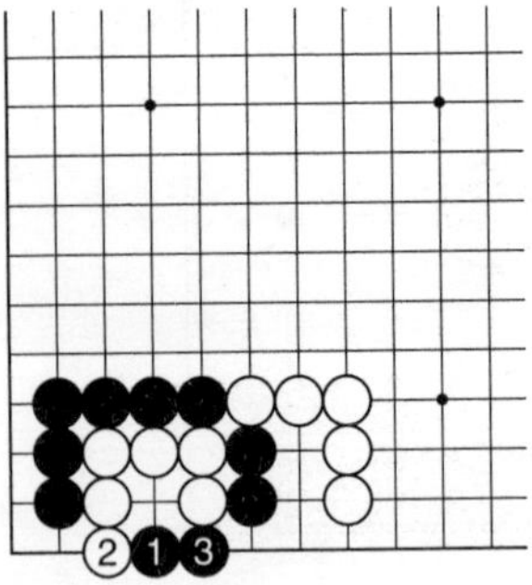

正解变化

白 2 挡，黑 3 连回，白棋被杀。

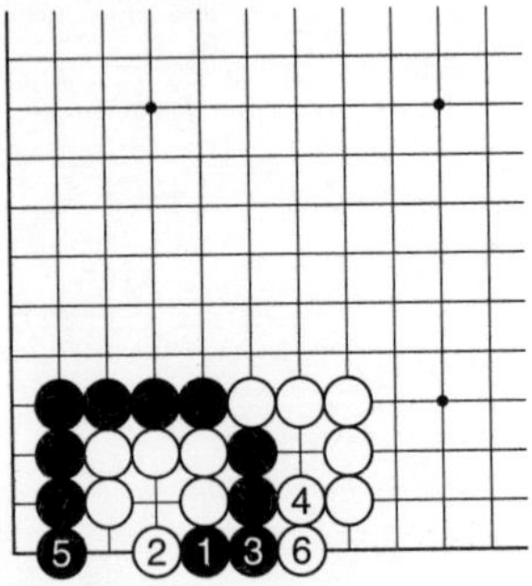

失败

黑 1 扳，白 2 挡，白棋做出一眼。这样下去，至白 6，黑棋就被吃住了。

问题 67（黑先）

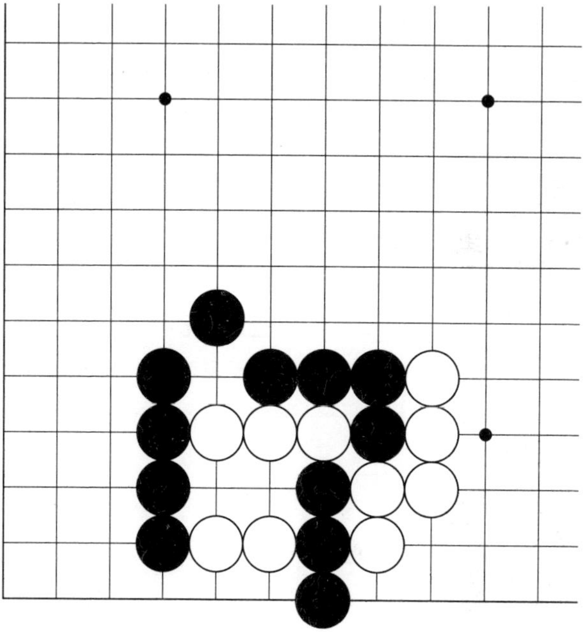

黑棋如何才能救出下边的黑三子？

对于白棋这种双的形状，黑棋应该如何紧气？

问题 67（解答）

注意紧气的次序

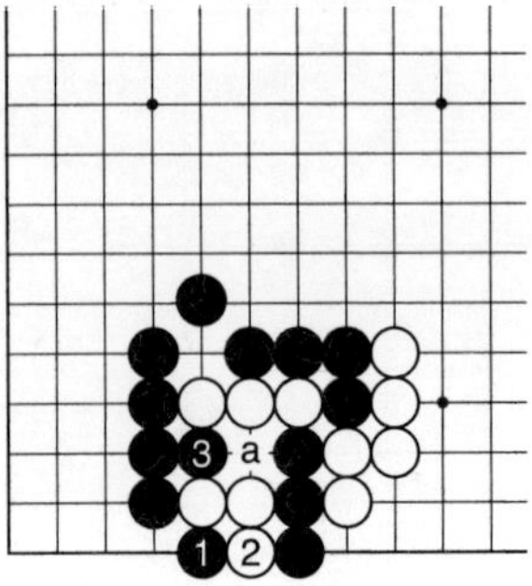

正解

黑 1 扳，白 2 不得不分断。

黑 3 冲。白棋若于 a 位粘的话会立即被黑棋吃掉。白棋无计可施。

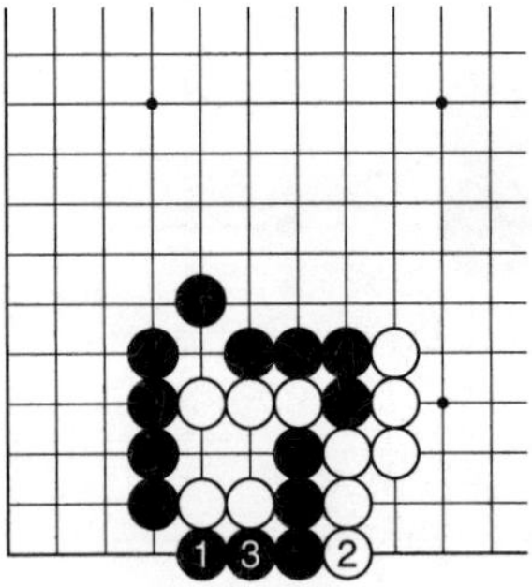

正解变化

黑 1 扳，如果白棋从后面紧气，黑 3 连回的同时也吃住了白棋。

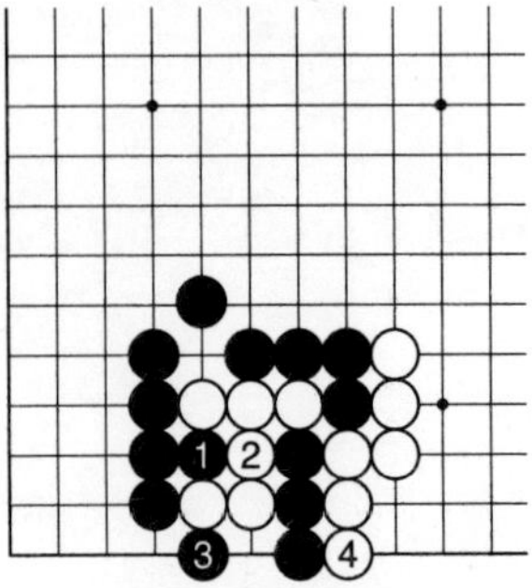

失败

黑 1 冲紧气的话，白 2 粘，黑 3 扳，白 4 从后面打吃黑三子。黑棋被白棋反吃。

问题 68（黑先）

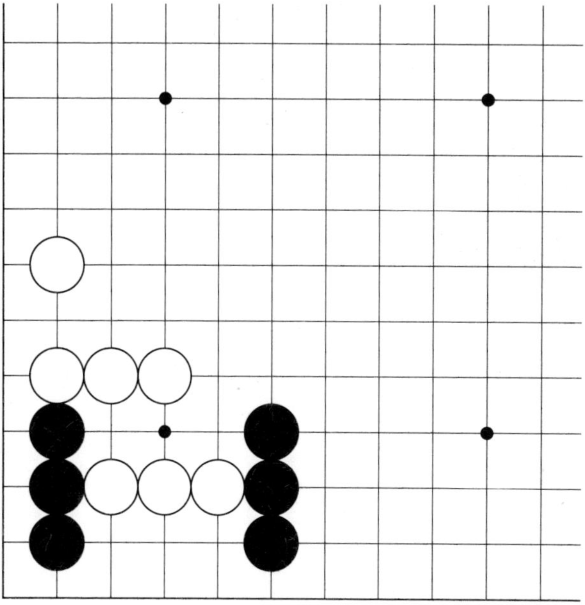

请将黑棋联络起来。

问题 68（解答）

一路小尖

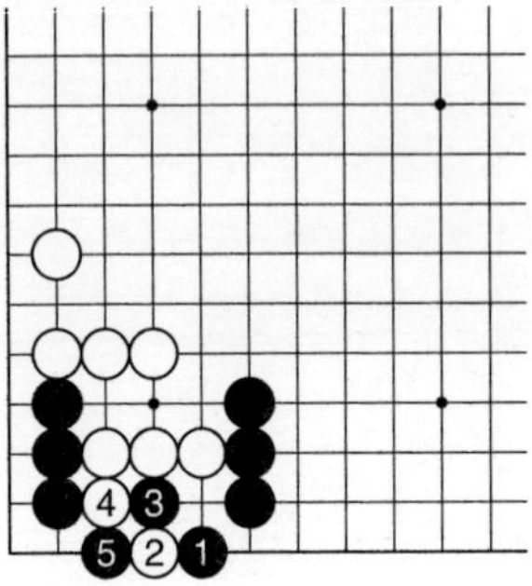

正解

黑 1 尖意在联络。白 2 如果阻渡，黑 3 打吃，至黑 5 提，黑棋成功取得联络。另外，黑 1 走 5 位也是可以的。

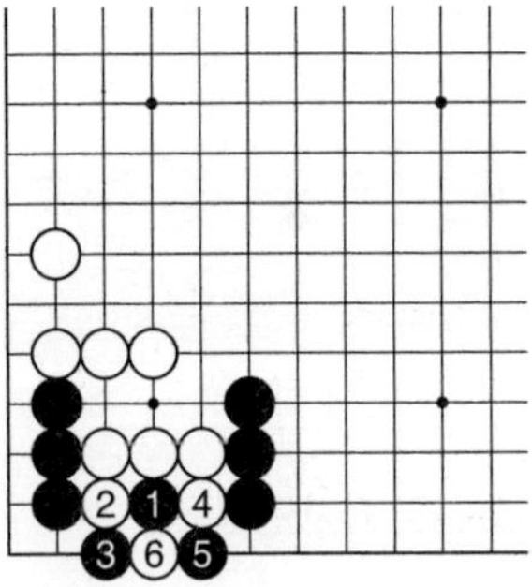

失败 1

黑 1 不行。白 2、4 冲，至白 6，局部形成打劫。

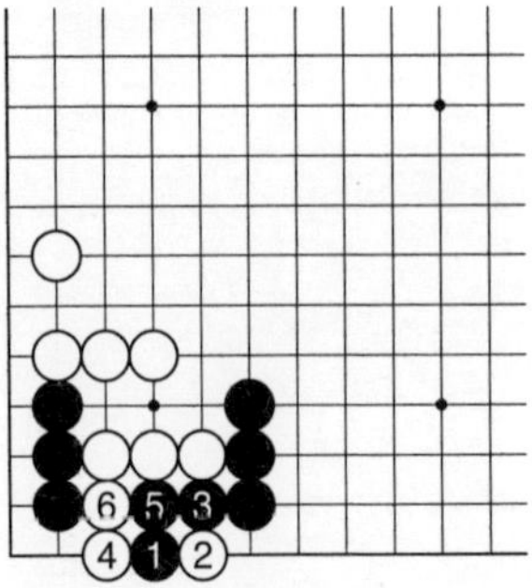

失败 2

黑 1 小飞的话，是连不起来的。白 2、4 跨断，至白 6，白棋通过弃掉一子，成功阻止了黑棋联络。

问题 69（黑先）

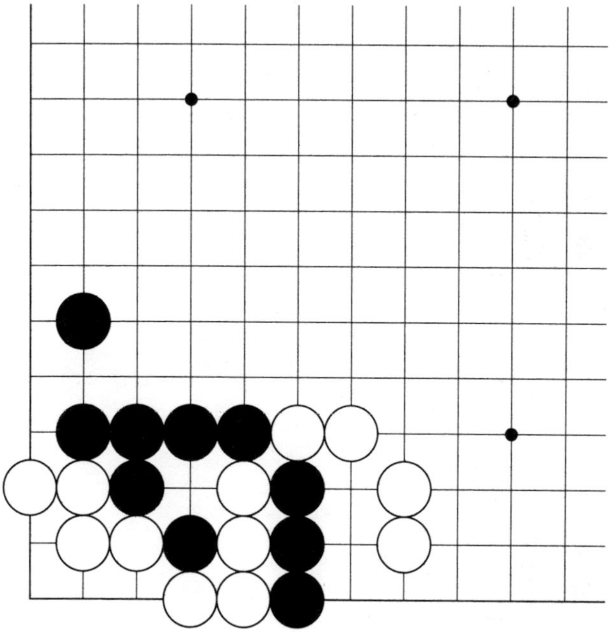

黑棋如何才能救出下边被围住的黑三子？

找出白棋的弱点很重要。

问题 69（解答）

弃子紧气

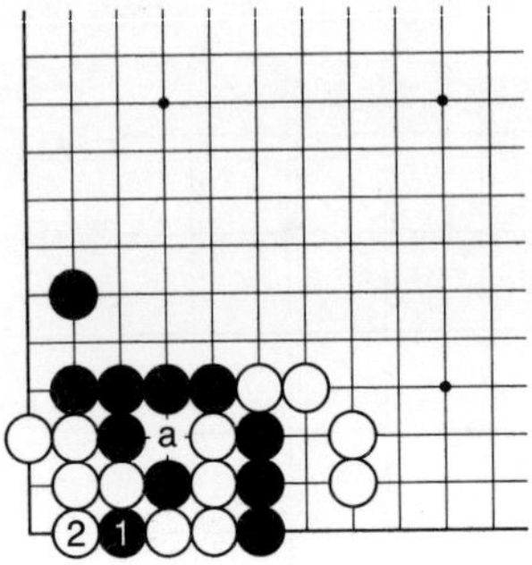

正解

黑 1 扑是好手。白棋若走 a 位提掉黑棋的话会被黑棋尽数吃掉，因此白棋只能走 2 位吃子。

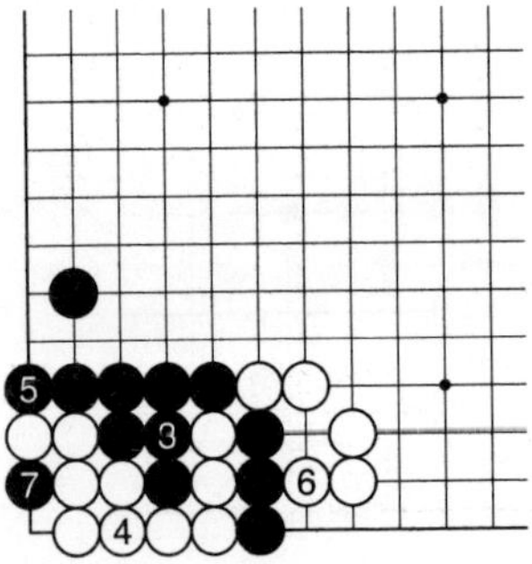

正解（续）

黑 3 打吃，黑 5 紧气。至黑 7，白棋就全被吃住了。

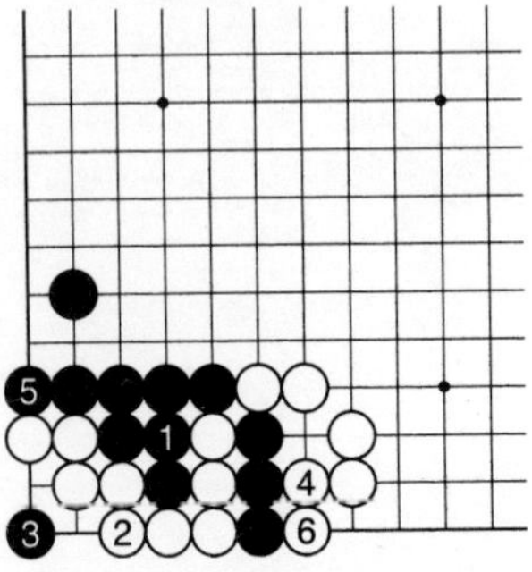

失败

黑棋若因被打吃就于 1 位粘的话，至白 6 紧气，黑三子被吃。

本题主要是让大家体会弃子紧气的效果。

问题 70（黑先）

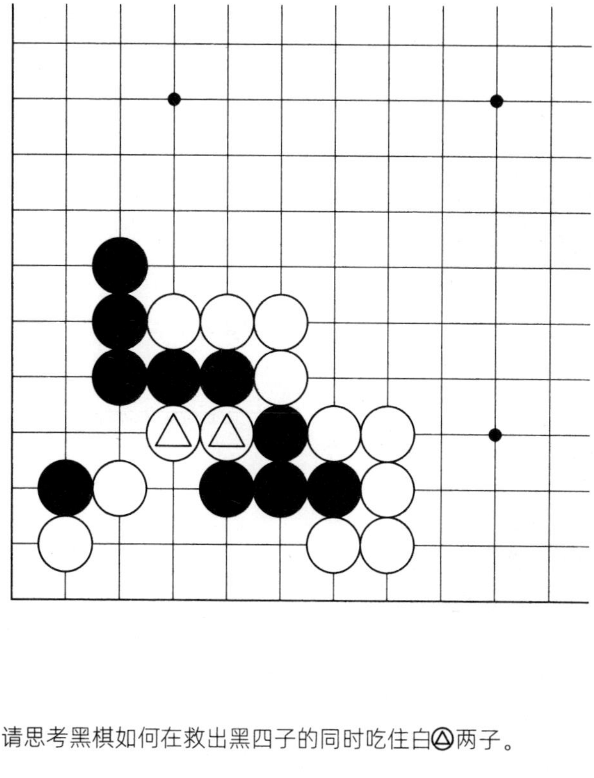

请思考黑棋如何在救出黑四子的同时吃住白△两子。

问题 70（解答）

相思断

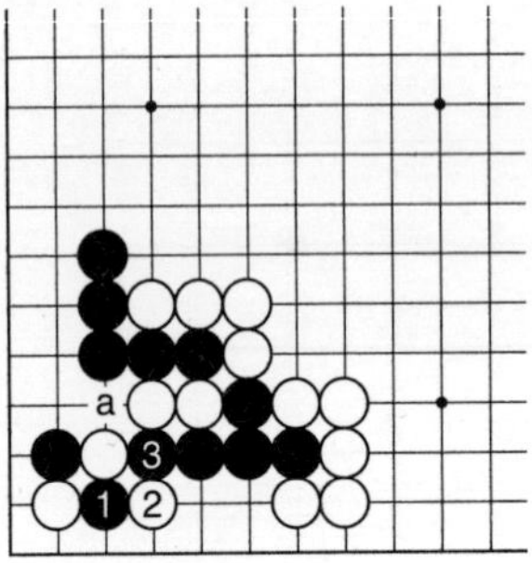

正解

黑 1 断，是深算后下出的好手。

白 2 打吃时，黑 3 打吃。白棋不能于 a 位粘。黑棋顺利连上。

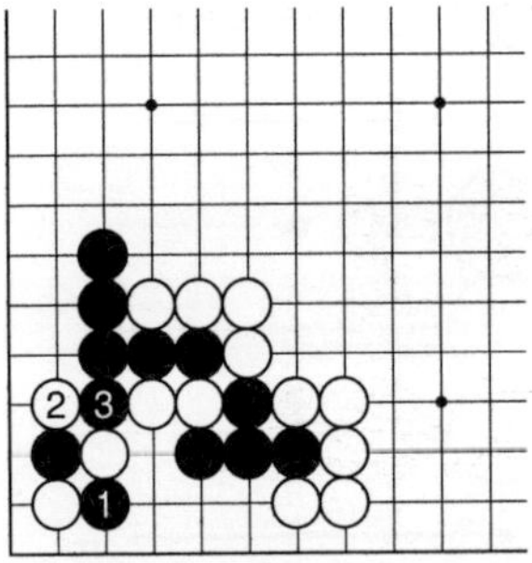

正解变化

白 2 打吃的话，黑 3 可以从另一边打吃。白棋依旧不行。

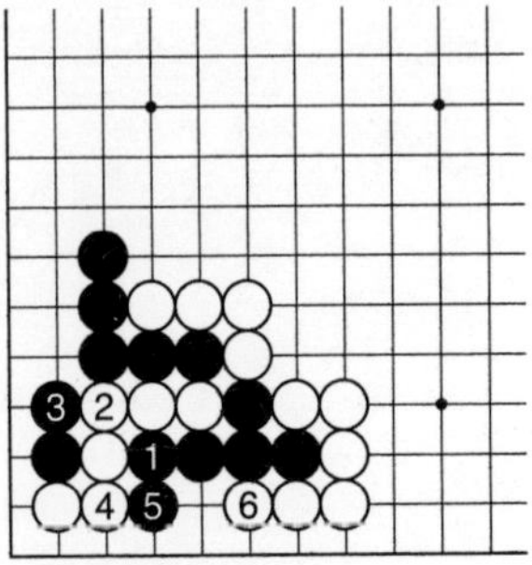

失败

黑 1、3 的打吃方法是不正确的。当有两点可打吃时（正解图的 a 和 3），找出关键点很重要。

问题 71（黑先）

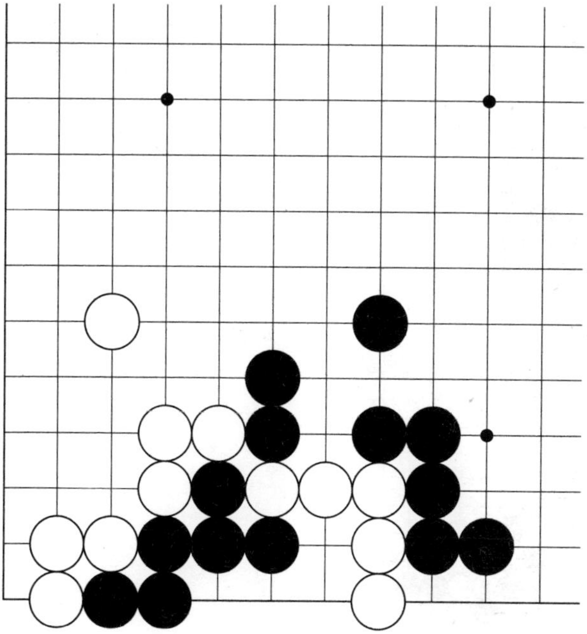

白棋剩四口气，黑棋剩三口气。

黑棋如何才能反败为胜？

问题 71（解答）

做眼延气

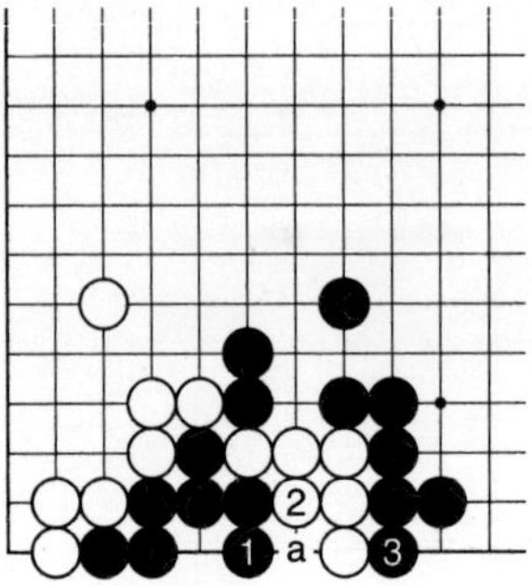

正解

黑 1 做眼延气。

白 2 紧气时，黑 3 从外部紧气。

由于 a 位不入气，因此白棋不会走 a。如此一来白棋就被吃住了。

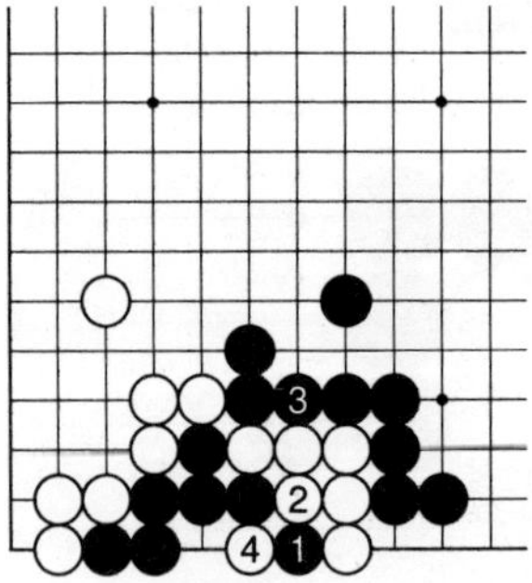

失败 1

若黑 1 执意紧气，白 2 打吃是急所。至白 4，黑棋就被吃住了。

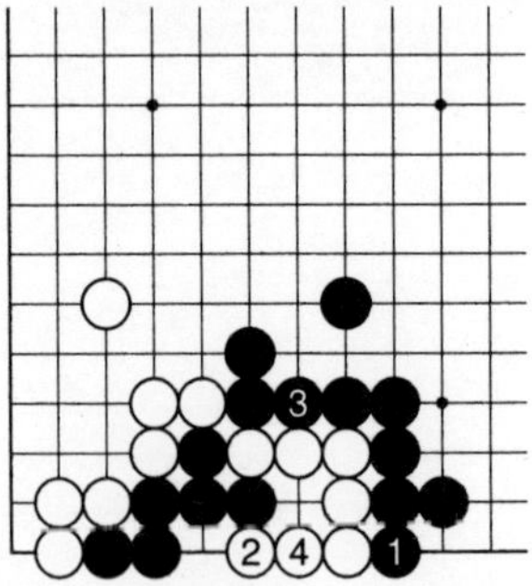

失败 2

黑 1 直接紧外气的话，白 2 托是急所。黑白局部形成双活，黑棋不满。

问题 72（黑先）

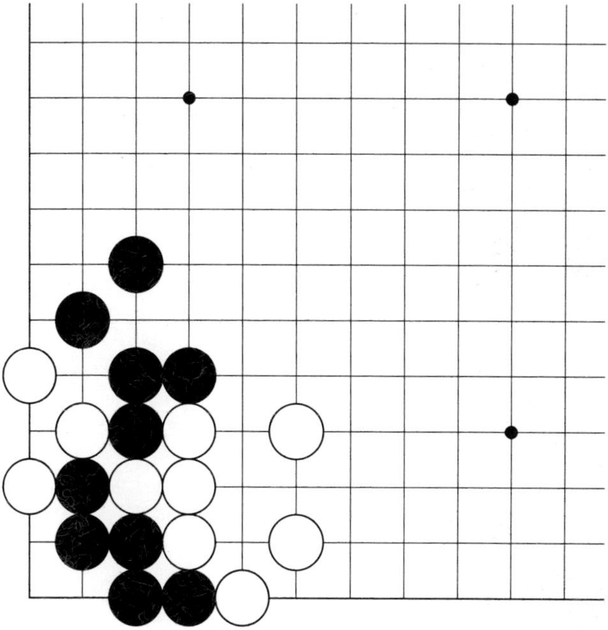

黑棋如何才能救出黑五子？

注意不要让白棋有机可乘。

问题 72（解答） 有眼杀无眼

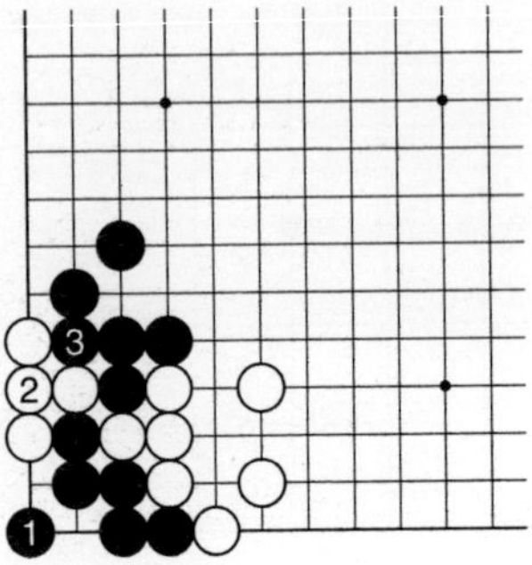

正解

黑 1 做眼是好手。

这样白棋就吃不掉黑棋了。

白 2 粘，黑 3 紧气，白棋不行。

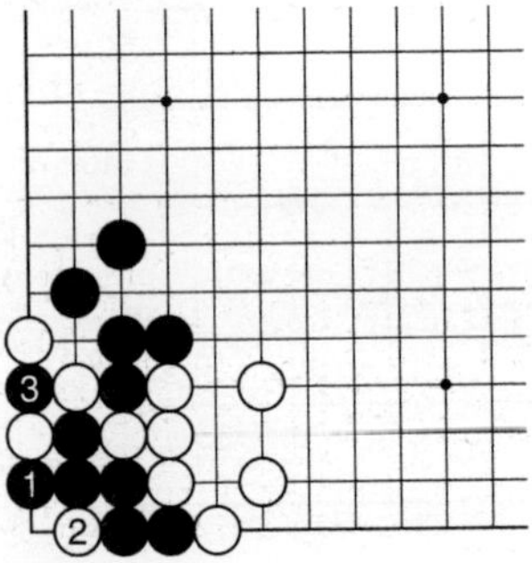

失败 1

黑 1 挡，白 2 打吃。黑 3 提，局部形成打劫。

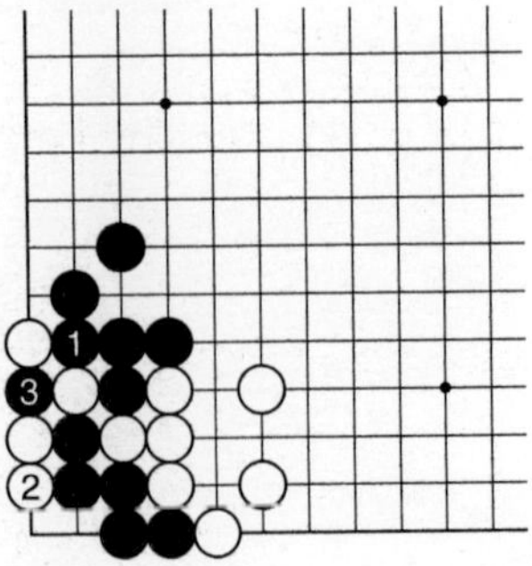

失败 2

黑 1 打吃的话，白 2 打吃黑五子，黑 3 提，局部形成打劫。

问题 73（黑先）

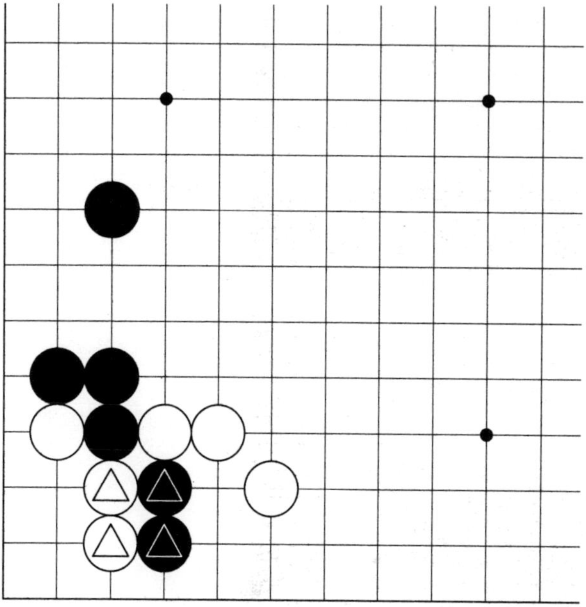

黑▲和白△处于对杀状态。

黑棋该如何一击制敌？

问题 73（解答）

夹

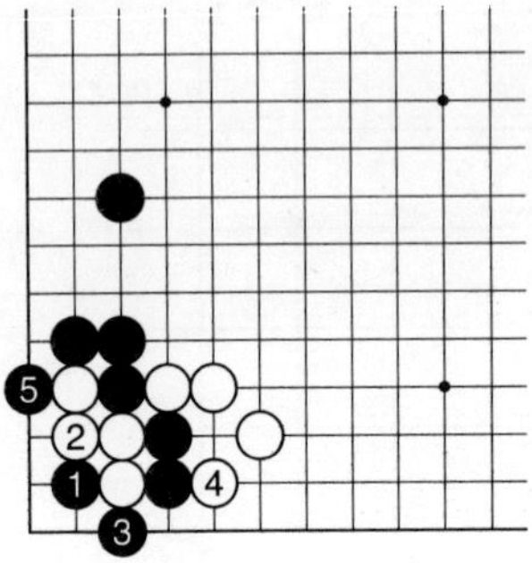

正解

黑 1 夹是急所。白 2 粘，黑 3 扳，黑 5 打吃，白棋被杀。

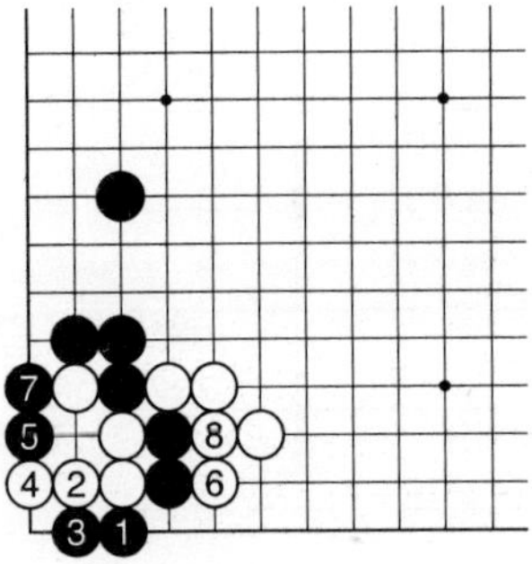

失败 1

黑 1 扳，白 2 曲急所。至白 8，黑棋反而被白棋吃住。

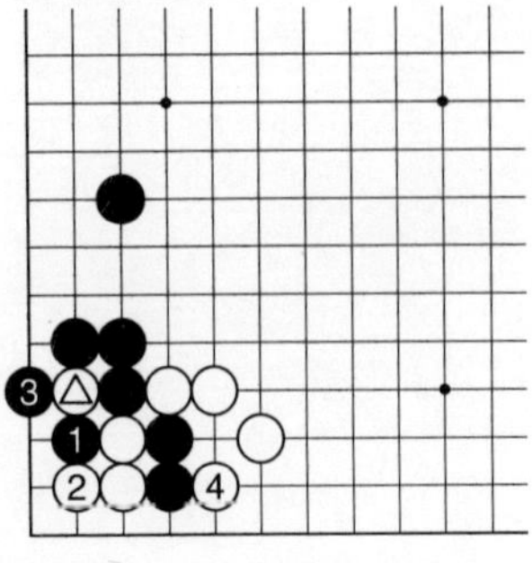

失败 2

由于白◬不属于对杀的对象，所以黑 1 的断毫无意义。白 4 吃掉黑两子，黑棋不满。

问题 74（黑先）

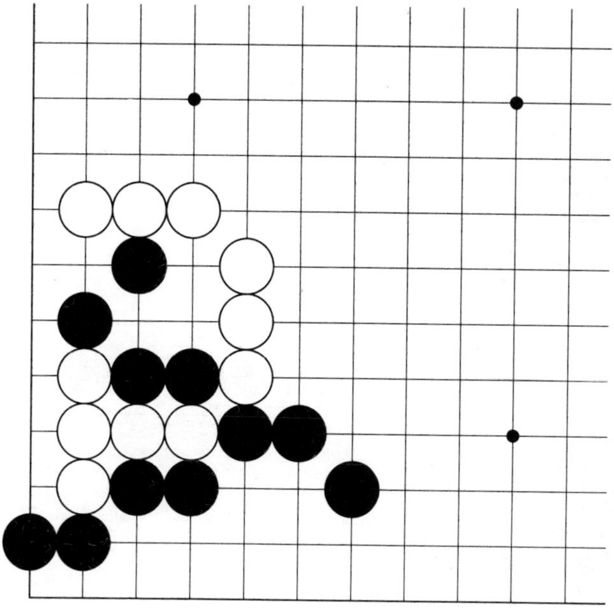

黑棋如何才能吃掉白五子？

黑棋的气并不是很多，要多加注意。

问题 74（解答）

补弱点从而达到延气的目的

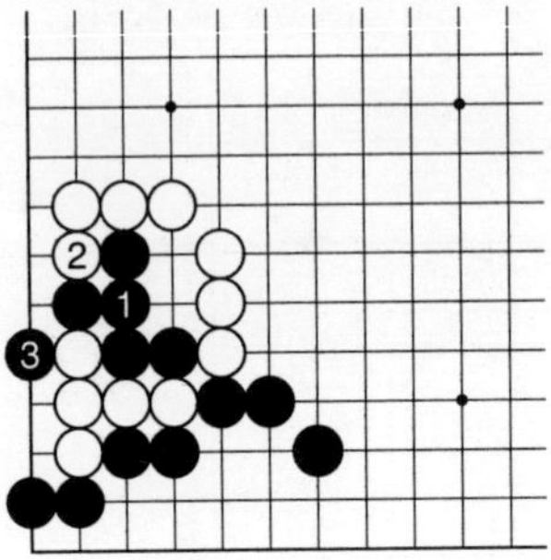

正解

黑 1 粘，这样一来就黑棋四口气，而白棋只有三口气，黑棋在对杀中就能获胜了。

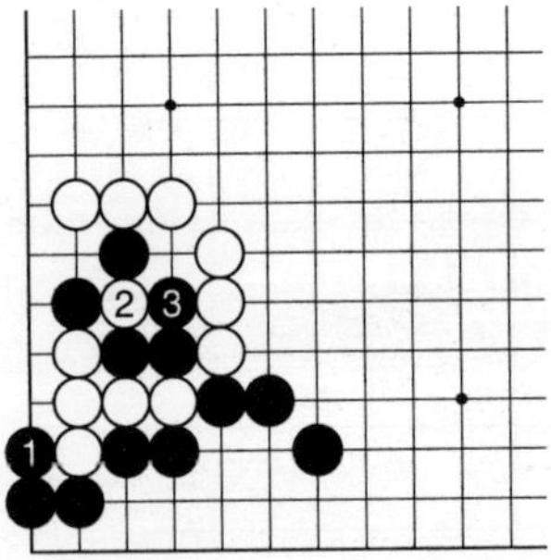

失败

黑 1 若只是简单地紧气的话，白 2 扑是好手，减少了黑棋的气。

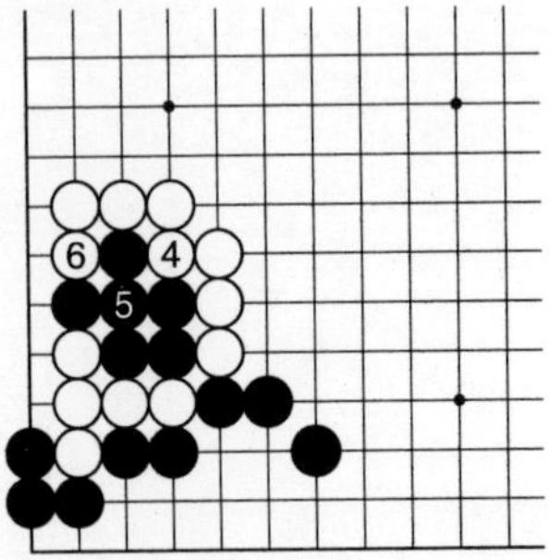

失败（续）

白 4 打吃，黑 5 粘，至白 6，黑棋被吃。

因此数清气是很重要的。

问题 75（黑先）

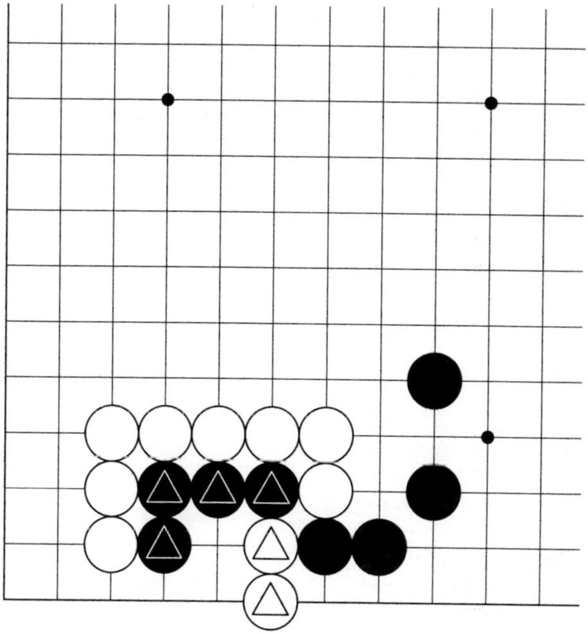

在黑▲和白△的对杀中，黑棋只有一手可以解围，是哪里？

问题 75（解答）

小尖

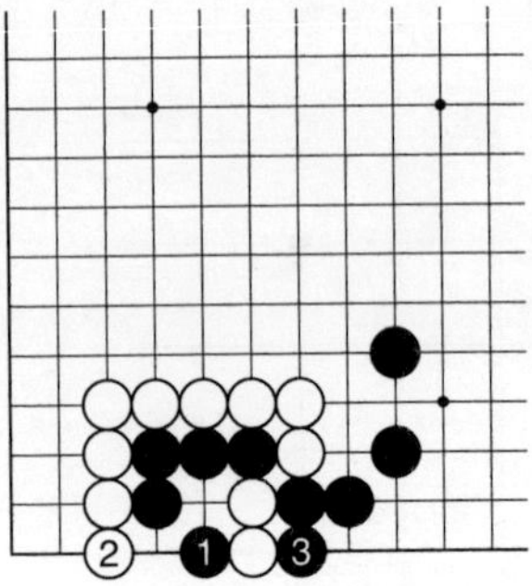

正解

黑 1 小尖，白两子就动弹不得了。

白棋没有任何办法。白 2 立时，黑 3 率先打吃，白棋被杀。

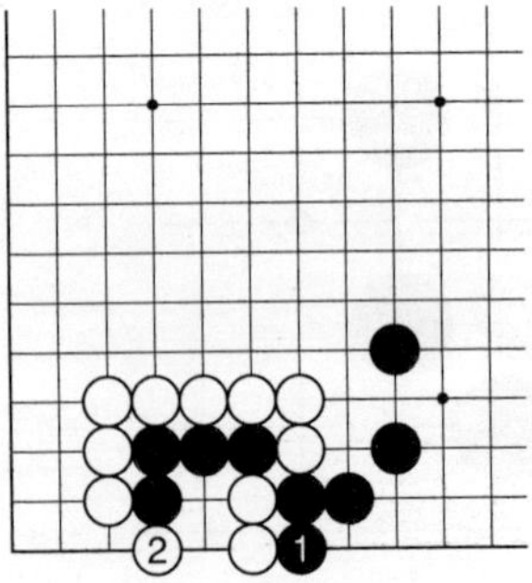

失败 1

黑 1 直接紧气的话，白 2 打吃，黑棋失败。

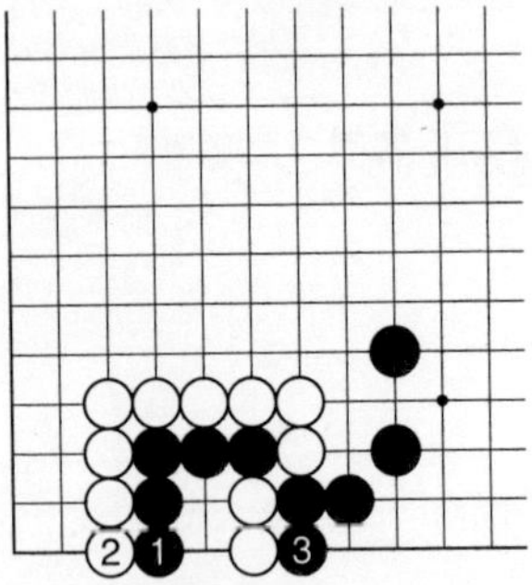

失败 2

黑 1 立的话，至黑 3 局部形成双活。黑棋没能吃掉白棋，黑棋不满。

问题 76（黑先）

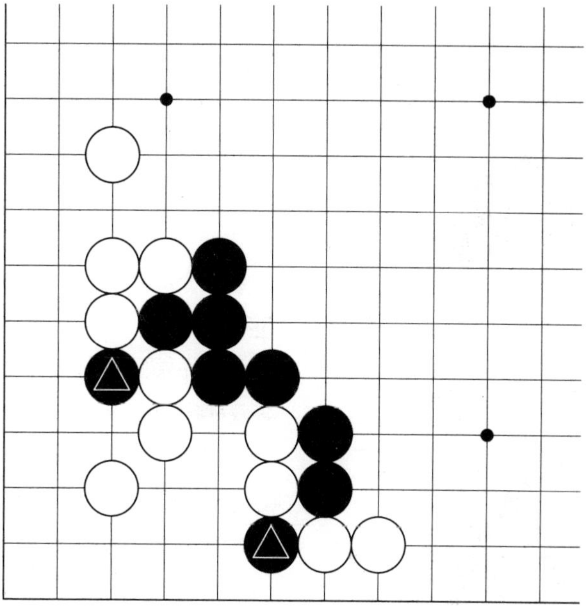

黑棋应该如何利用被围的黑△两子击破白空？

问题 76（解答）

当可打吃的地方有两处时不要立即打吃

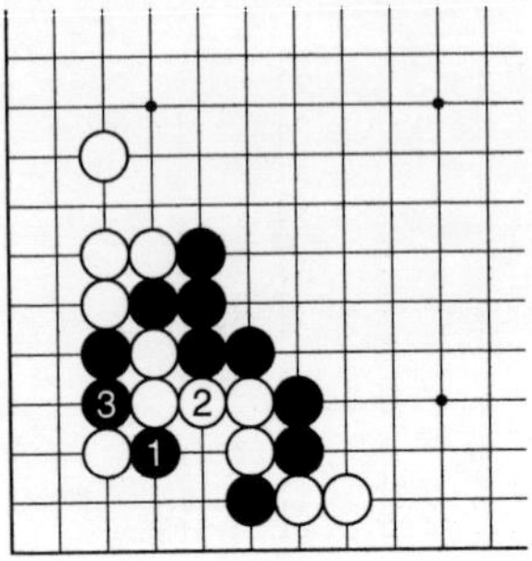

正解

黑 1 卡是急所。白 2 粘，黑 3 打吃，白五子就被吃住了。

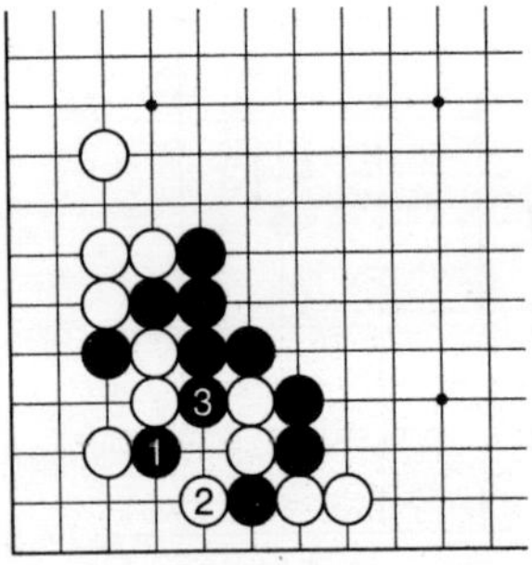

正解变化

黑 1 卡，白 2 打吃的话，黑 3 双打吃。

当可打吃的地方有两处时，一般不立即打吃，大多情况是采取迂回紧气的方式吃子。

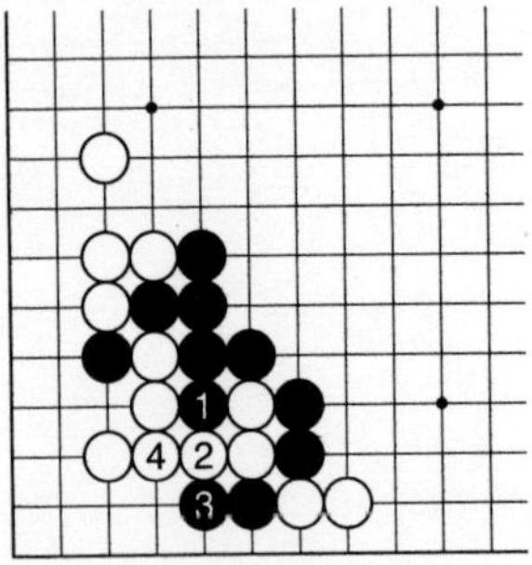

失败

黑 1、3 打吃是俗手。

黑棋得不到任何好处。

问题 77（黑先）

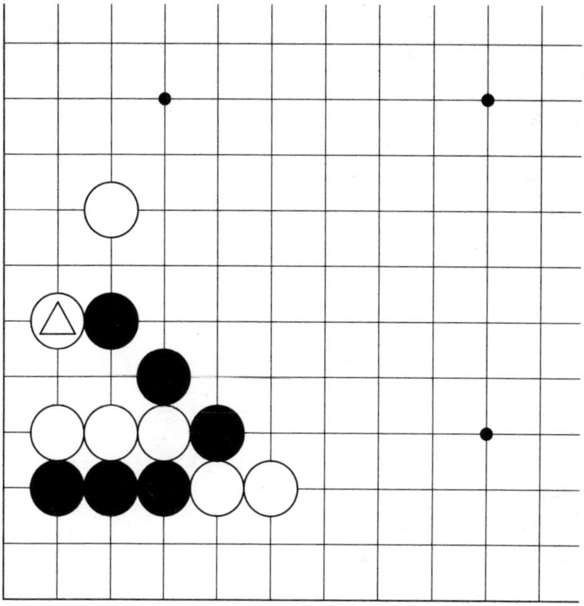

白◎托。

黑棋如何才能救出左下黑三子呢？

黑棋有一击制敌的一着。

问题 77（解答）

毫不犹豫地挖

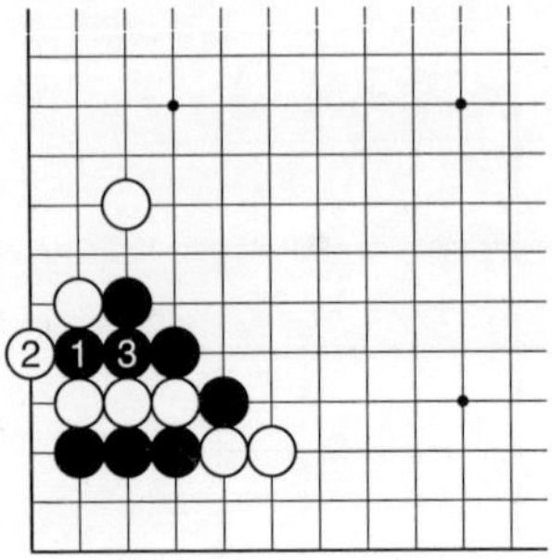

正解

黑 1 挖是好手。

白 2 打吃，黑 3 粘，这样白三子就被吃住了。

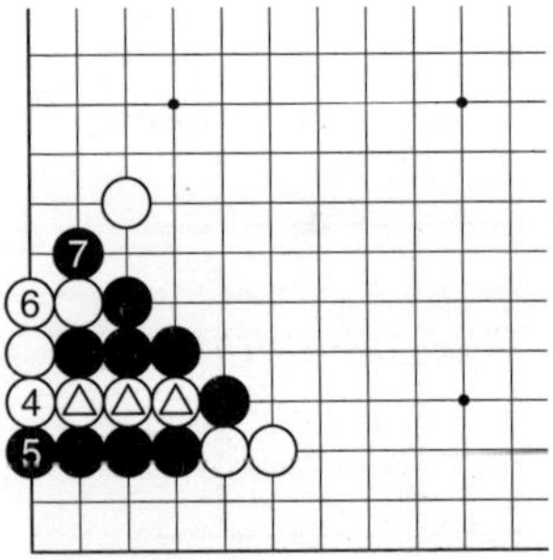

正解（续）

黑 5、7 连续打吃，白棋被杀。

黑棋毫不留情地攻击白◬是本题的关键。

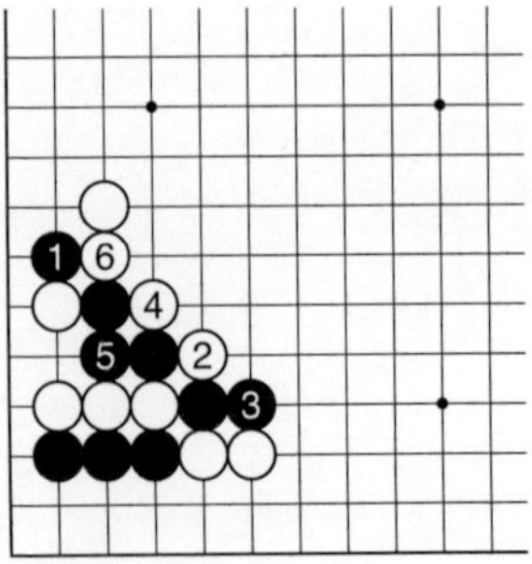

失败

黑 1 扳没有瞄准棋筋，至白 6，黑棋反被白棋吃掉了

问题 78（黑先）

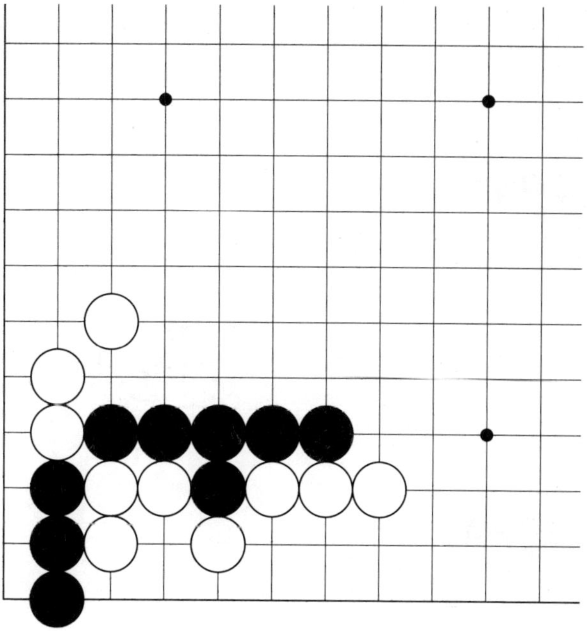

黑棋如何才能救出左下的黑三子？

问题 78（解答）

弃子构造接不归

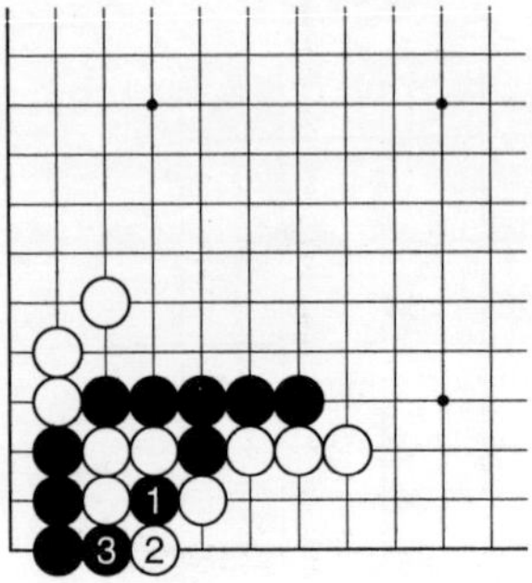

正解

黑 1 扑是接不归的第一步，白 2 只能提。黑 3 打吃。

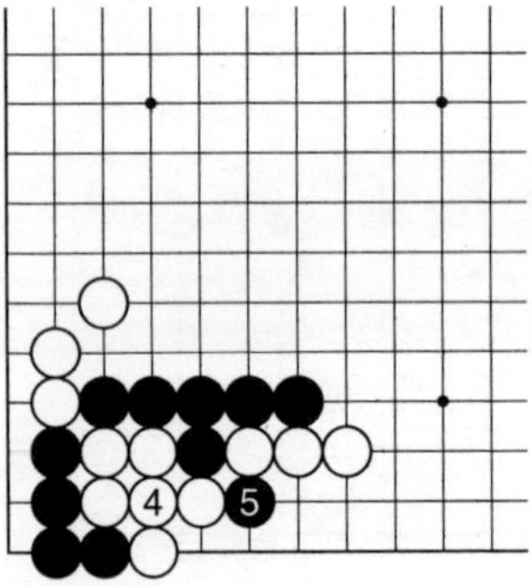

正解（续）

白 4 粘时，黑 5 断，局部形成接不归。

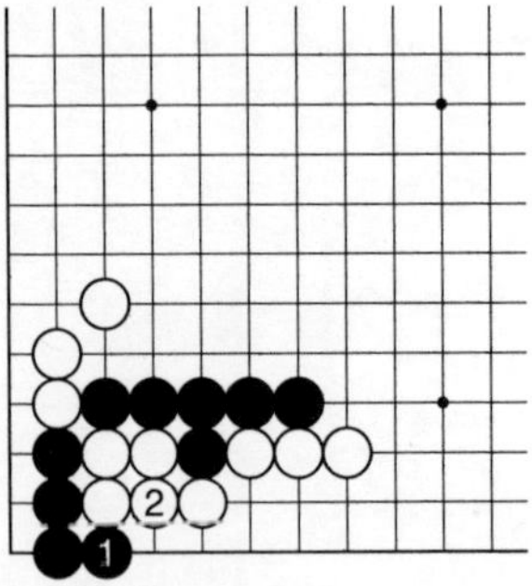

失败

黑 1 若只是简单地打吃的话，白 2 粘住。

黑棋营救失败。

问题 79（黑先）

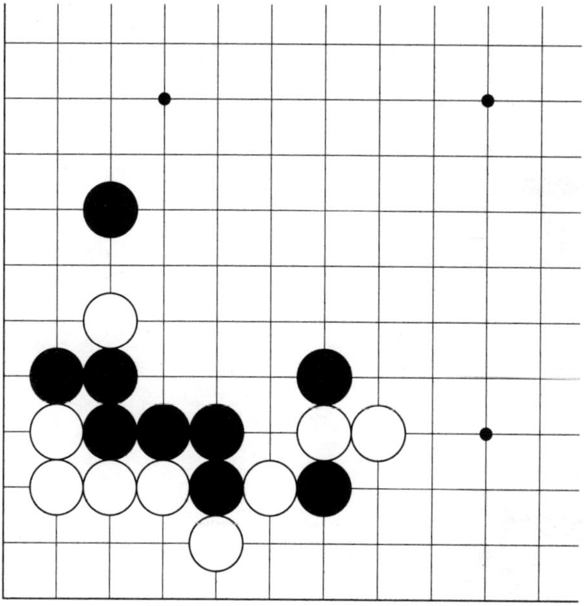

黑棋有分断下边白棋的好手，在哪里？

本题在实战中经常出现，请牢牢掌握。

问题 79（解答）

打蛇打七寸

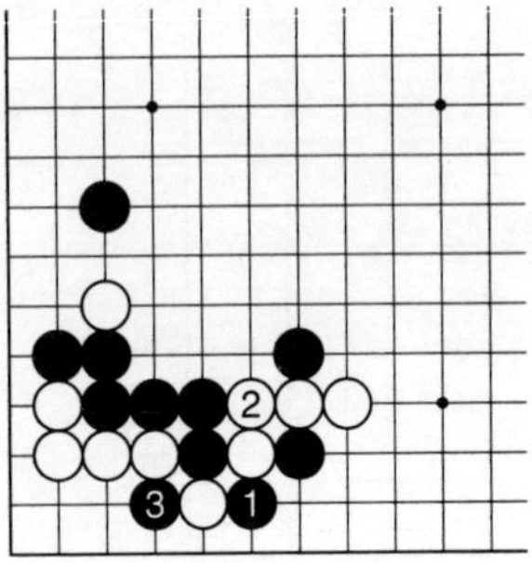

正解

黑 1 从下面打吃是正解。

白 2 粘时，黑 3 断。黑棋不仅能吃掉白一子，还可以吃住角上的白四子。

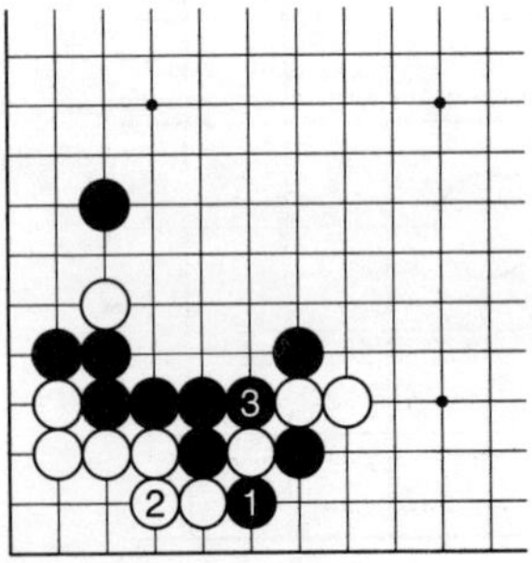

正解变化

黑 1 打吃，白 2 粘，黑 3 提，左右的白棋就被分断了。

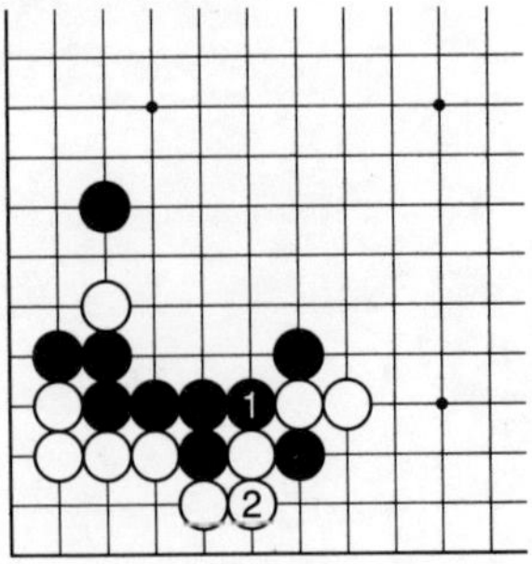

失败

黑棋于 1 位打吃。白 2 粘，实地丝毫不减，黑棋逸机。

问题 80（黑先）

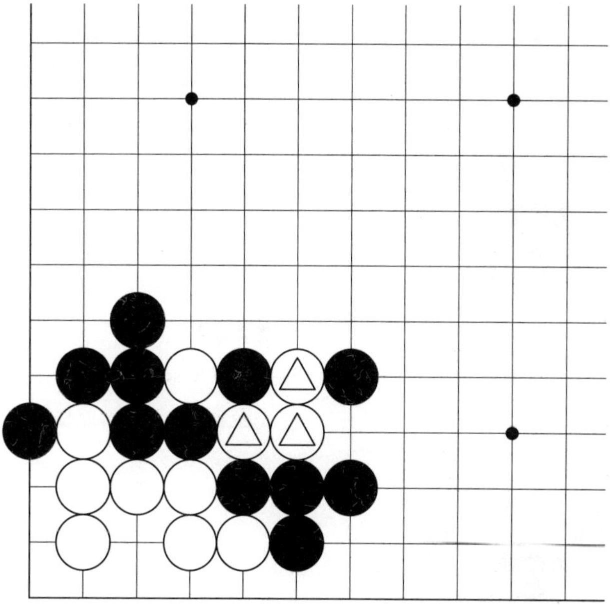

黑棋如何才能吃掉白◬三子？

问题 80（解答）

瞄准棋筋

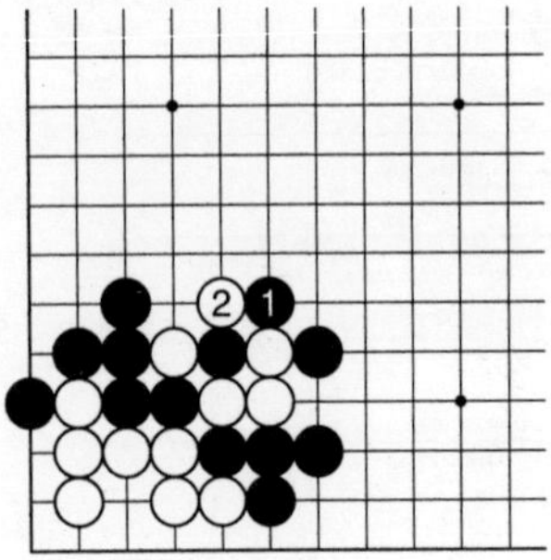

正解

黑 1 滚打是关键，白 2 提。

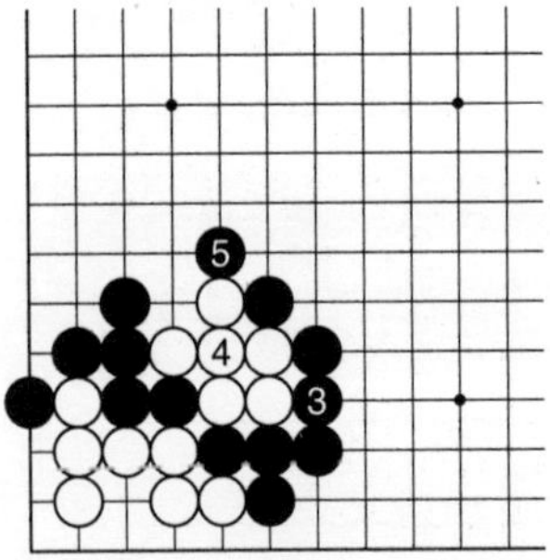

正解（续）

黑 3 继续打吃。

至黑 5，白棋被吃住。

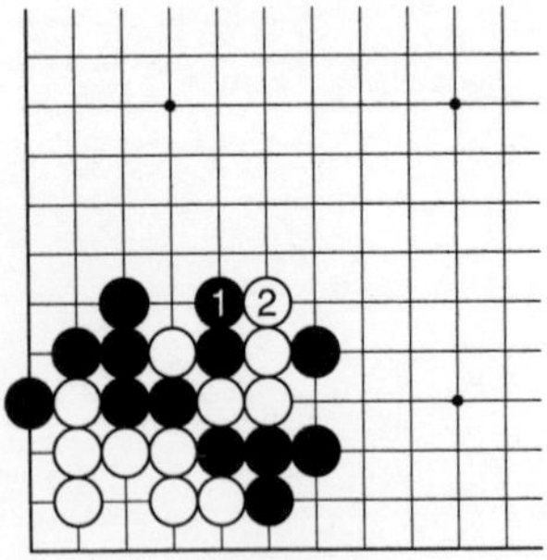

失败

黑 1 若只是因被打吃就逃跑的话，白 2 长，顺利脱困，黑棋逸机。

所以瞄准棋筋很重要。

问题 81（黑先）

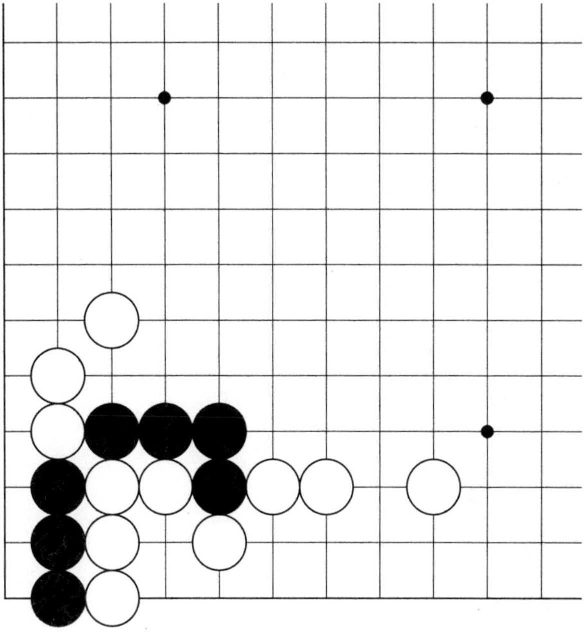

黑棋如何才能救出左下的黑三子？

问题 81（解答）

打吃，再打吃

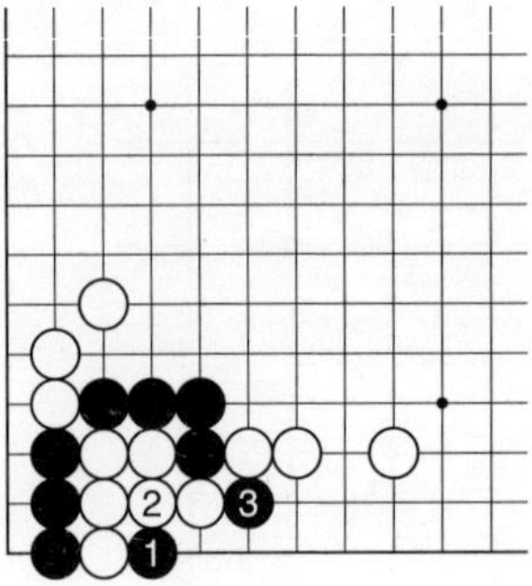

正解

黑 1 打吃，再于 3 位断打就可以吃住白棋了。

这是单纯地连续打吃的情况。

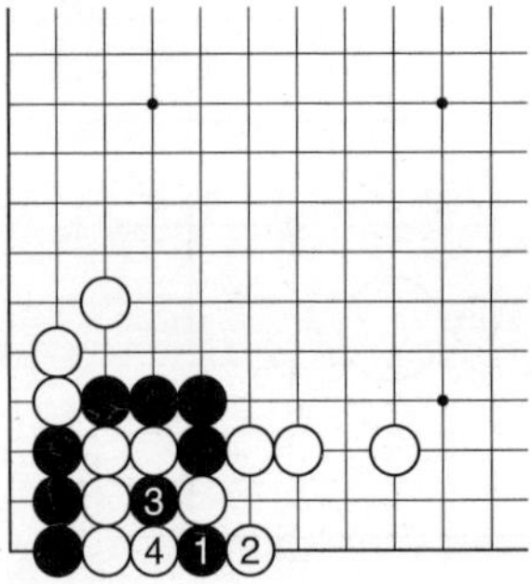

失败 1

黑 1 夹看似是手筋，但白 2 从外侧打吃的话，黑棋反而不行。黑 3 打吃，白 4 提掉黑棋两子。

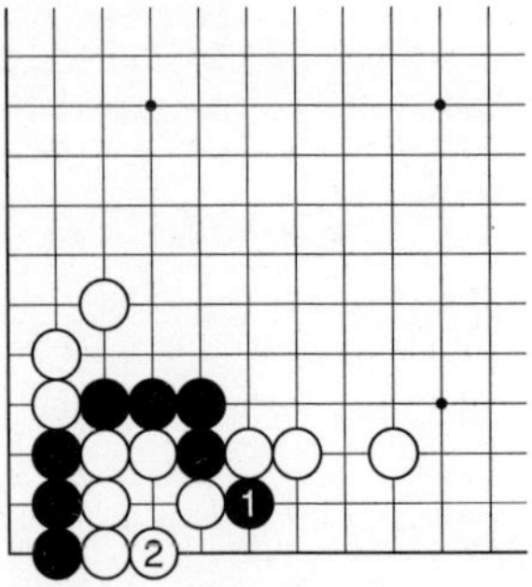

失败 2

黑棋若先走 1 位断的话，白 2 做眼，黑棋奈何不了白棋。

因此次序是很重要的。

问题 82（黑先）

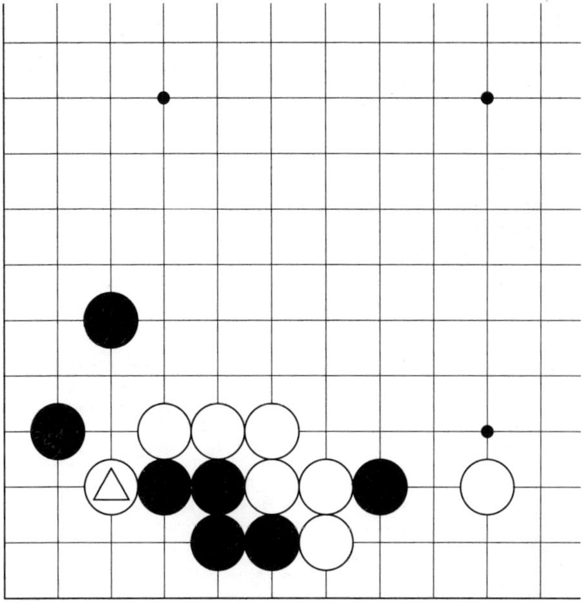

白◬扳，黑棋应该如何获得联络？

问题 82（解答）

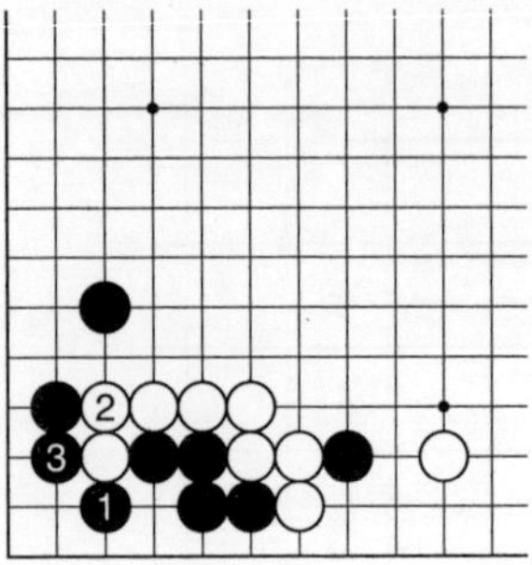

数清气再判断

正解

黑 1 扳是好手。白 2 粘，黑 3 挡，黑棋成功取得联络。

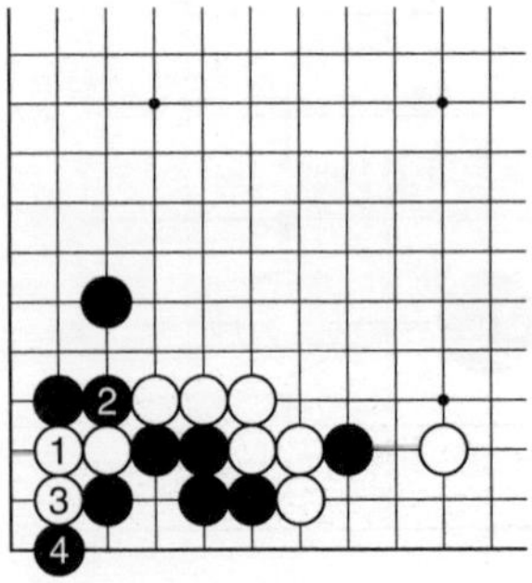

正解变化

上图中的白 2 若走本图 1 位冲是无理的。黑 2 断，白 3 拐，黑 4 扳，黑棋吃掉白三子，成功获得联络。

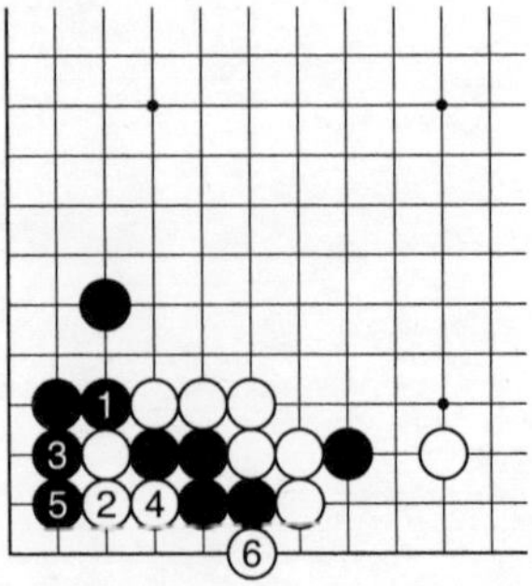

失败

黑 1 断的话，白 2 立，局部黑白形成对杀。黑棋三口气，白棋四口气，至白 6，黑棋对杀失败。

问题 83（黑先）

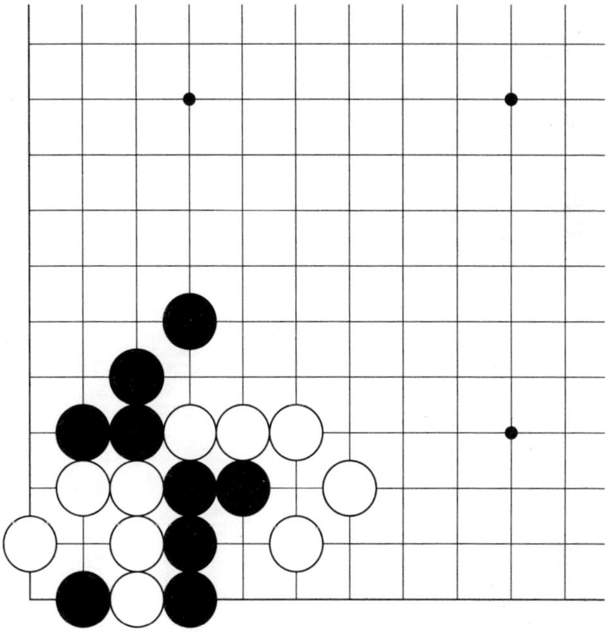

左下黑白形成对杀。

黑棋如何才能吃掉角上的白棋？

问题 83（解答）

立

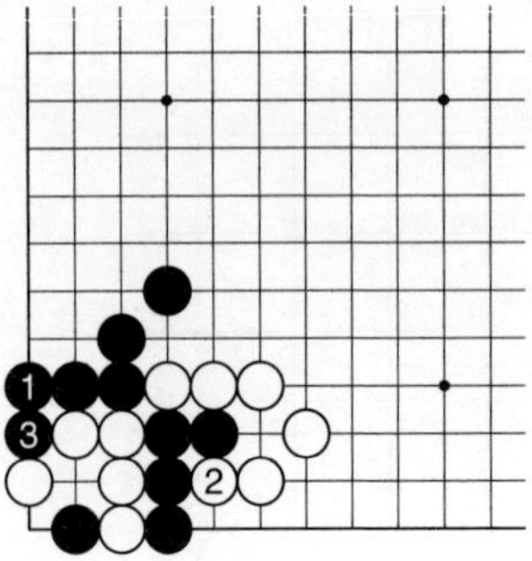

正解

黑 1 冷静地立。紧靠本方棋子向边线方向行棋叫作立。

白 2 紧气，黑 3 打吃。黑棋在对杀中胜出。

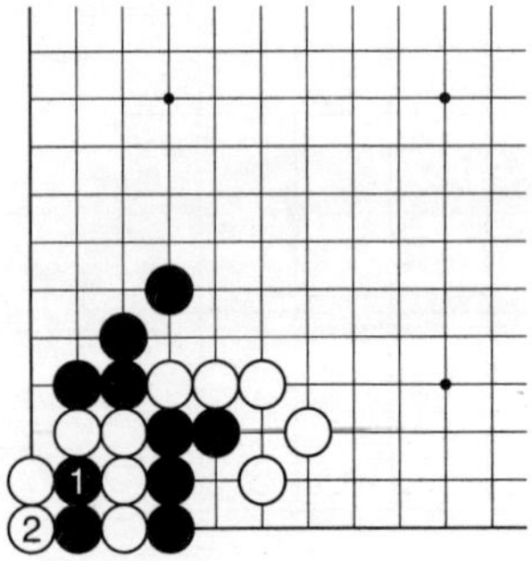

失败

黑 1 打吃，白 2 提。

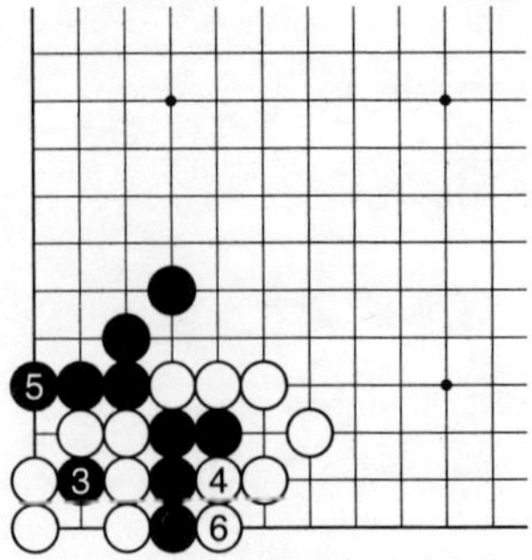

失败（续）

黑 3 扑时，白棋不用立即提，而是于 4 位紧气。至白 6，黑四子反而被白棋吃住。

问题 84（黑先）

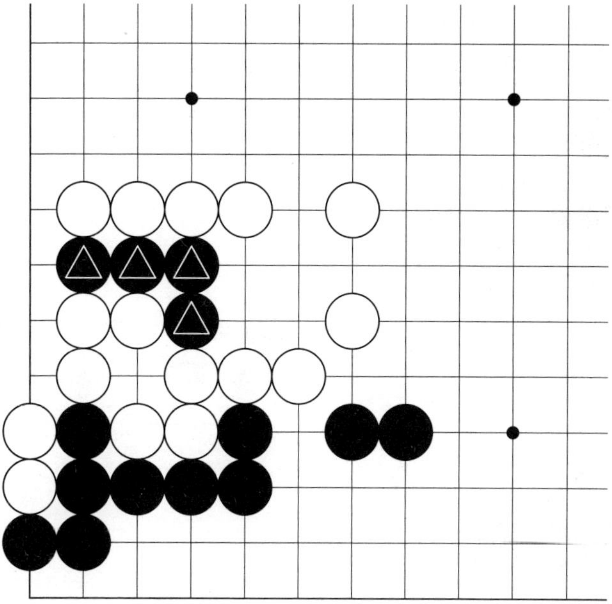

黑棋如何才能救出被白棋包围的黑▲四子？

问题 84（解答）

旨在紧气

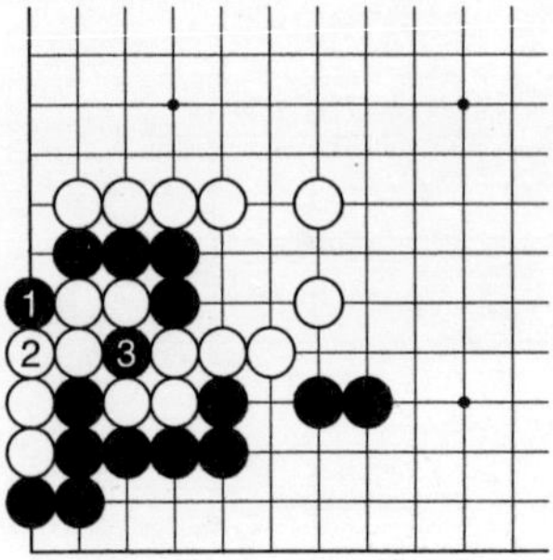

正解

黑 1 扳是冷静的好手。

白 2 打吃反而自撞一气。

黑 3 尽数吃掉白棋。

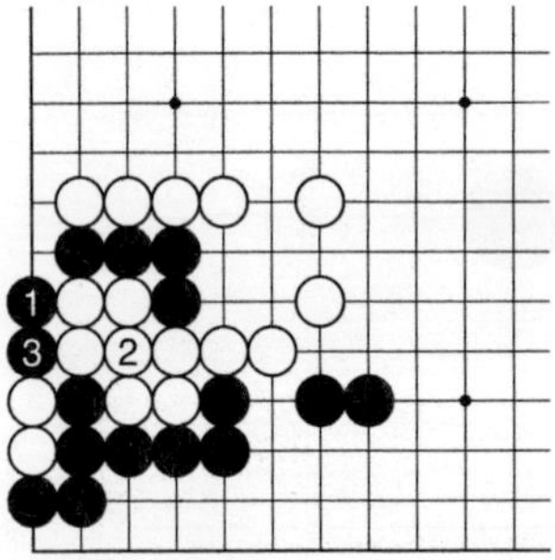

正解变化

黑 1 扳时，白 2 粘。黑 3 吃掉白两子，成功获取联络。

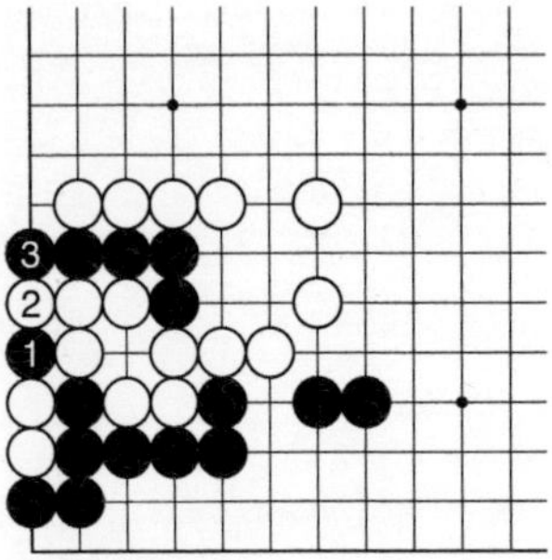

失败

黑 1 立即提掉白两子是欠考虑的一手。

白 2 阻渡，黑 3 即使打吃也没用。白棋只要提掉黑 1 一子就安然无恙了。

问题 85（黑先）

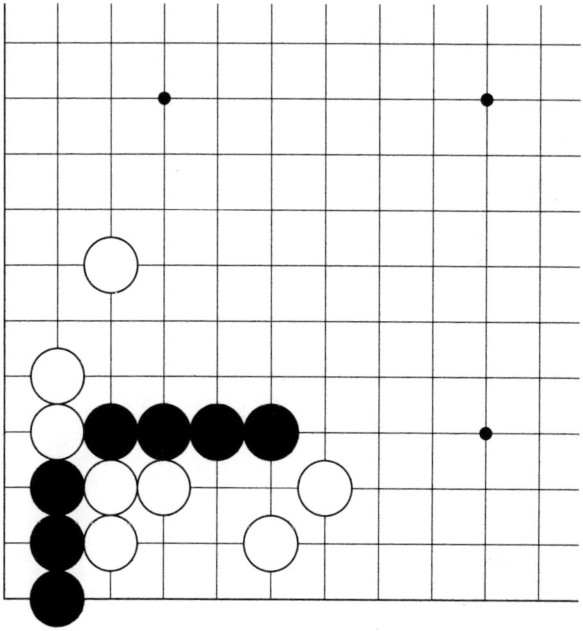

黑棋如何才能救出角上的黑三子？

问题 85（解答）

接不归

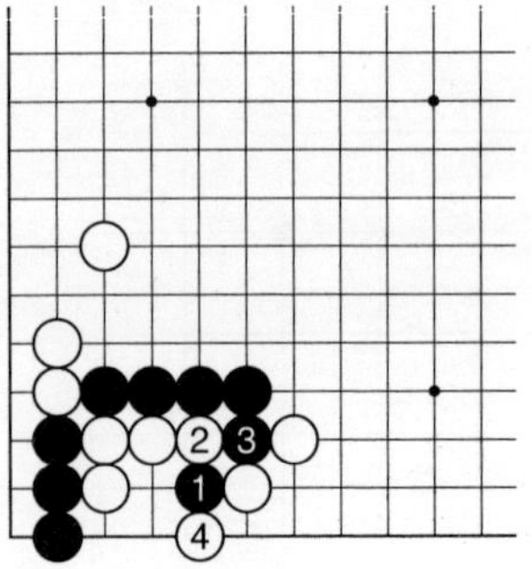

正解

黑 1 跨是好手。白 2 冲，黑 3 断。

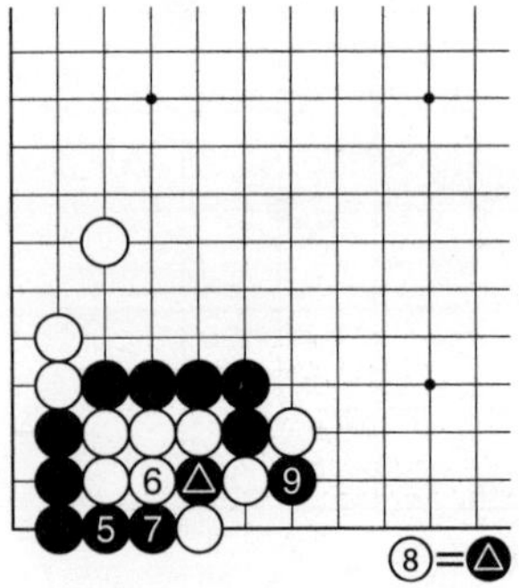

正解（续）

黑 5、7 打吃。白 8 粘，黑 9 断吃，白棋尽数被吃住。

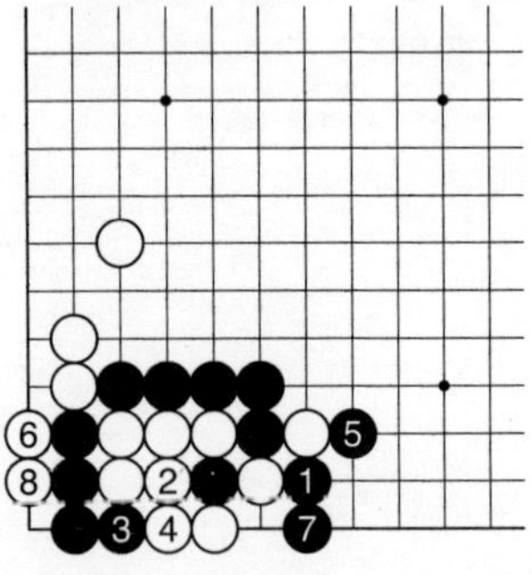

失败

上图的黑 5 走本图 1 位打吃的话是不行的。

为了杀死白棋，黑 3 必须拐。黑 5 打吃时，白 6 扳，至白 8，黑棋被吃。

问题 86（黑先）

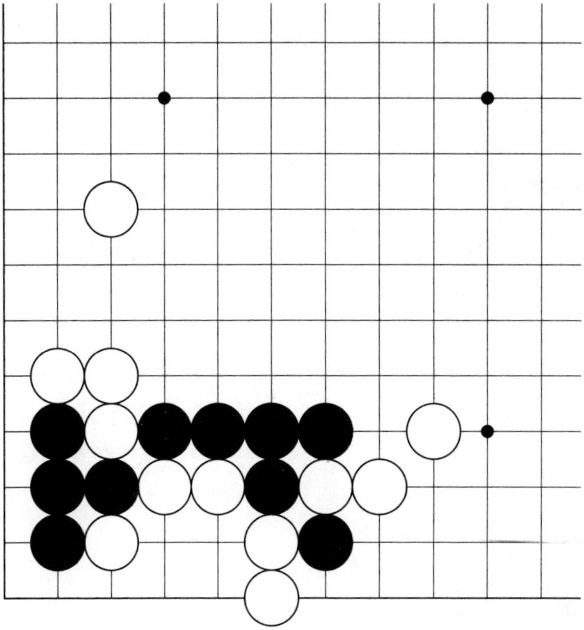

如何才能将角上的黑四子与外面黑五子连接起来。

黑棋应该注意白棋的断点。

问题 86（解答）

利用断点紧气

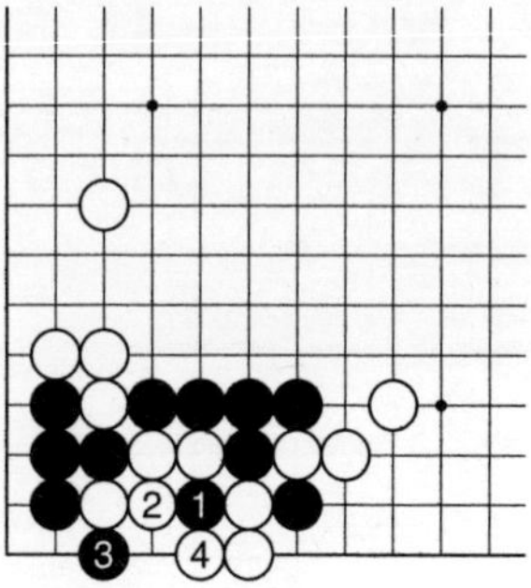

正解

黑 1 断打再于 3 位打吃。白 4 提黑一子。此时黑棋该如何走很关键。

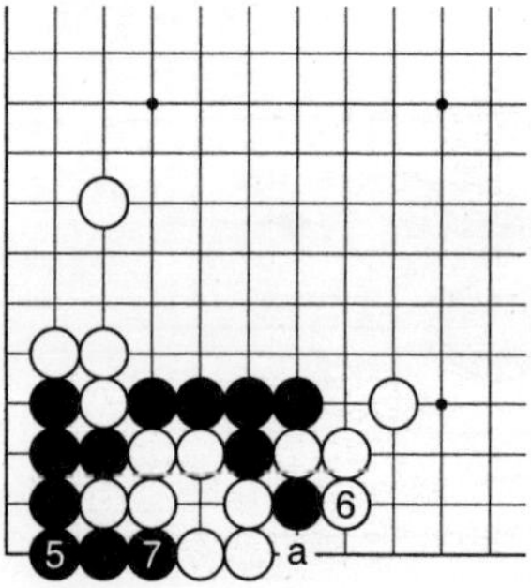

正解（续）

黑 5 粘是正解。白 6 拐吃时，黑 7 打吃，白棋接不归。

白 6 若走 7 位粘的话，黑 7 走 a 位打吃，这样白棋还是不行。

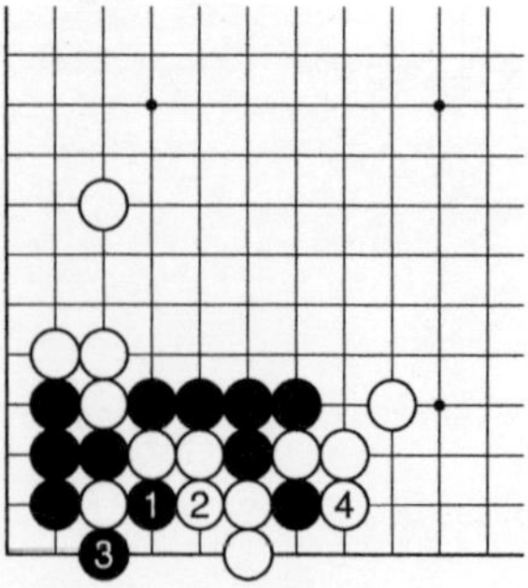

失败

黑 1、3 吃白一子逸机。虽然角上活了，但联络失败。

问题 87（黑先）

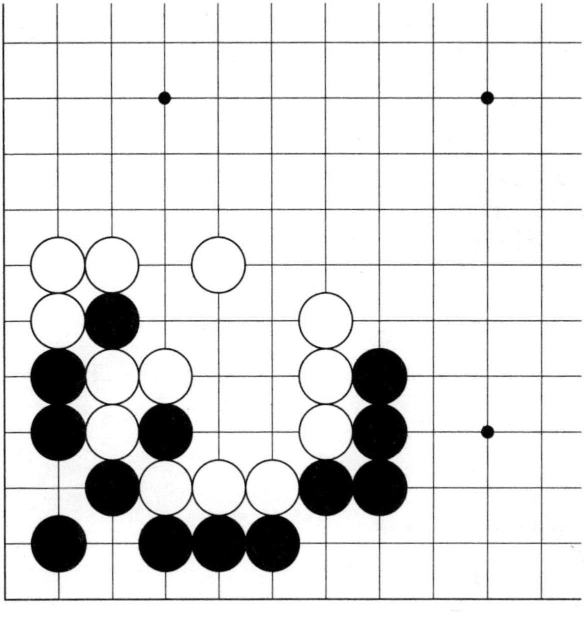

中间看上去全是白棋的空，但若细细观察，黑棋还是可以成功破空的。

黑棋应该走哪里？

问题 87（解答）

急所——“三子点中央”

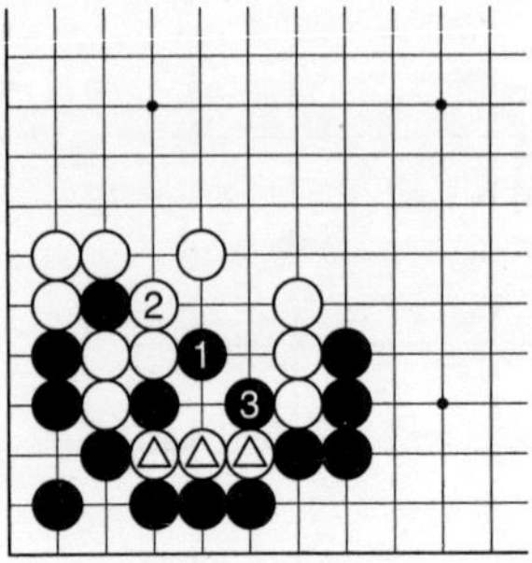

正解

黑 1 打吃是形的急所。白棋被黑 1 打吃，因此白 2 提，黑 3 断，白棋被吃。

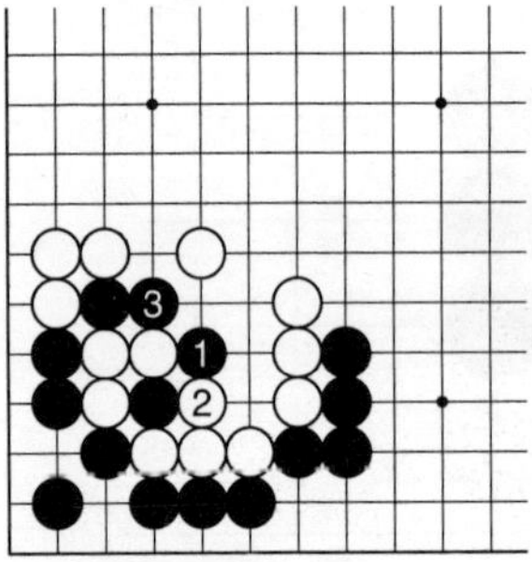

正解变化

黑 1 打吃，白 2 提。黑 3 再打吃，局部形成接不归。

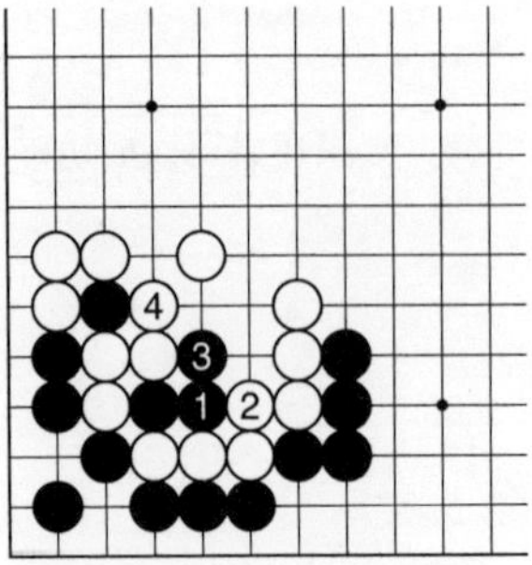

失败

黑 1 一边跑一边打吃是俗手。黑 3 打吃，白 4 提。黑棋失败。

问题 88（黑先）

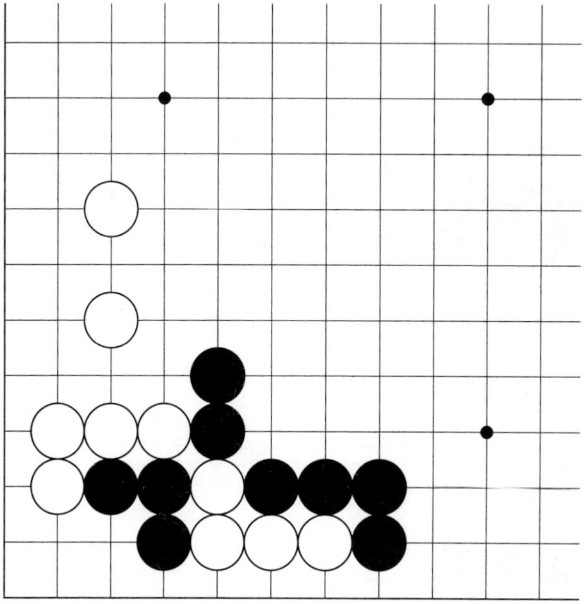

白棋还有三口气，黑棋还有两口气。表面上看，黑棋会被吃掉。然而黑棋有取胜的手筋，在哪里？

问题 88（解答） 长气妙手——立

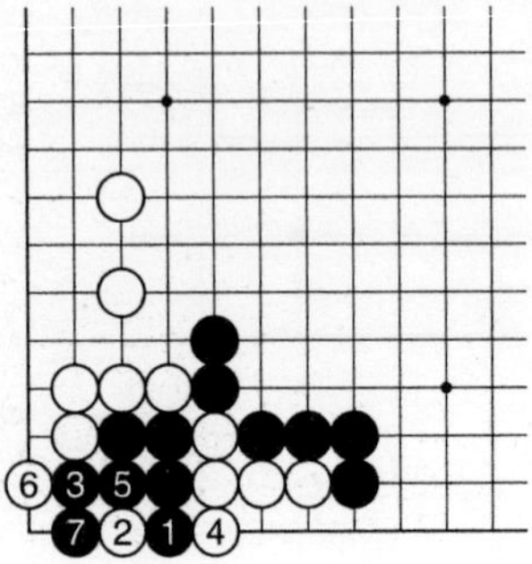

正解

黑 1 立是手筋。白 2 紧气，黑 3 扳，至黑 7 提，局部形成眼杀。

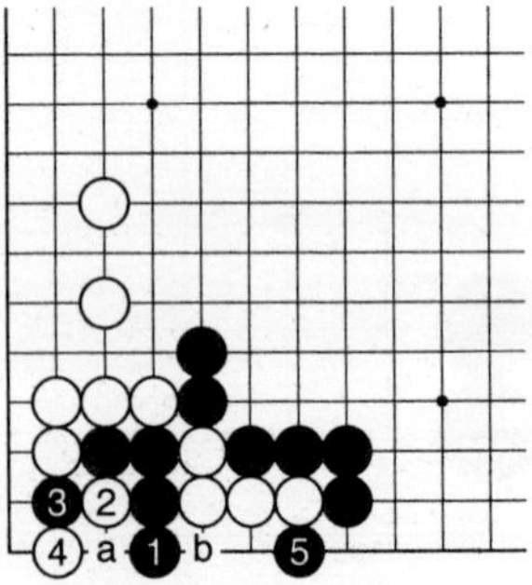

正解变化

白 2 紧气的话，至黑 5 扳，白棋 a、b 两点都不能走，白棋被吃。

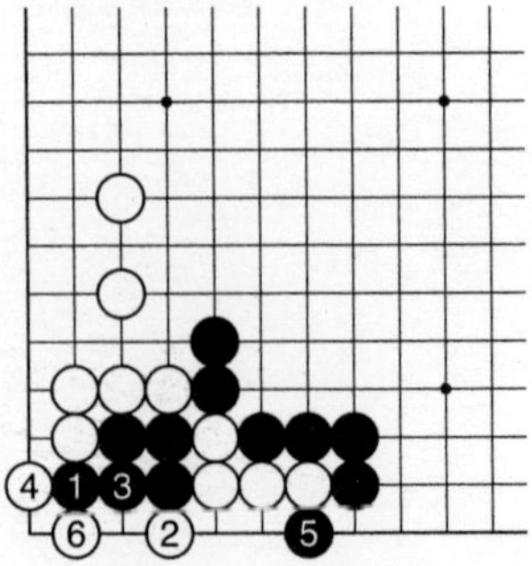

失败

黑 1 扳，白 2 打吃，至白 6，黑棋被吃住。

问题 89（白先）

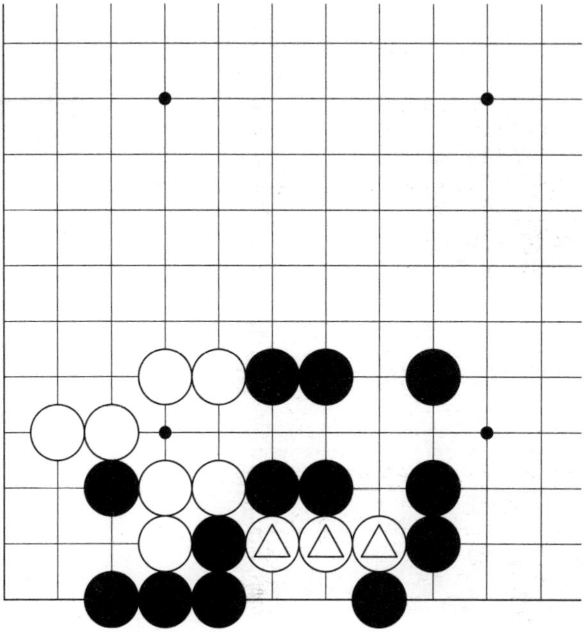

白棋如何才能救出下边处于对杀中的白◬三子？
白棋不能有丝毫松懈，必须要一击即中。

问题 89（解答）

不要让对方利用角部的特殊性

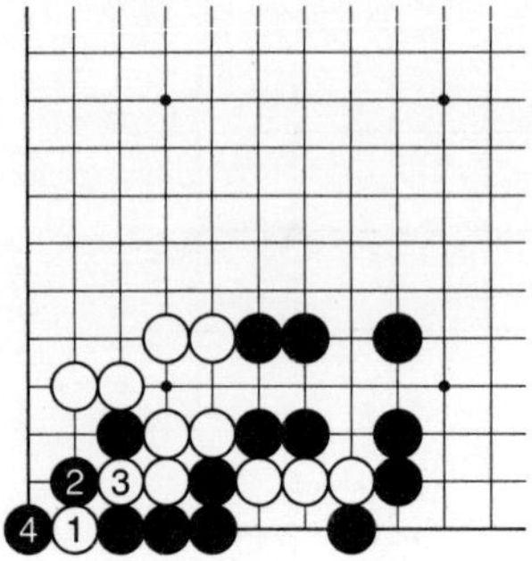

正解

白 1 靠，仅此一手。

黑 2 打吃，白 3 打，黑 4 提。

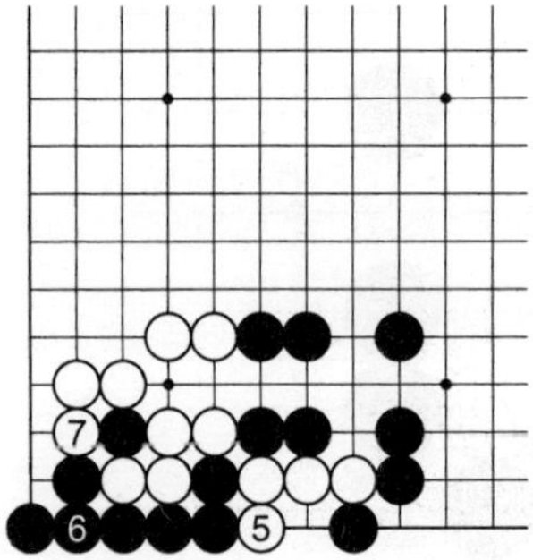

正解（续）

白 5 打吃，黑 6 粘，至白 7，黑棋被杀。

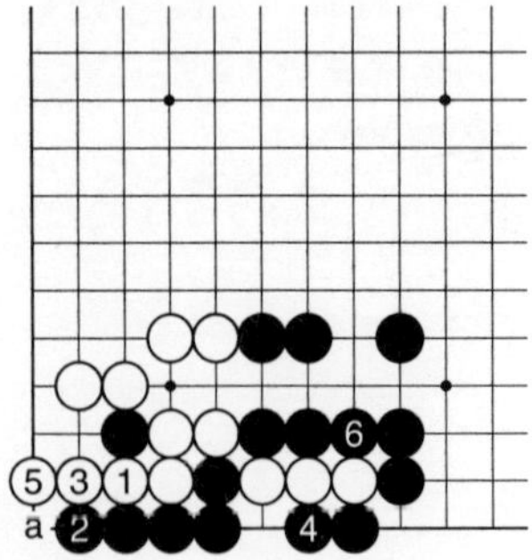

失败

白 1 冲不行，由于 a 位不入气，白棋只能于 5 位立。

黑 6 打吃白棋，白棋被反杀。

问题 90（白先）

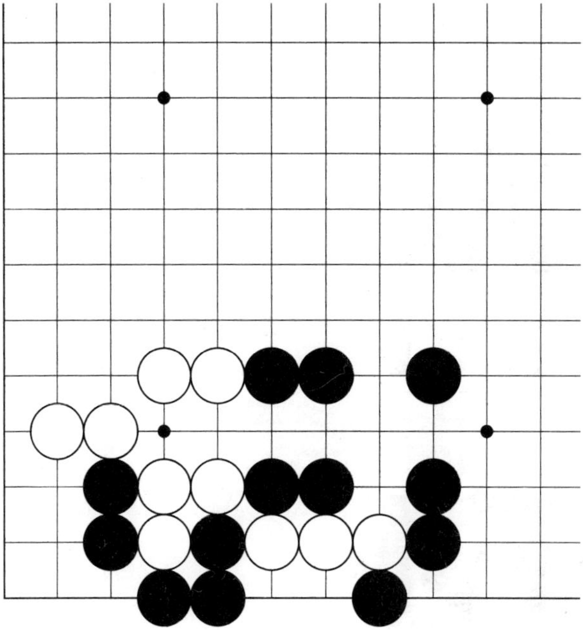

本题和上一题的形类似。

白棋需要认真计算，才能在对杀中获胜。

问题 90（解答）

瞄准棋筋——弃子

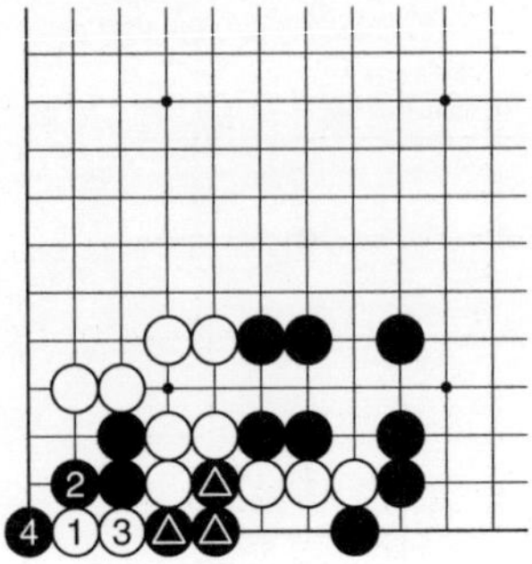

正解

黑△虽然是棋筋，但白棋不可以立即打吃。白 1 点是好手。黑 2 拐，白 3 断，故意让黑吃掉两子。

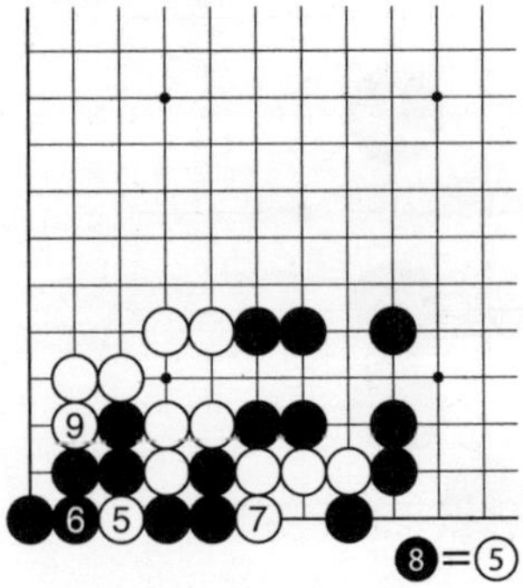

正解（续）

白 5 扑，白 7 打吃，至白 9，黑棋被杀。

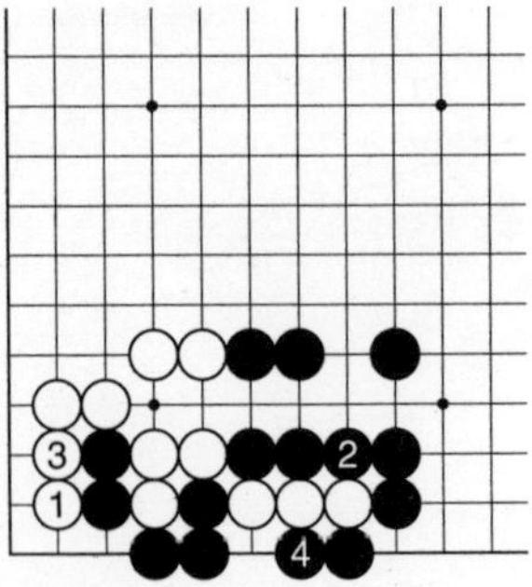

失败

白 1 夹，没有看清楚棋筋是哪个。至黑 4 爬，白三子被吃。

白棋吃黑两子顿感无趣。

问题 91（黑先）

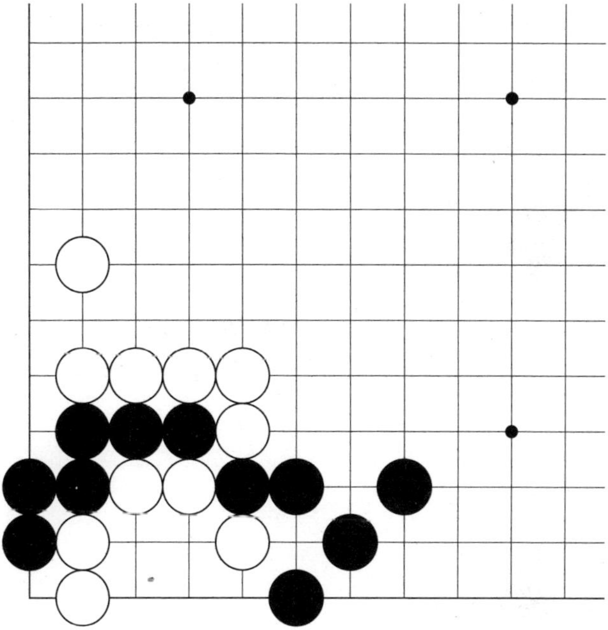

角上的黑棋只剩两口气，看似会被白棋吃掉。

要想不被白棋吃住，黑棋应该怎么走？

问题 91（解答）

找到关键所在

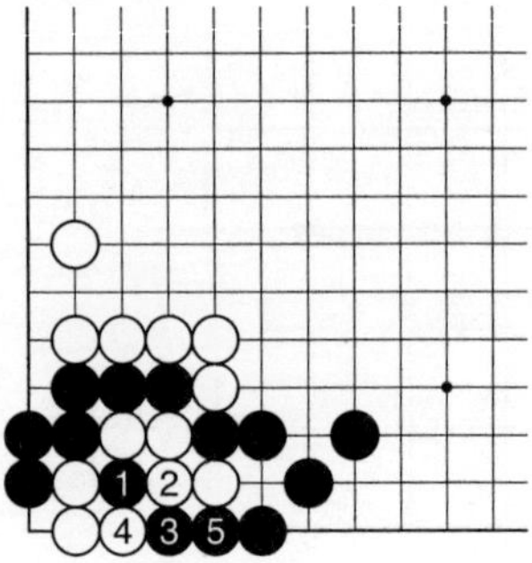

正解

黑 1 断是急所。由于白两子被打吃，因此白 2 粘，黑 3 扳关键。

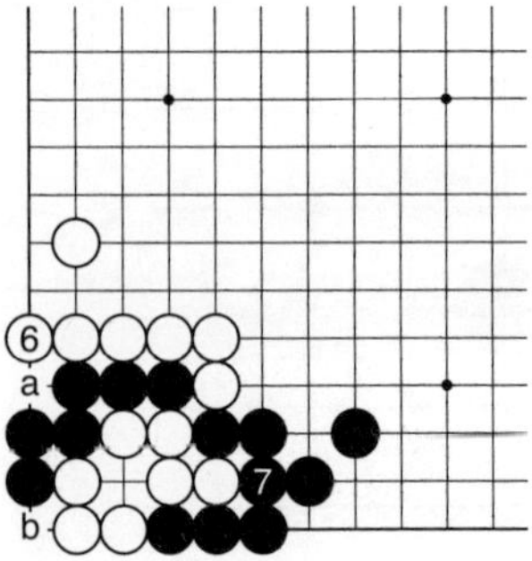

正解（续）

由于 a、b 两点不入气，因此白棋只能白 6 立。

黑 7 打吃，成功救出角上黑棋。

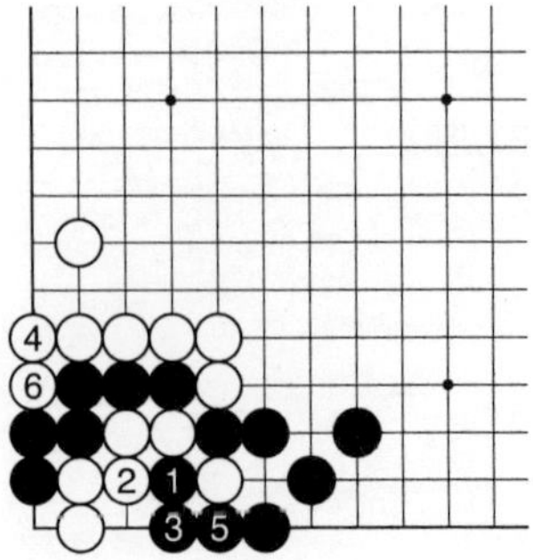

失败

黑 1 打吃是欠考虑的一手。黑 3 即使立，白 4 立，至白 6，黑棋反被白棋吃住。

问题 92（黑先）

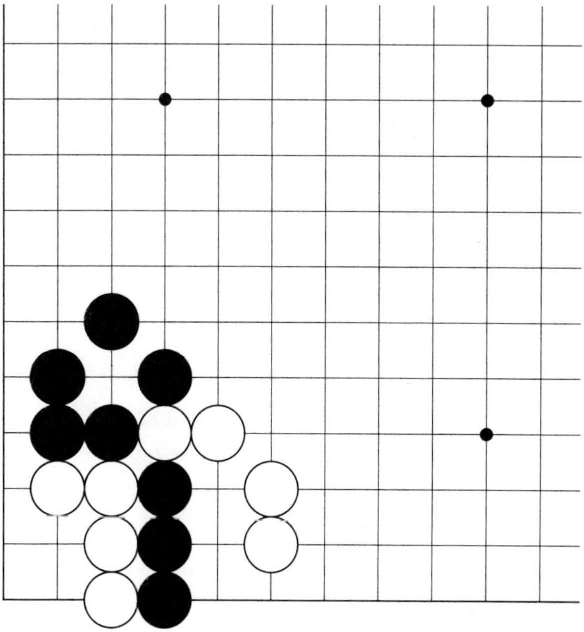

本题也是对杀的题型。黑白都只剩三口气。

黑先，应该从哪里开始紧气？

问题 92（解答）

技巧：贴着紧气

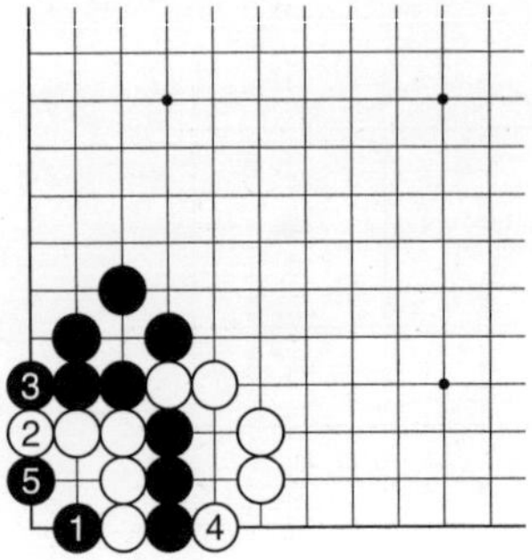

正解

双方气数相同时，黑棋必须思考从哪里紧气才能获胜。

想要在对杀中获胜，黑 1 仅此一手。

白 2 立时，黑 3 从外面紧气。至黑 5，白棋被吃住。

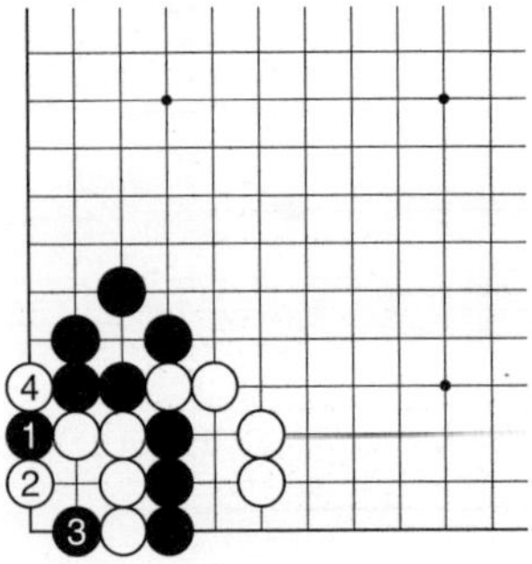

失败

黑 1 扳的话，白 2 打吃。黑 3 若不点的话白棋就活了，因此黑 3 必然。白 4 提。

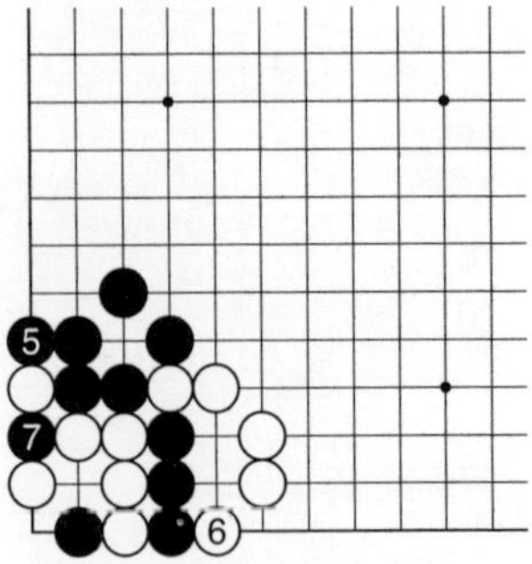

失败（续）

黑 5 打吃，至黑 7，局部形成打劫。

问题 93（黑先）

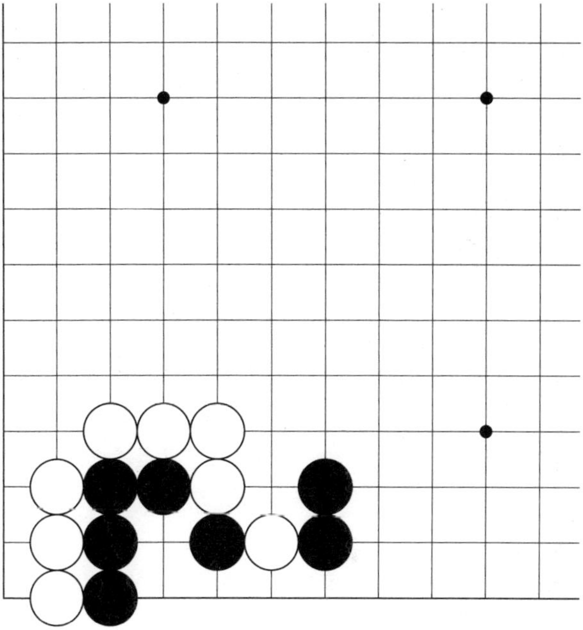

黑棋如何才能联络自身？

问题 93（解答）

做眼防紧气

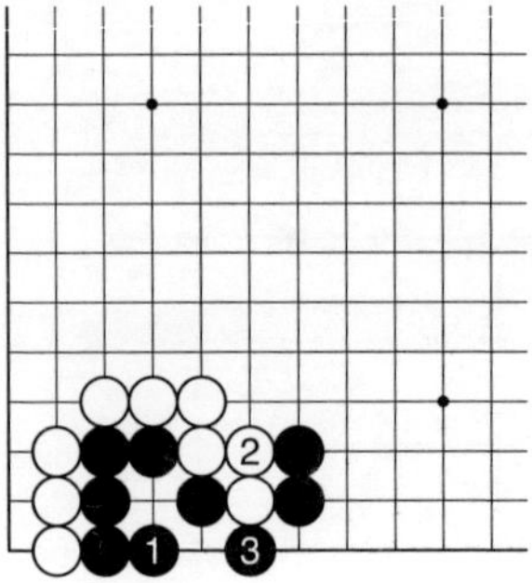

正解

黑 1 做眼是唯一的联络方法。

白 2 粘时，黑 3 连回。

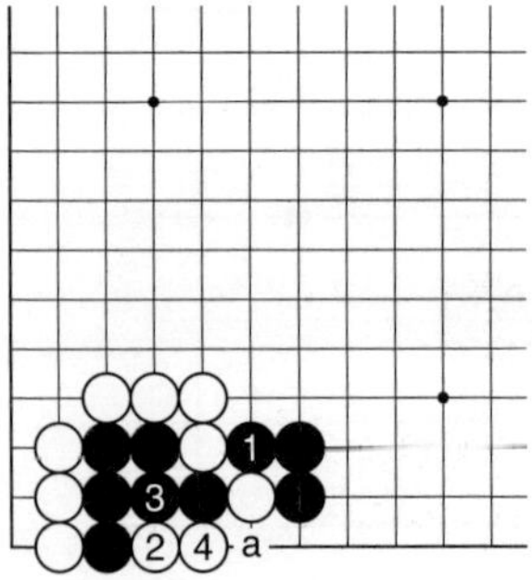

失败 1

黑 1 断的话，白 2 打吃。黑 3 不能粘。

黑 1 若走 a 位，白棋依然于 2 位打吃，黑棋一样会失败。

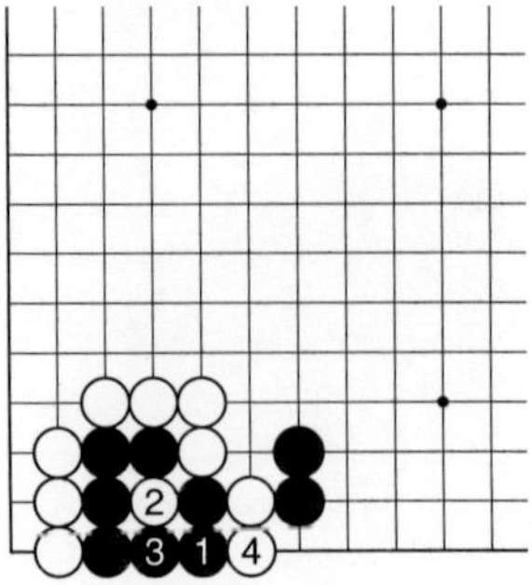

失败 2

黑 1 立，白 2 打。至白 4，黑棋无路可逃。

问题 94（黑先）

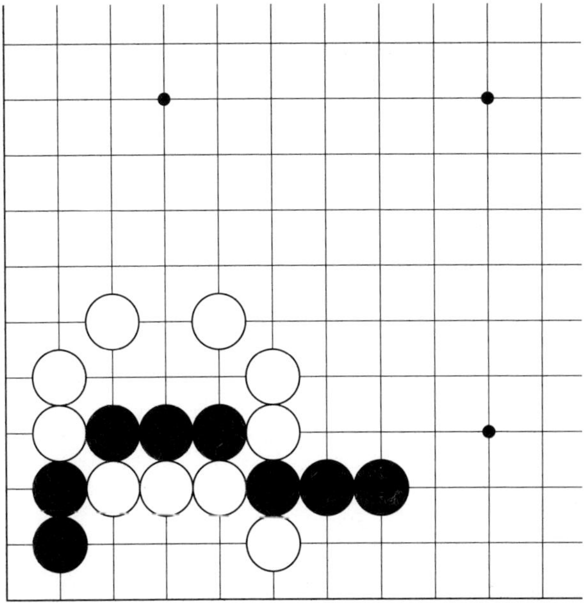

请将四分五裂的黑棋连接起来。

为此，黑棋需要找出并追究白棋的弱点。

问题 94（解答）

找出并追究对方弱点

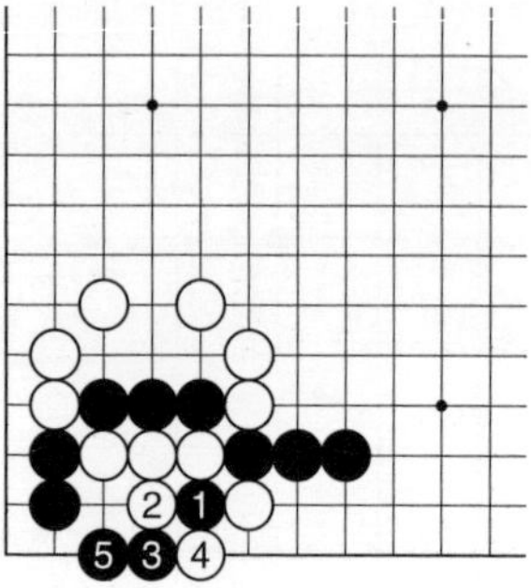

正解

黑 1 断是好手。

白 2 打吃时，黑 3 滚打，白 4 提，白 5 退。

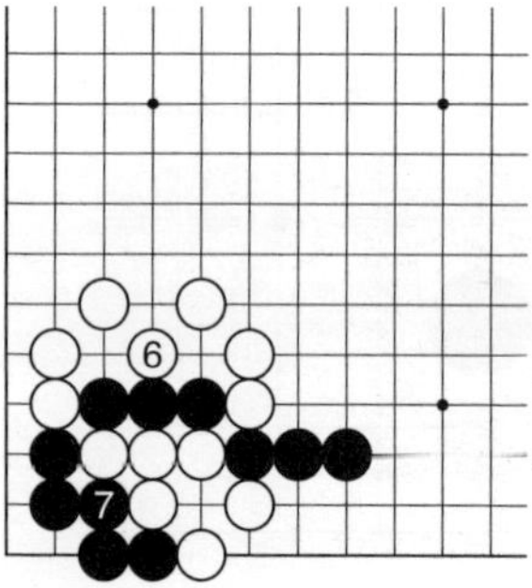

正解（续）

白 6 无论走哪里，只要黑 7 打吃，白棋就无路可逃了。

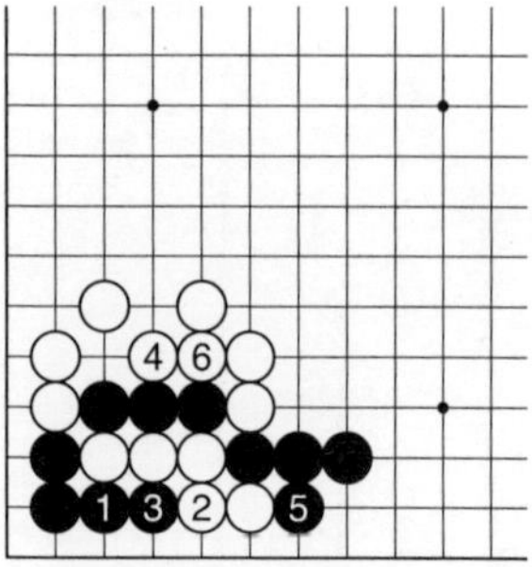

失败

黑 1 拐怯懦。

白 2 粘住后白棋就有四口气了。至白 6，白棋吃住黑三子，黑棋不行。

问题 95（黑先）

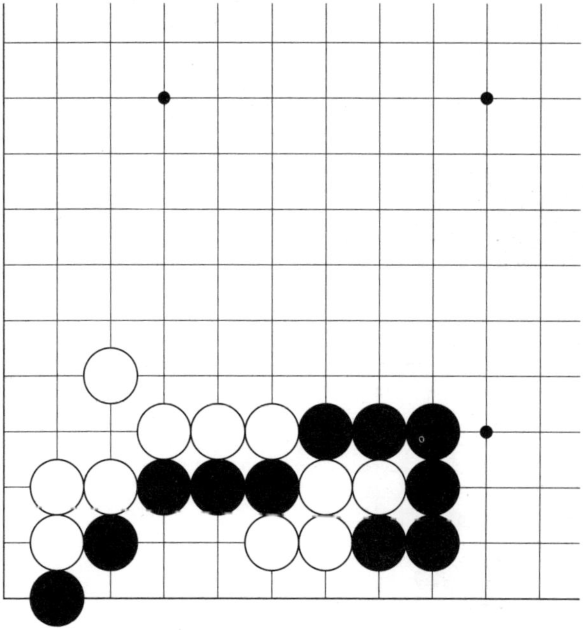

请思考黑棋如何吃掉下边白四子。

问题 95（解答）

一线多好手

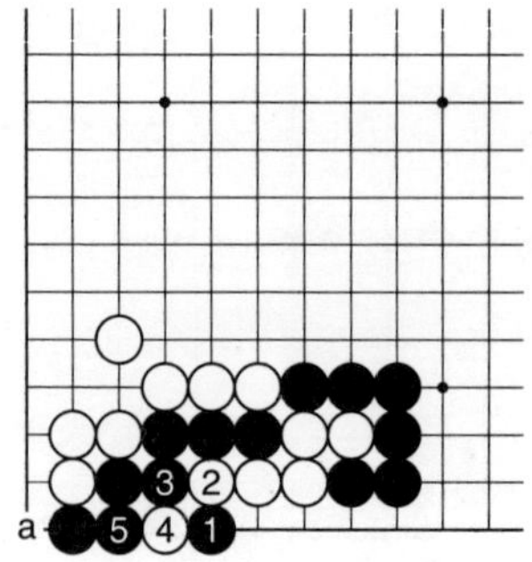

正解

黑 1 跳是好手。

白 2 打吃，黑 3 粘，白棋就束手无策了。

黑棋让白棋无法于 a 位打吃是其得意之处。

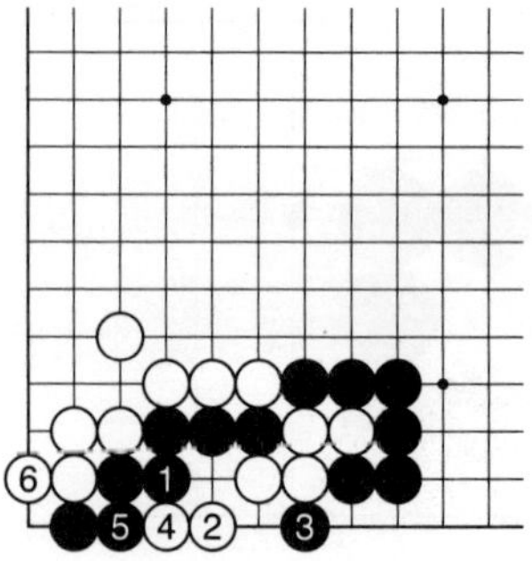

失败 1

黑 1 粘的话，白 2 尖急所。至白 6，对杀白胜。

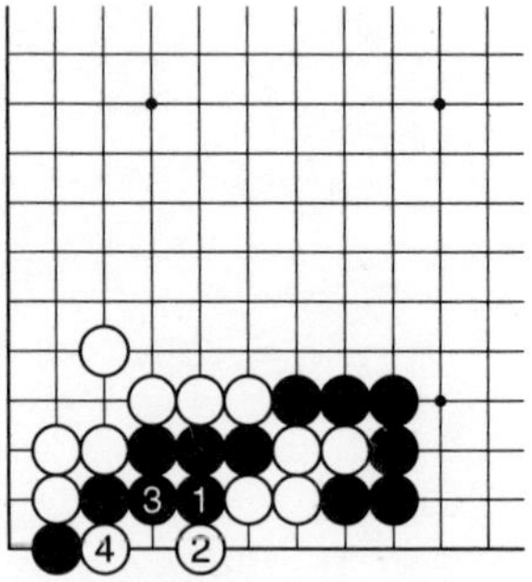

失败 2

黑 1 挡，白 2、4 打了扑，黑棋被杀。

问题 96（黑先）

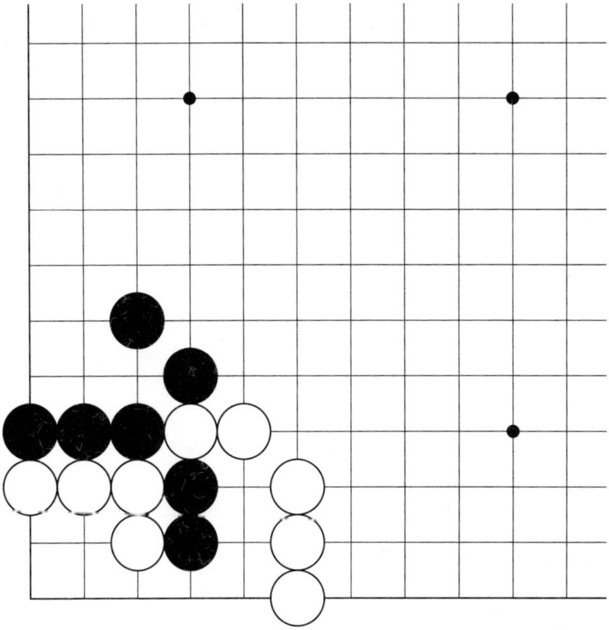

黑棋应该如何处理被白棋包围的黑两子，才能化解危机？

问题 96（解答）

妙手——立

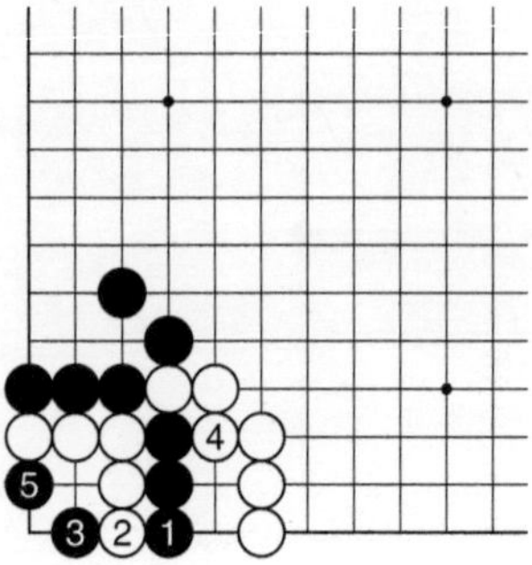

正解

黑 1 立是既能阻渡，又能长气的好手。

白 2 挡，黑 3 点，白 4 紧气，黑 5 紧气。此时黑快一气杀白。

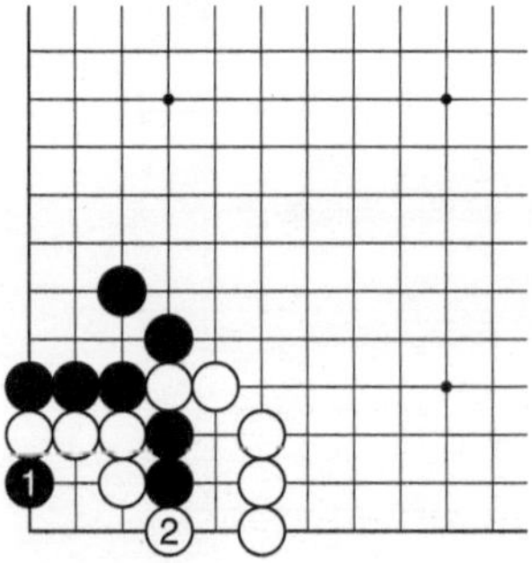

失败 1

黑 1 点，白 2 扳渡过，黑棋不行。

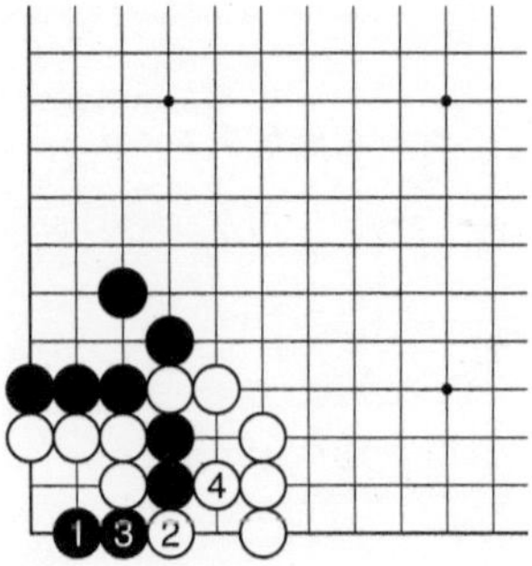

失败 2

黑 1 点也不行。白 2 扳，黑 3 打吃，白 4 打吃，局部形成打劫。

走成劫争也是黑棋失败。

问题 97（黑先）

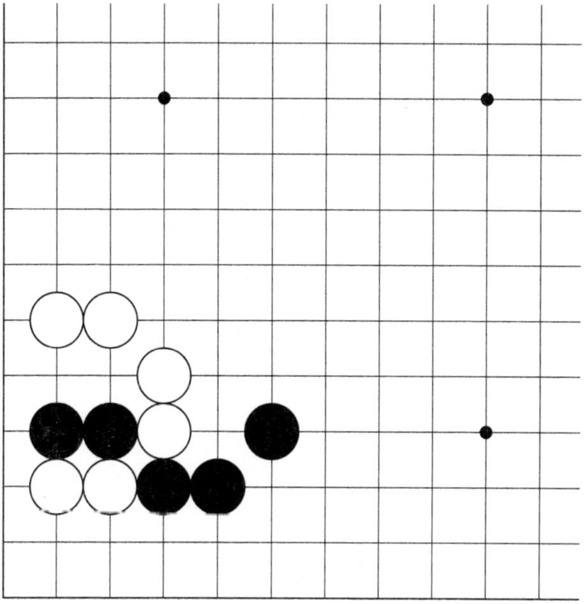

左下角，黑两子与白两子正处于对杀中。

表面上看黑棋被白棋包围，但黑棋有解围的手段。黑棋应该怎么走？

问题 97（解答）

夹

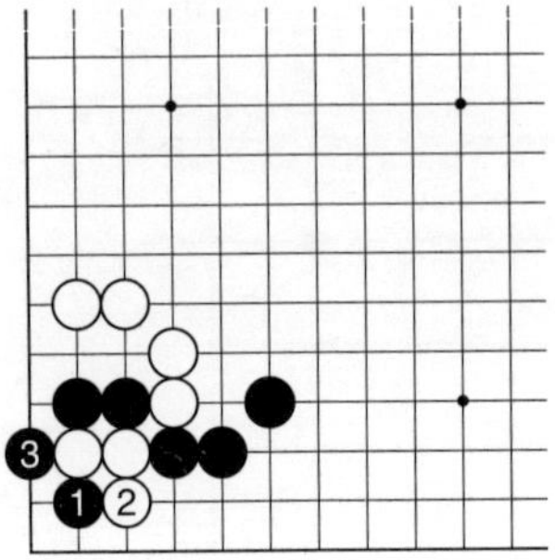

正解

黑 1 夹，白 2 拐，黑 3 渡过，这样黑棋在对杀中胜出。

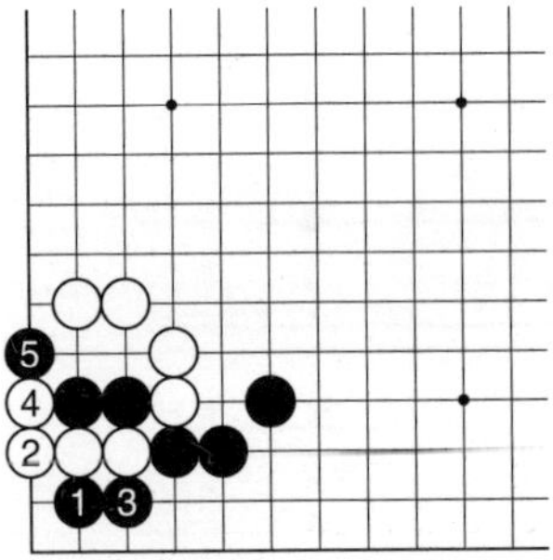

正解变化

黑 1 夹，白 2 立，黑 3 挡。这样白棋也不行。

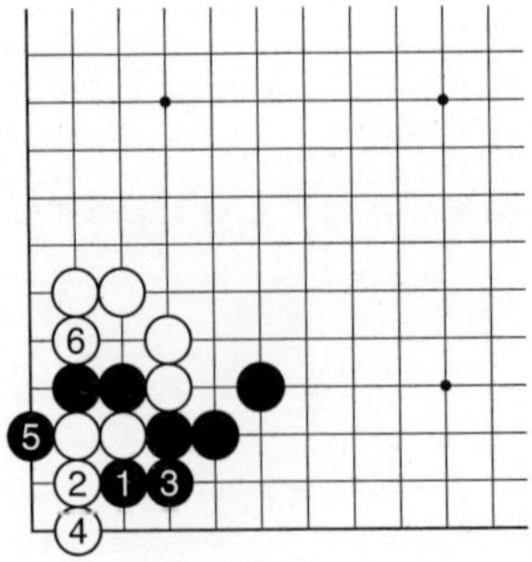

失败

黑 1 扳的话，白 2 拐。黑 3 只能粘。至白 6 紧气，白棋在对杀中胜出。

问题 98（黑先）

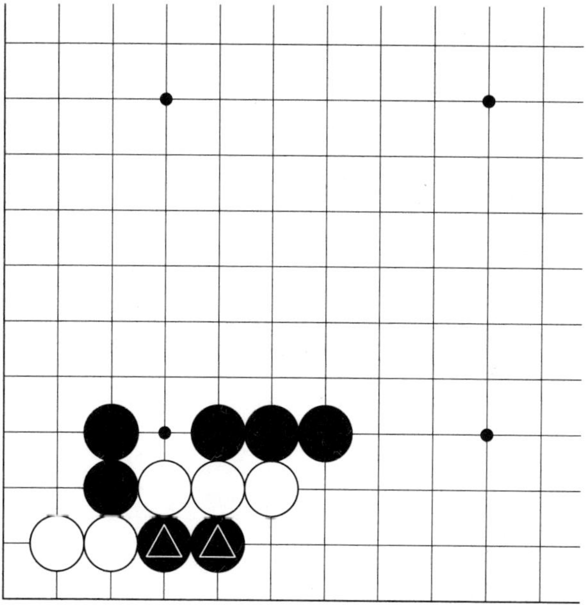

黑棋需要判断处于危机中的黑▲两子能否逃得掉。

问题 98（解答）

从自身薄弱的方向行棋是关键

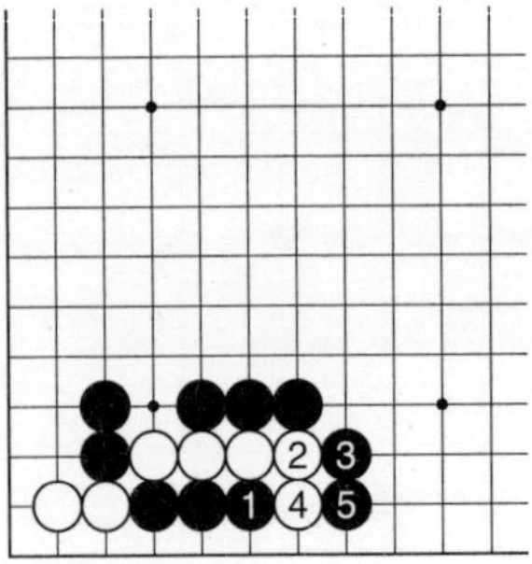

正解

黑 1 爬。白 2 长时，黑 3 扳，黑 5 继续紧气，此时白棋就剩两口气，黑棋在对杀中胜出。

白棋被杀。

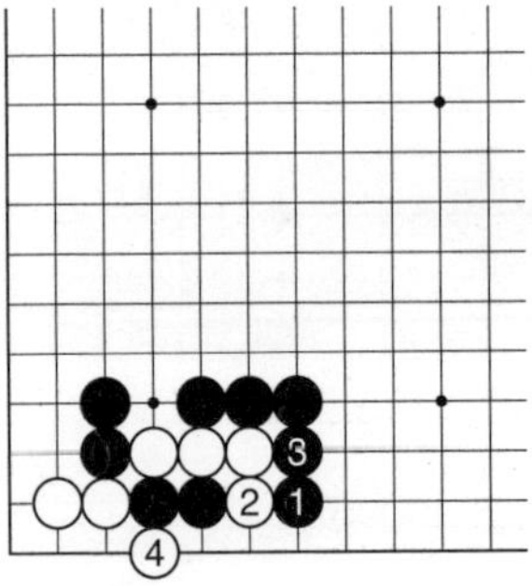

失败 1

黑 1 枷的话，白 2 冲，至白 4，黑棋被吃住。

黑棋失败。

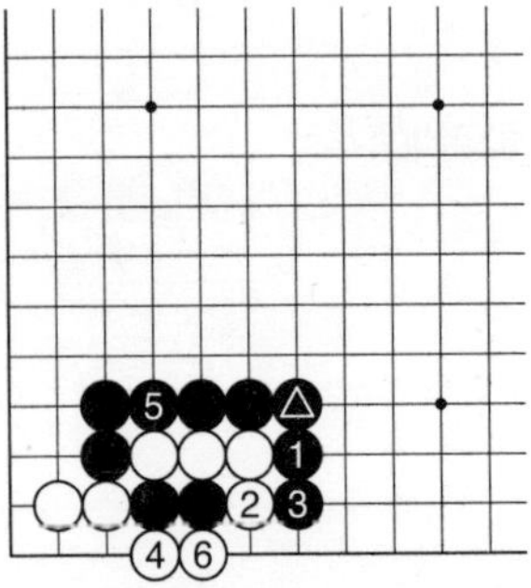

失败 2

在没有黑▲时，黑棋走 1 位，弃黑两子而换取外势是此际正解。

但若有黑▲的话，黑棋是能够救出被包围的黑两子的。

问题 99（黑先）

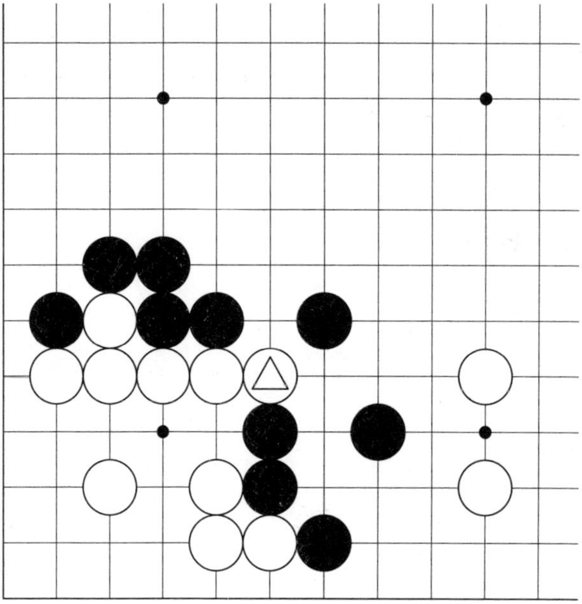

白◬冲时，黑棋如何才能将所有的黑棋都连起来？

问题 99（解答）

为双虎形做铺垫

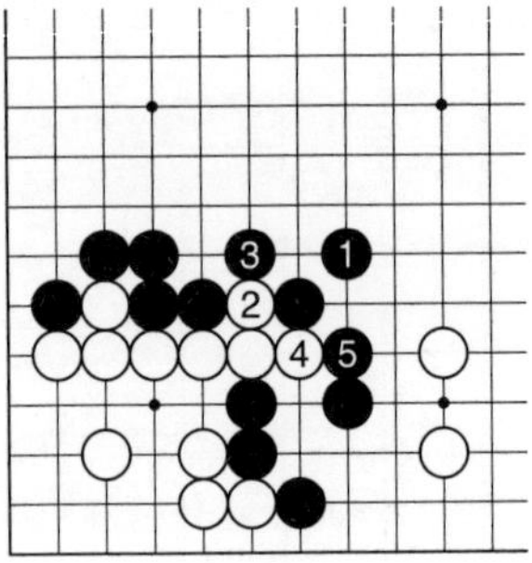

正解

黑 1 尖，白 2 冲，黑 3 挡，白 4 冲，黑 5 再挡。黑 1 小尖是为之后双虎的形做铺垫，这样所有的黑棋就连起来了。

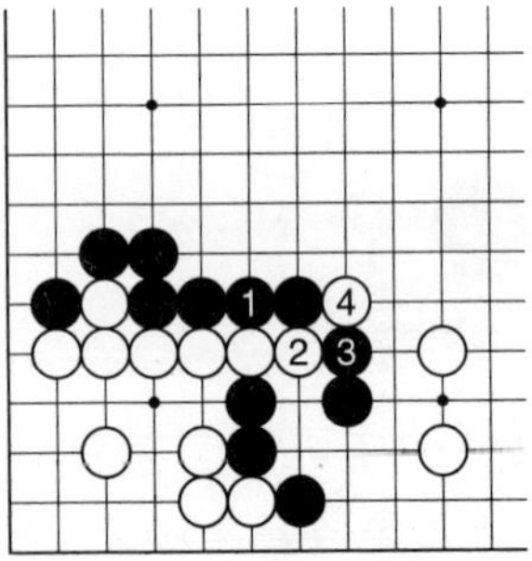

失败 1

黑 1 粘的话，白 2、4 分断黑棋。

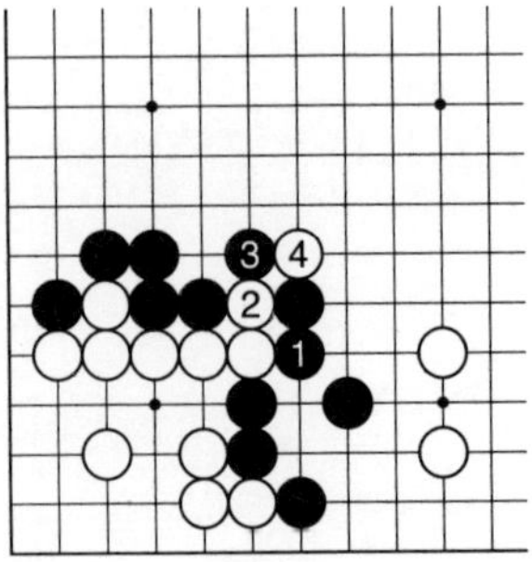

失败 2

黑 1 挡的话，白 2 冲，黑 3 挡，白 4 分断黑棋。

问题 100（黑先）

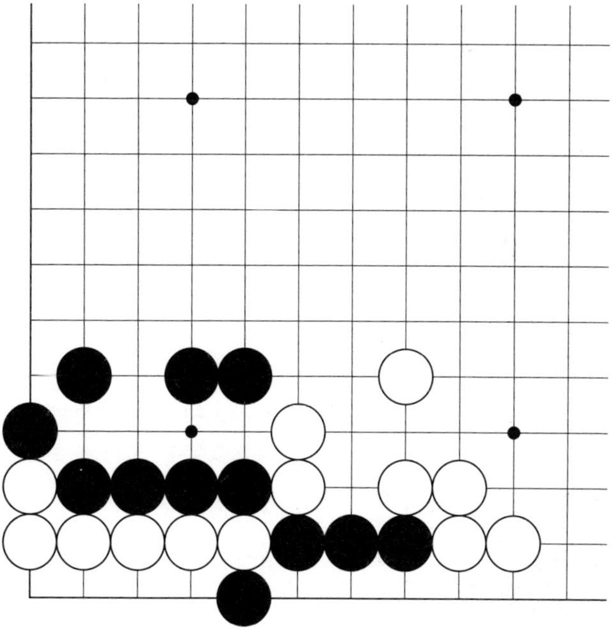

本题的对杀，黑棋若只是一味地爬紧气是不行的。黑棋正确的走法是什么？

问题 100（解答）

补住弱点再对杀

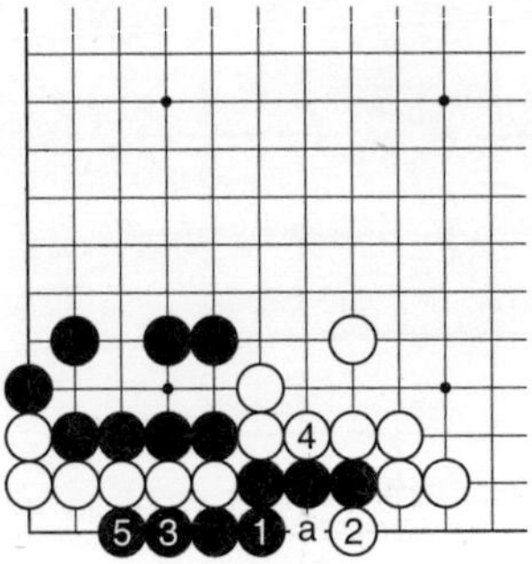

正解

黑 1 粘，补住自身弱点。白 2 扳，至黑 5 爬，由于 a 位不入气，黑棋快一步将白棋杀死。

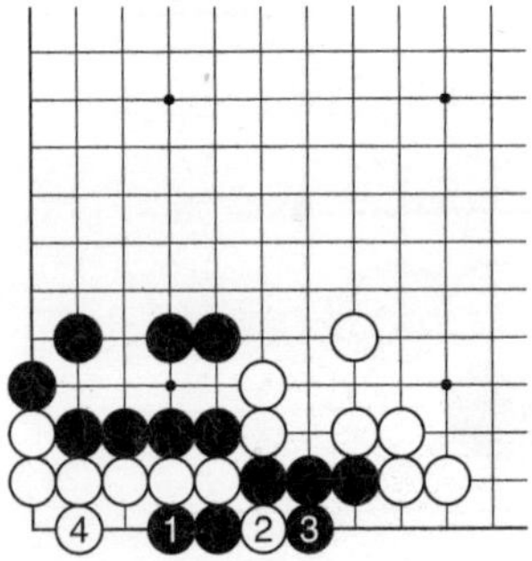

失败 1

黑 1 紧气的话，白 2 扑，黑 3 提，白 4 做眼后黑棋就无法再向前爬紧气了，如此一来黑棋反被白棋吃住。

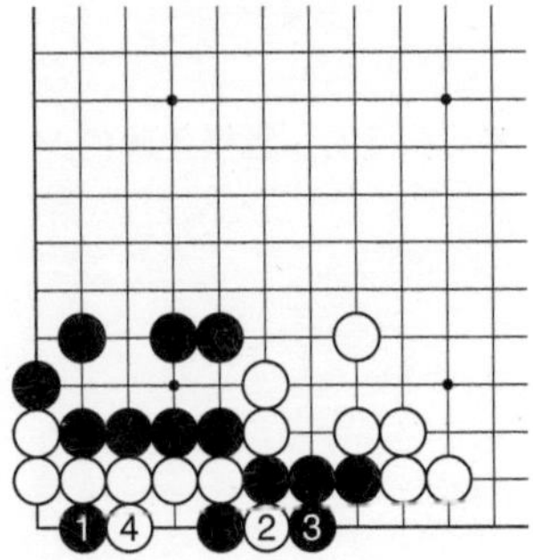

失败 2

黑 1 点也没用。白 2 扑是急所，至白 4 白棋成功做眼。黑棋无法继续紧气。

问题 101（黑先）

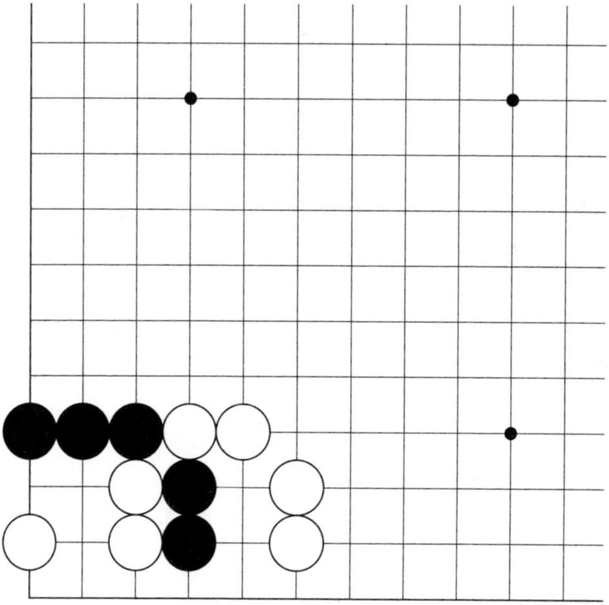

虽然表面上看黑两子被白棋围住了，但还是有办法救出来的。请思考黑棋如何才能将角上的白棋吃住。

问题 101（解答） 弃子紧气

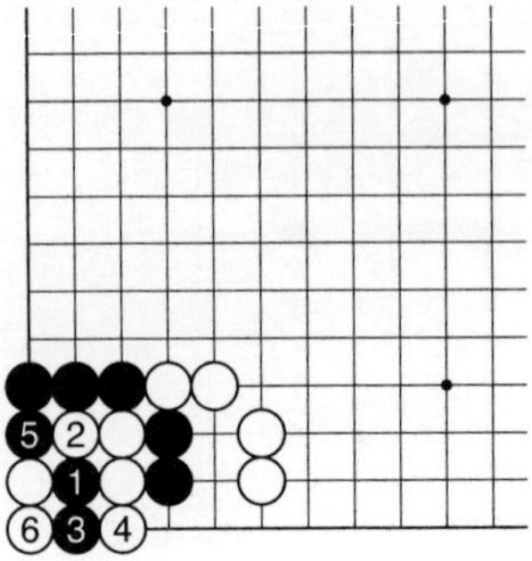

正解

黑 1 挖，白 2 打吃，黑 3 立是好手。

白 4 打吃，黑 5 断，白 6 提。

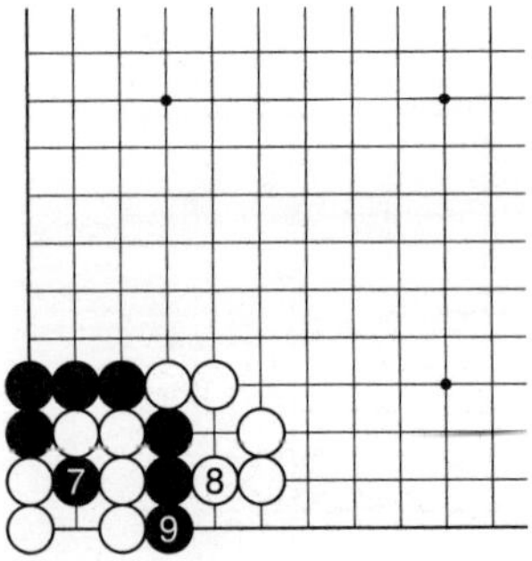

正解（续）

黑 7、9 扑了再紧气，白棋被杀。

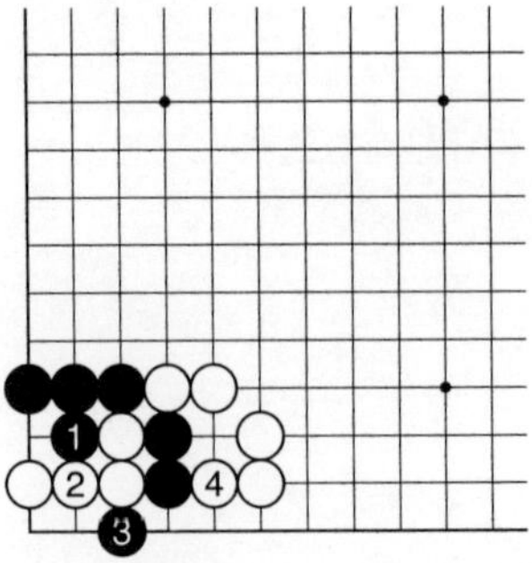

失败

黑 1 冲失策。

至白 4，黑棋只剩两口气，白棋在对杀中获胜。

问题 102（黑先）

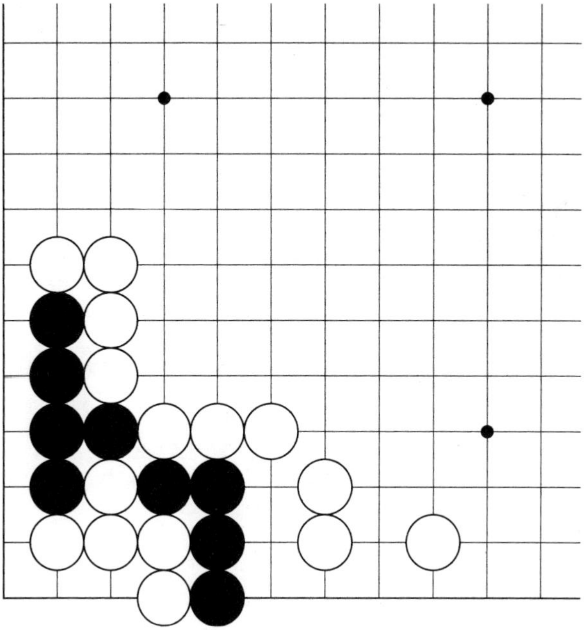

黑棋如何才能吃掉角上白五子？

问题 102（解答） 点

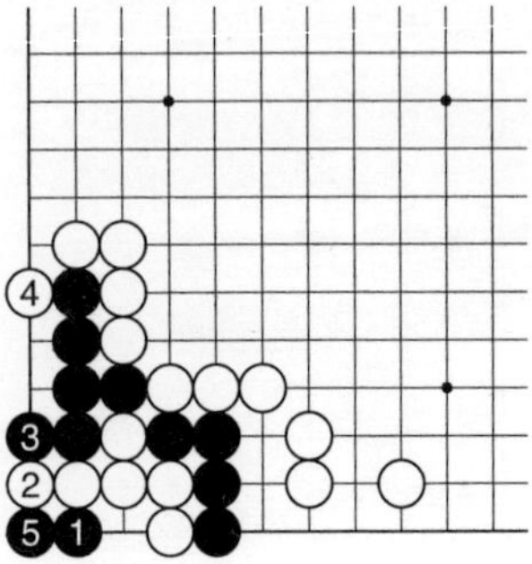

正解

黑 1 点仅此一手。

白 2 阻渡，黑 3 挡，至黑 5，白棋被吃住。

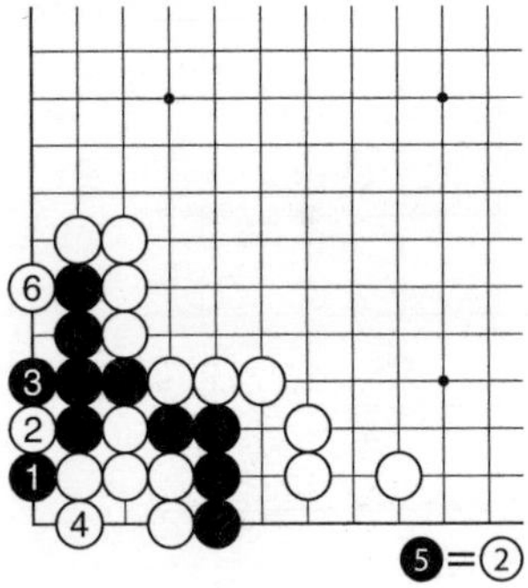

失败

黑 1 扳的话，白 2 扑好棋。

白 4 再做眼，局部“有眼杀无眼”，黑棋被吃。

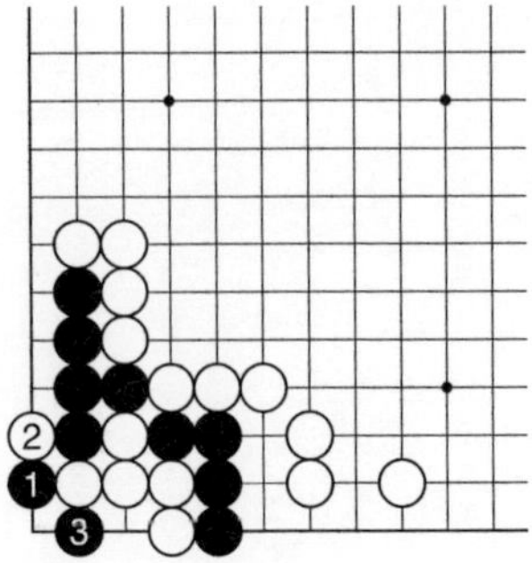

失败变化

黑 3 打，虽然局部形成打劫，但这个劫对于黑棋太重，黑棋依然失败。

问题 103（黑先）

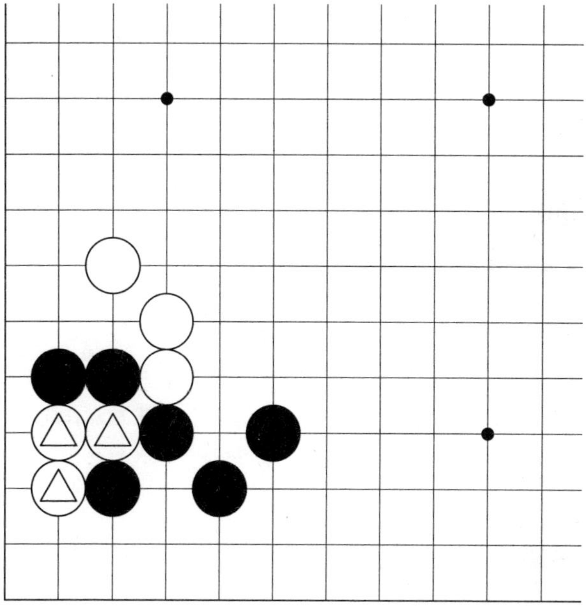

黑棋有吃掉白Ⓐ的手段。

次序虽然很长，但却是有名的手筋。

问题 103（解答） 紧气手筋——“大头鬼”

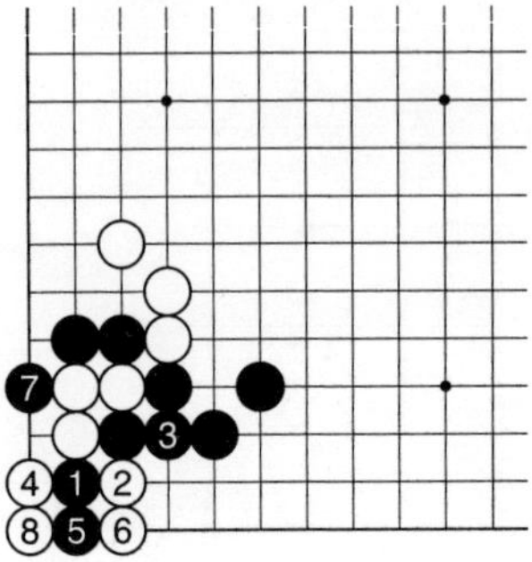

正解

由于黑白各剩三口气，因此黑棋要果断地于 1 位扳紧气。白 2 断的话黑 3 粘。白 4 打吃时黑 5 跑是重点。白 8 提。

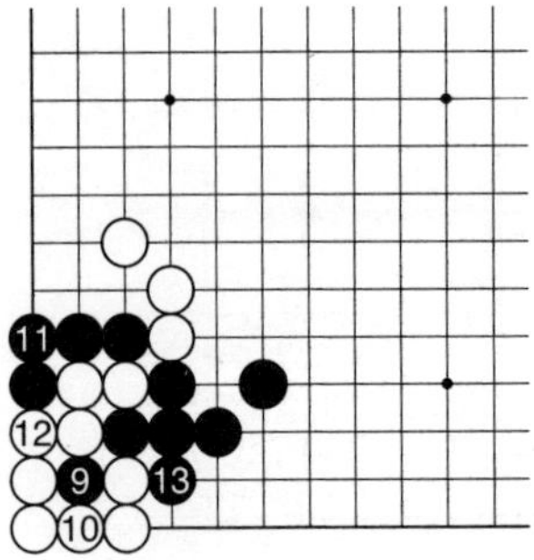

正解（续）

黑 9 扑不可少。至黑 13，白棋被杀，此形被称作“大头鬼”。

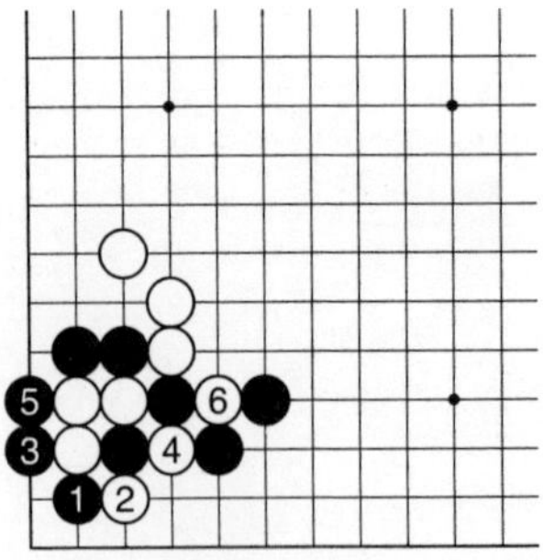

失败

黑 1 扳虽然是正解，但黑 3 打吃的话，白 4 提，白 6 再提，黑棋崩溃。

问题 104（黑先）

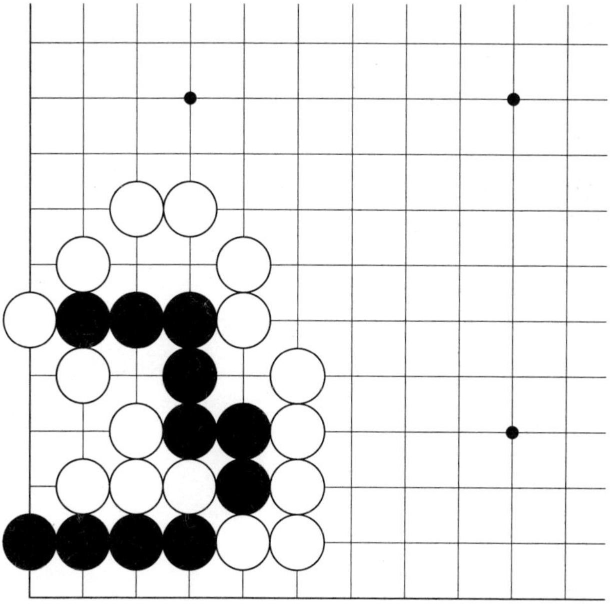

黑棋想要通过救出被围攻的黑七子达到使角上黑四子活棋的目的，应该怎么走？

问题 104（解答） 果断紧气

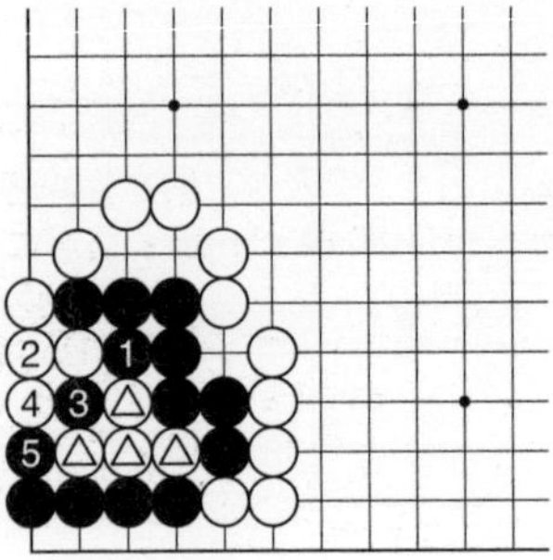

正解

黑 1 直接紧气是好手。

白Ⓐ四子已无生还可能。

白 2 粘的话，黑 3 扑，至黑 5，局部形成接不归。

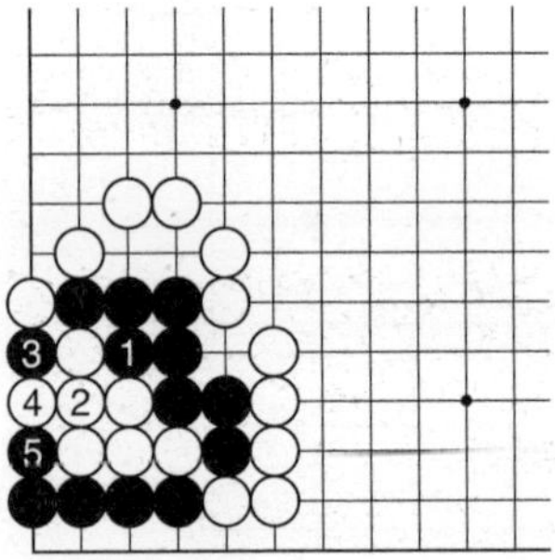

正解变化

白 2 粘的话，黑 3 也可以扑另一边。至黑 5，局部依旧接不归。

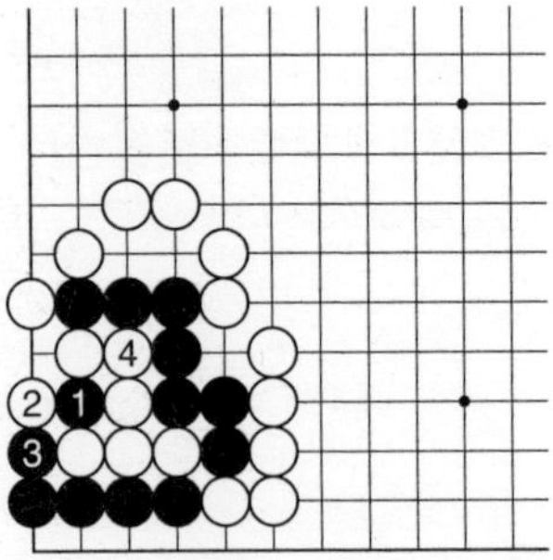

失败

黑 1 扑毫无意义。

至白 4，黑棋失败。

问题 105（黑先）

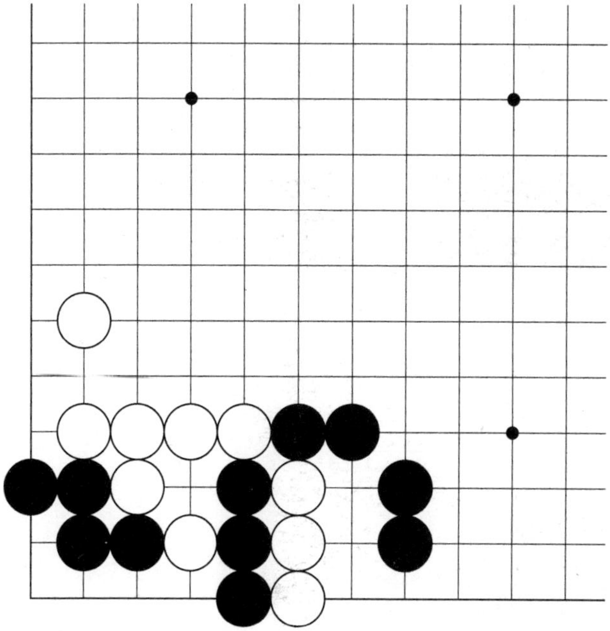

黑棋需要吃掉白三子才能将所有黑棋连接起来。黑棋应该怎么走？

问题 105（解答） 立

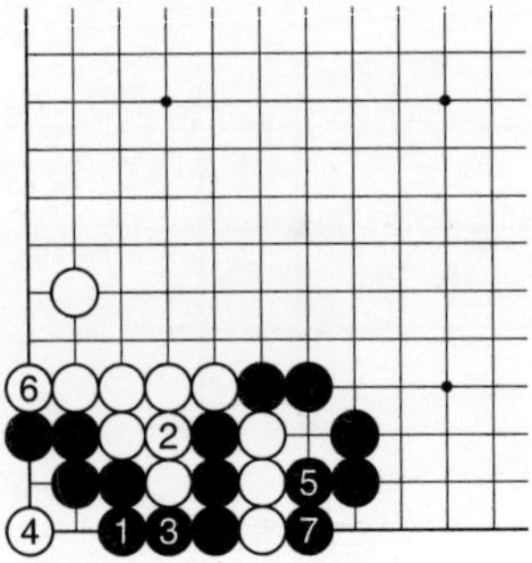

正解

黑 1 立，是获取联络的好手。

白 2 粘，黑 3 粘。为不让黑棋就地做眼活棋，白 4 只能点，至黑 7，白三子被吃住。

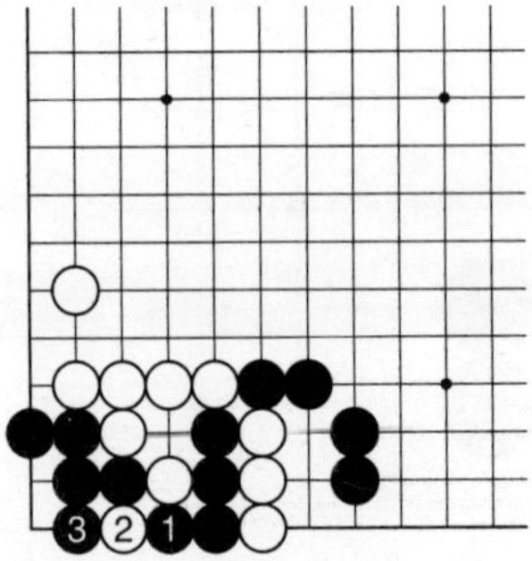

失败

黑 1 拐看似是联络的一手，实则无法成功。白 2 扑是好手。黑 3 必须提。

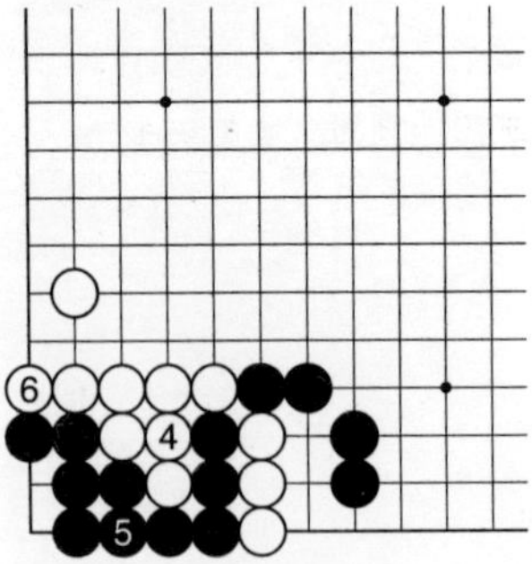

失败（续）

白 4 粘，黑 5 粘，白 6 紧气，黑棋被杀。

问题 106（黑先）

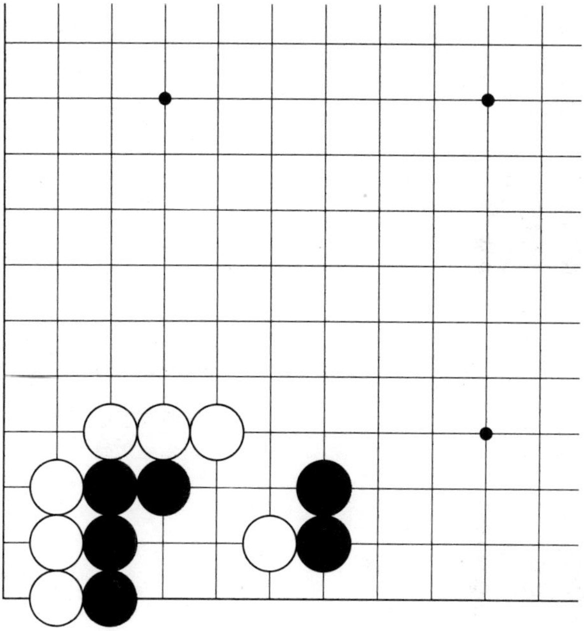

黑棋左右看似被分断，实则有连接的手段。黑棋应该怎么走？黑棋需要思考清楚所有的次序。

问题 106（解答） 补防妙手——做眼

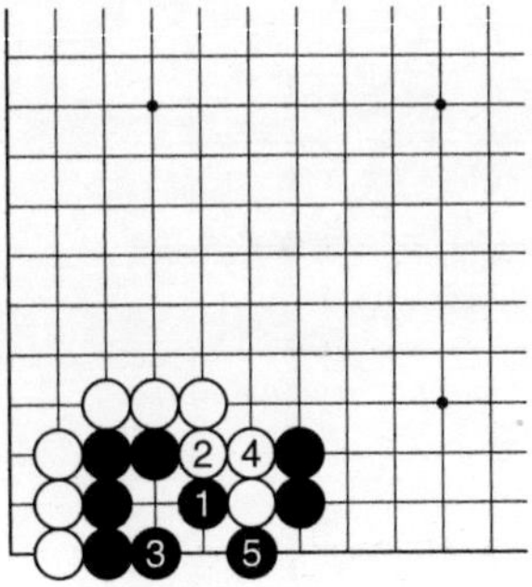

正解

黑 1 小尖，白 2 挤，黑 3 做眼是好手。

至黑 5，黑棋成功渡过。

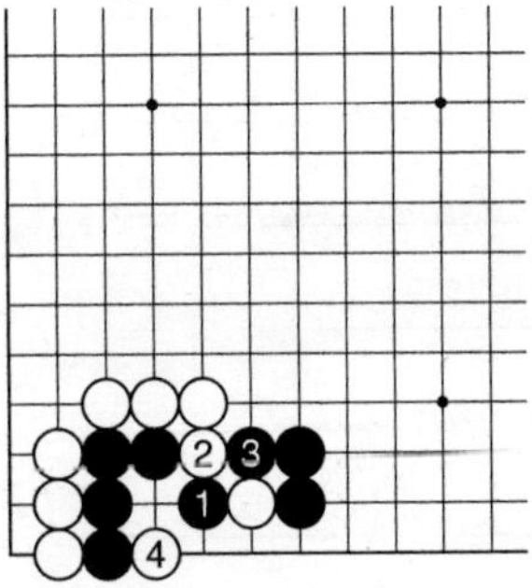

失败 1

黑 1 虽然是正解，但白 2 拐时，黑 3 断失招。白 4 打吃。

黑棋束手无策。

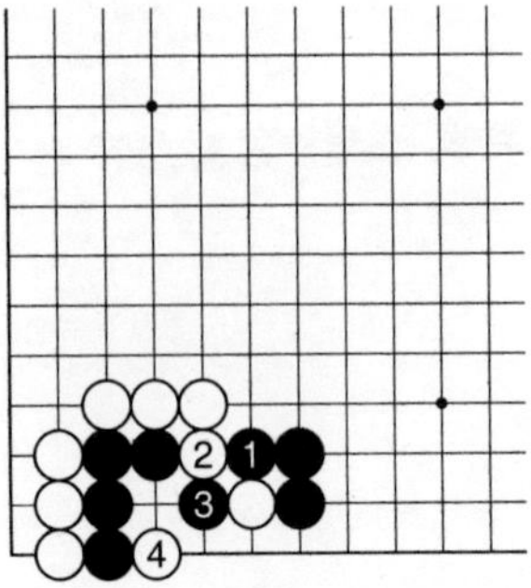

失败 2

黑 1、3 先拐再断，白 4 打吃，黑棋还是不行。

问题 107（黑先）

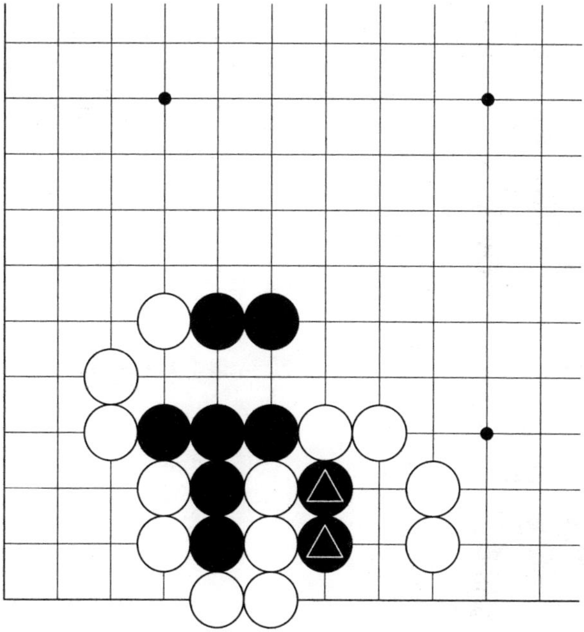

黑棋如何才能抓住白棋的弱点，救出黑▲两子？

问题 107（解答） 请以正确的次序紧气

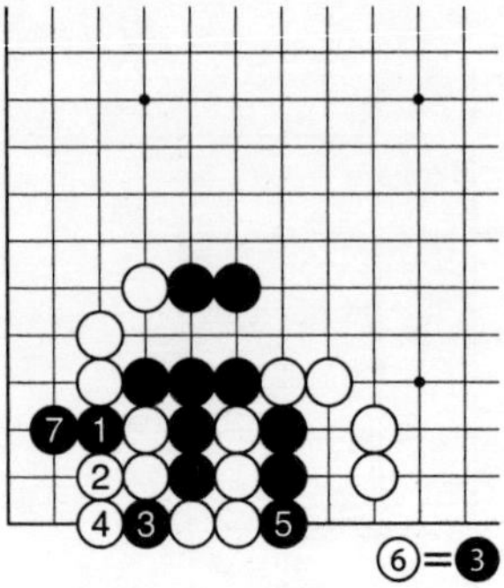

正解

黑 1 断，白 2 只能打吃。黑 3 扑是好手。黑 7 跑，白棋就只剩两口气，黑棋成功救出两子。

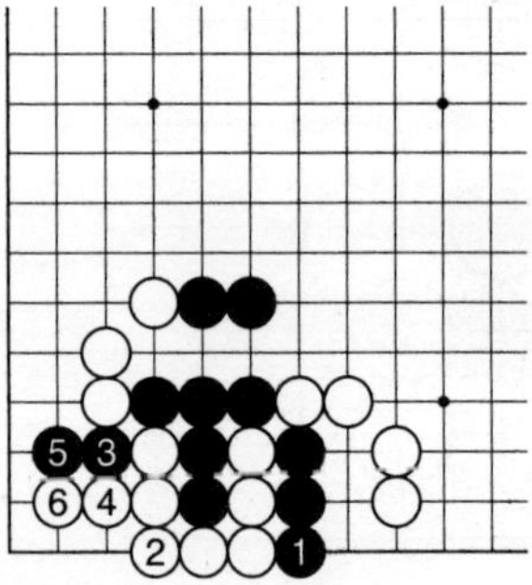

失败 1

黑 1 先打再于 3 位断的话，白 4、6 爬紧气，黑棋反被白棋吃住了。

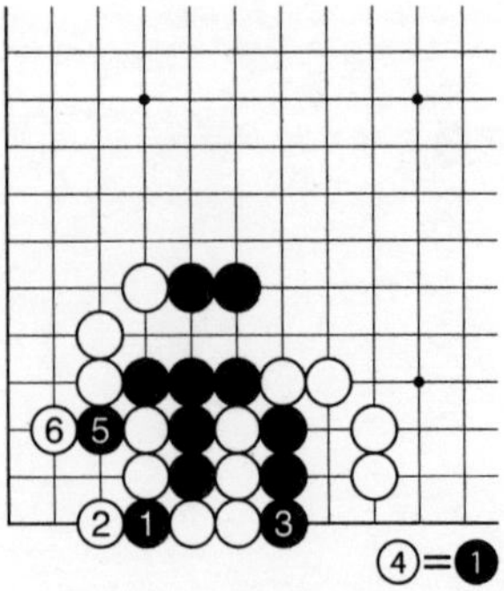

失败 2

黑 1 扑，再于 3 位打吃也不行。黑 5 断，白 6 打吃，黑棋失败。

问题 108（黑先）

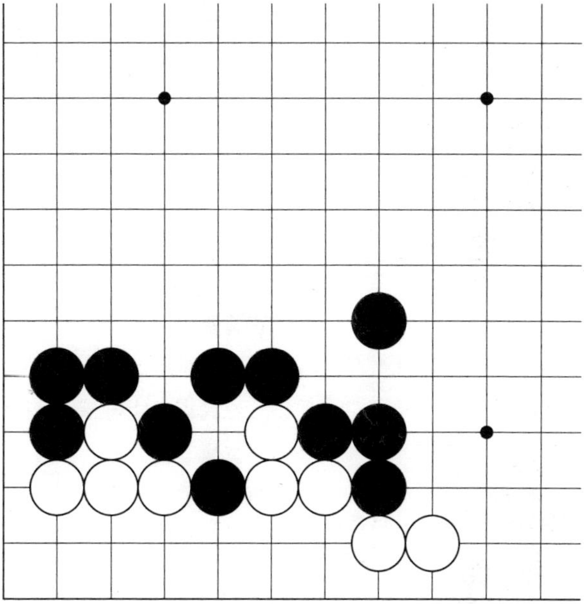

黑棋有破掉下边的白空的手段，应该怎么走？

黑棋破空时也要注意自身弱点。

问题 108（解答） 断

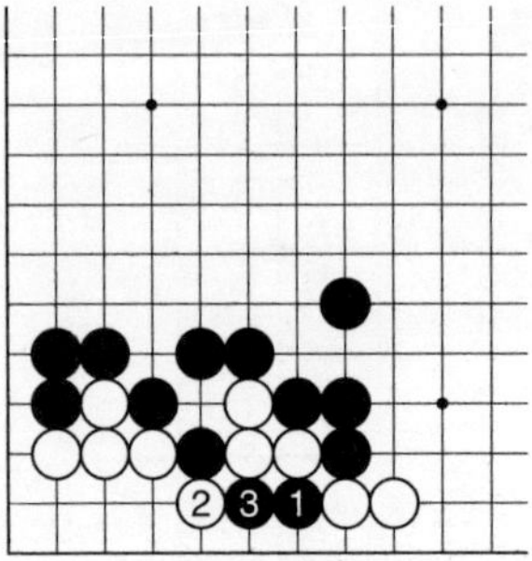

正解

黑 1 断严厉。白 2 打吃时，黑 3 吃，白三子被杀。

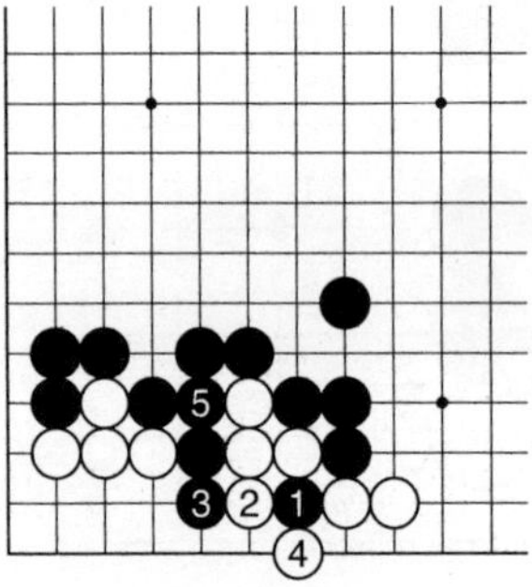

正解变化

黑 1 断，白 2 打吃，黑 3 冲。

白棋不能走 5 位，只能提一子。黑 5 粘，角上白四子就被黑棋吃住了。

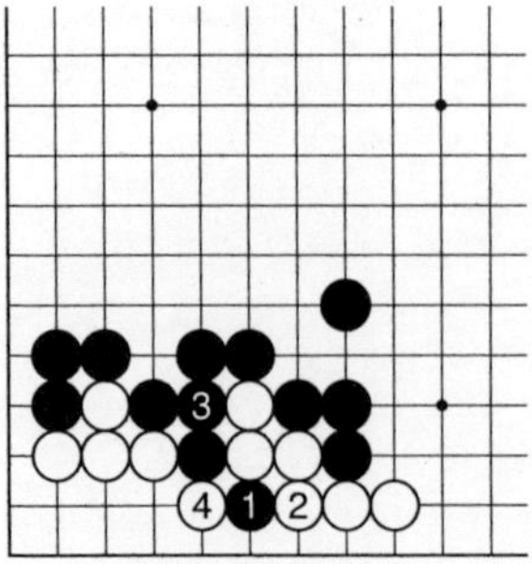

失败

黑 1 扳的话白 2 粘，黑 3 只能粘，白 4 断吃，黑棋失败。

问题 109（黑先）

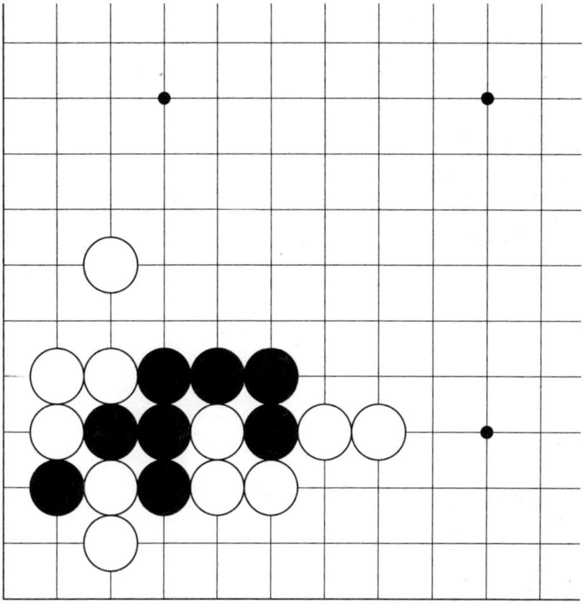

黑棋有破下边白空的手段，应该怎么走？

注意找出白棋的弱点和急所。

问题 109（解答） 左右见合——夹

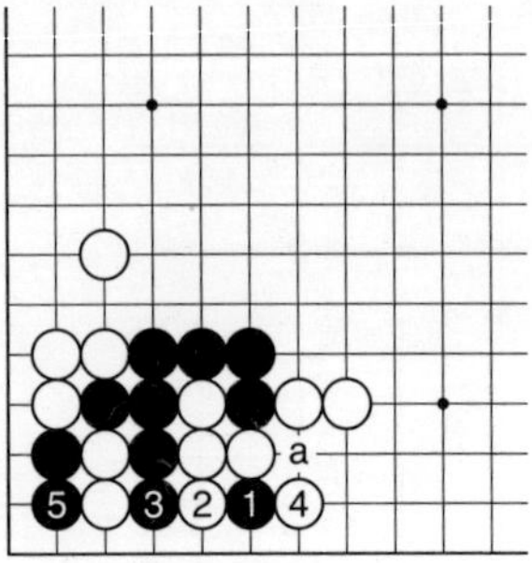

正解

黑 1 夹是急所。白 2 冲时黑 3 也冲，白 4 抱吃黑一子时，黑 5 打吃白两子。白 4 若走 5 位打吃的话，黑走 a 位可以吃住白四子。这种黑棋必得一边的情况叫作“见合”。

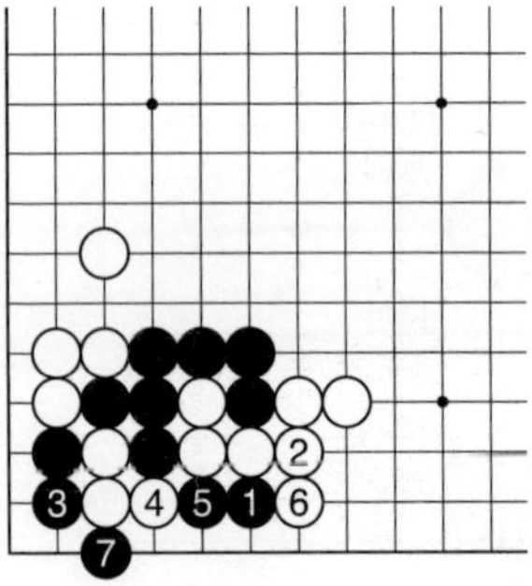

正解变化

黑 1 夹，白 2 粘的话，黑 3 爬，至黑 5 断，白三子被吃。

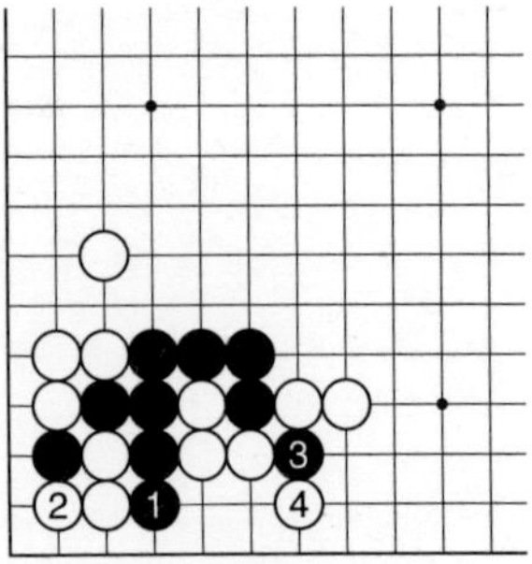

失败

黑 1 冲没用。白 2 拐吃，黑 3 断，白 4 打吃就可以了。

问题 110（黑先）

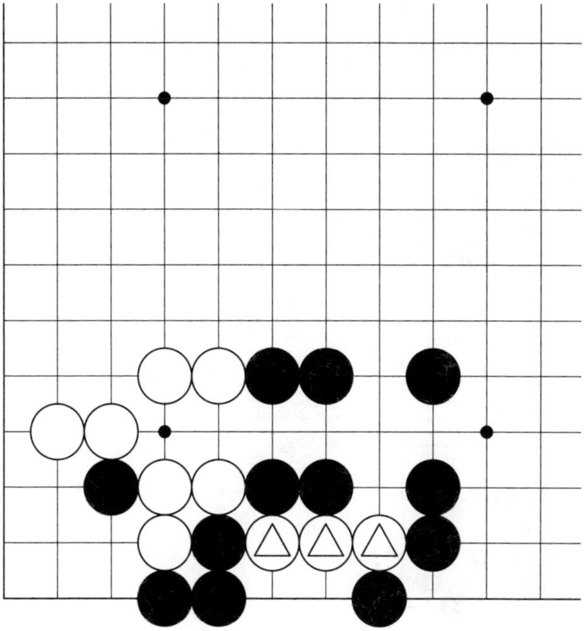

黑棋如何才能吃掉白◎三子。

黑棋气不长，先长气才是当务之急。

问题 110（解答）

利用角部的特殊性

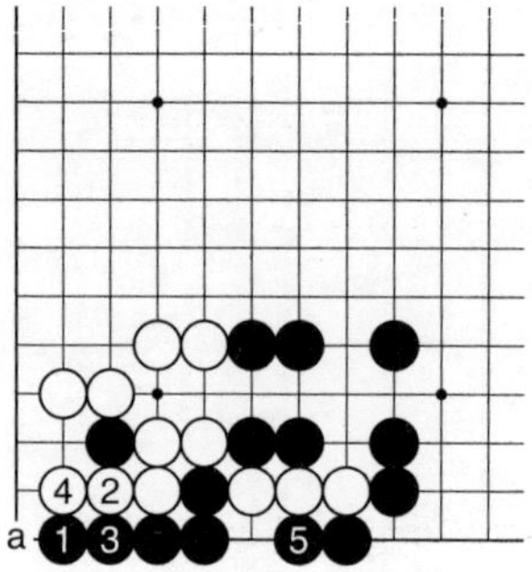

正解

黑 1 跳是好手。

白 2 拐，黑 3 粘，黑 5 紧气。由于角部的特殊性，a 位不入气，黑棋抓住了白棋走不了 a 位这一弱点吃住白棋。

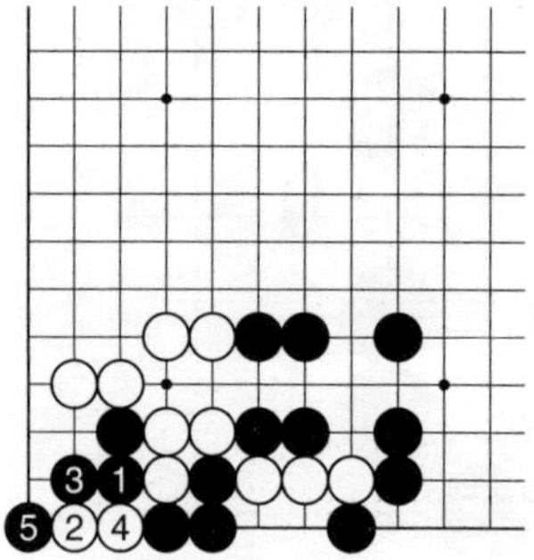

失败

黑 1 连回的话，白 2 点急所。黑 3 挡，白 4 弃子是好手。

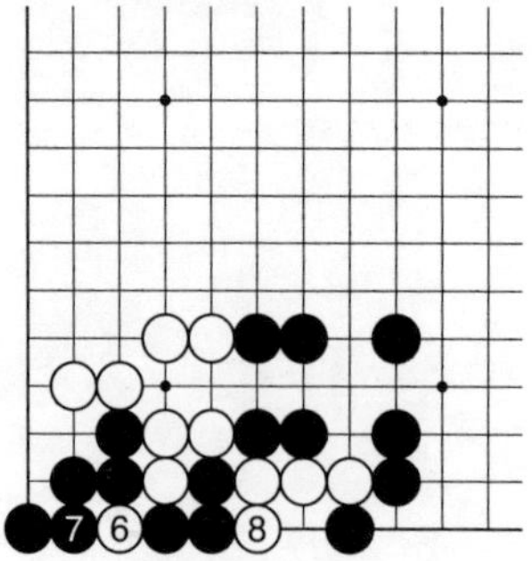

失败（续）

白 6 扑，至白 8 打吃，黑棋反被吃住。

问题 111（黑先）

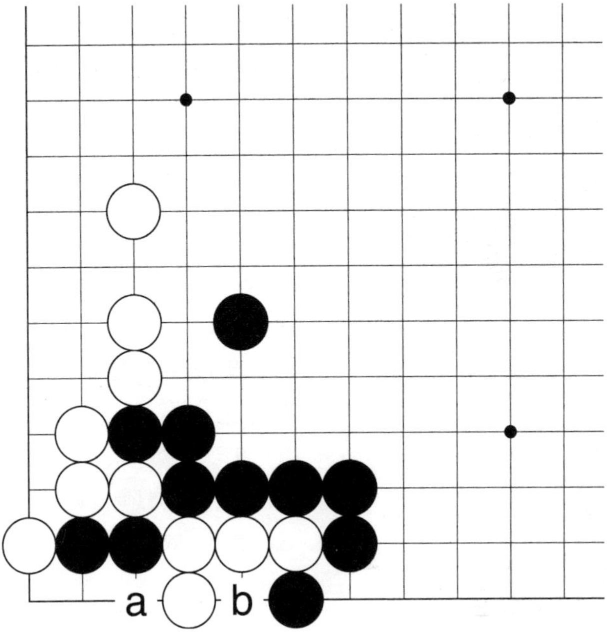

左下黑两子看上去要被吃掉了。黑棋想吃掉白棋，但 a、b 两点不入气。黑棋应该怎么走？

问题 111（解答） 断

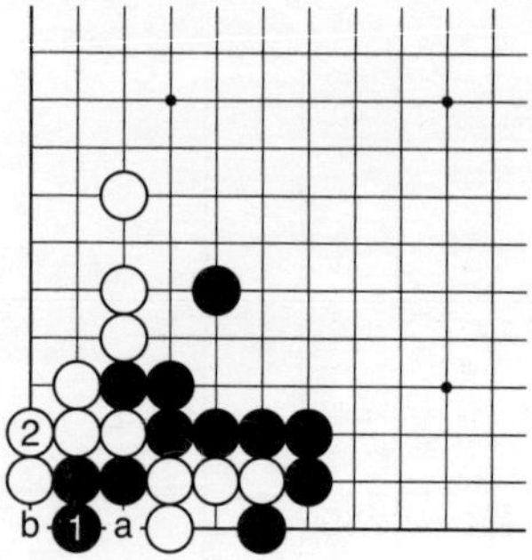

正解

黑 1 弯。由于 a、b 都不入气，因此白 2 只能粘。

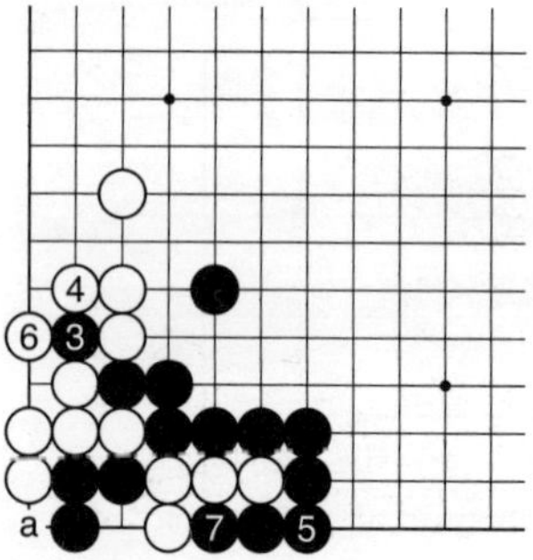

正解（续）

黑 3 断是手筋，白 4 拐吃，黑 5 粘。

由于 a 位不入气，因此白 6 只能提。黑 7 打吃，白棋被杀。这就是断的效果。

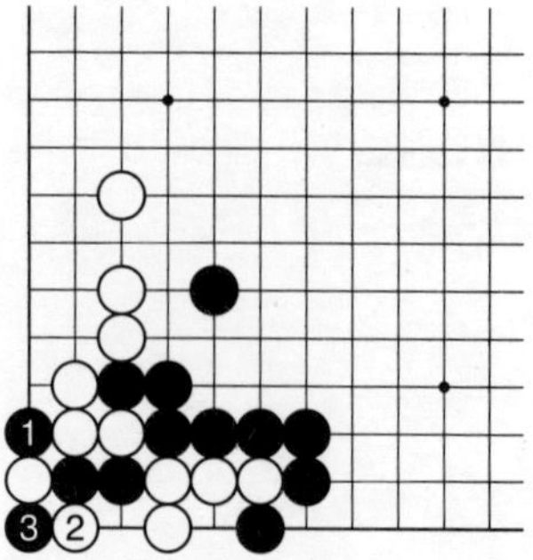

失败

黑 1 扑，白 2 紧气，黑 3 提，局部形成打劫。黑棋不满。

问题 112（黑先）

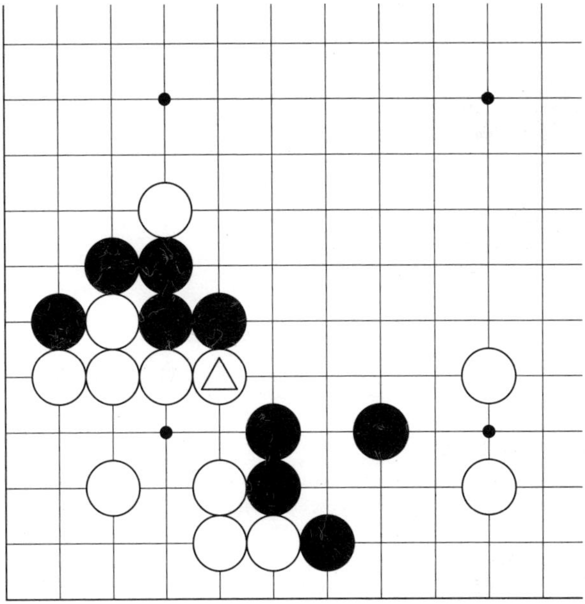

白Ⓐ冲。

黑棋若想将自身全部连起来，应该怎么走？

问题 112（解答）　双虎

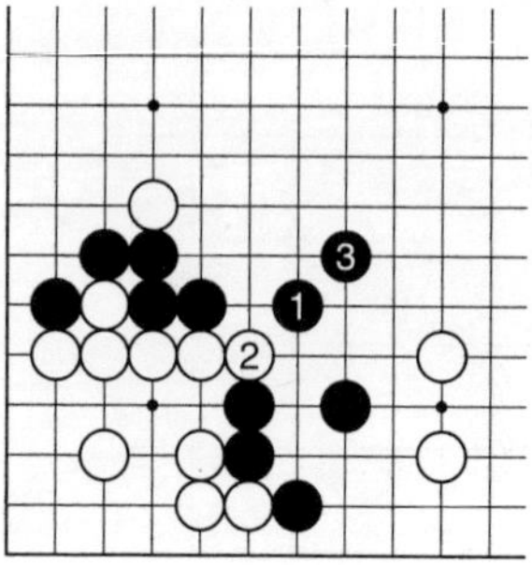

正解

黑 1 冷静地跳是好手。

白 2 长时，黑 3 小尖是好手。

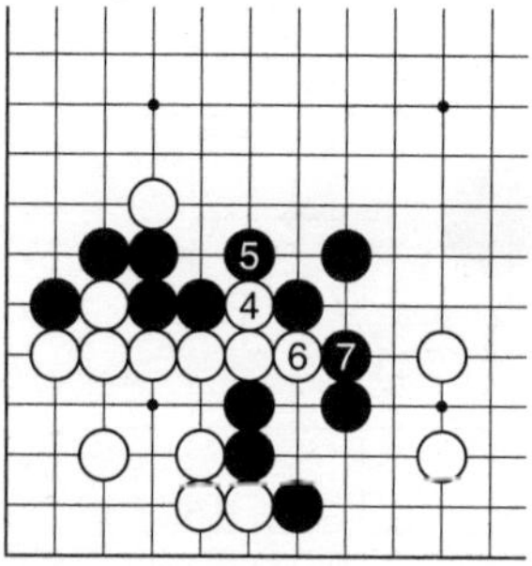

正解（续）

白 4 冲，黑 5 挡。白 6 冲，黑 7 挡之后形成了双虎的形状。

对于白棋的冲击，上图黑 1、3 是柔和的防守妙招。

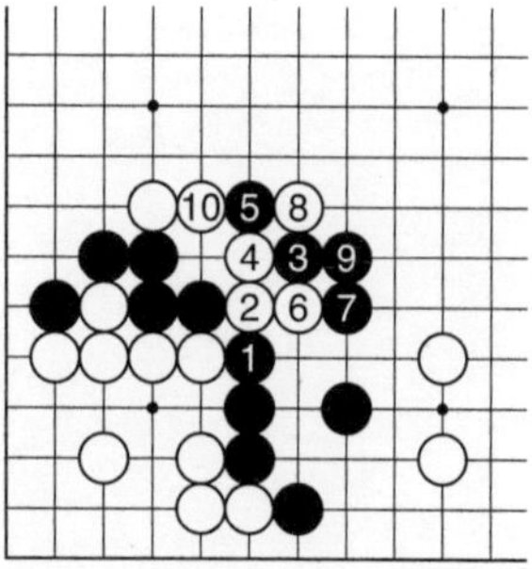

失败

黑 1 挡，白 2 断。黑 3 此时再想走双虎形已经来不及了。至白 10，白棋成功跑出。

问题 113（黑先）

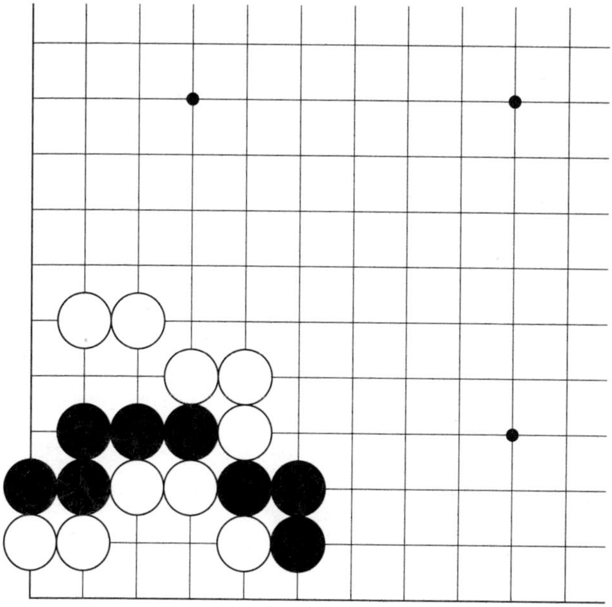

黑棋如何才能救出被包围的黑五子？

问题 113（解答） 金鸡独立

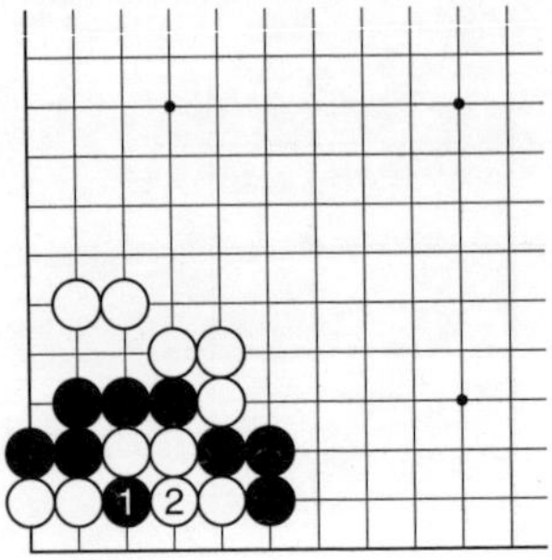

正解

黑 1 断。白 2 粘住后，黑棋需要颇费些功夫思索应该怎么办。

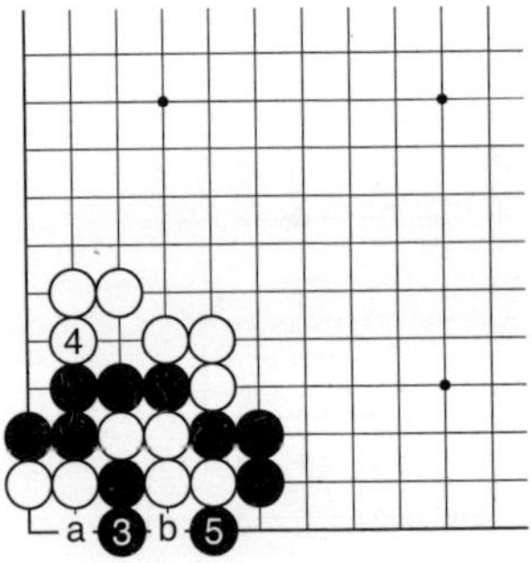

正解（续）

黑 3 立是好手。白棋气紧。由于 a、b 不入气，白棋只能走白 4 紧气。黑 5 打吃，白棋被杀。

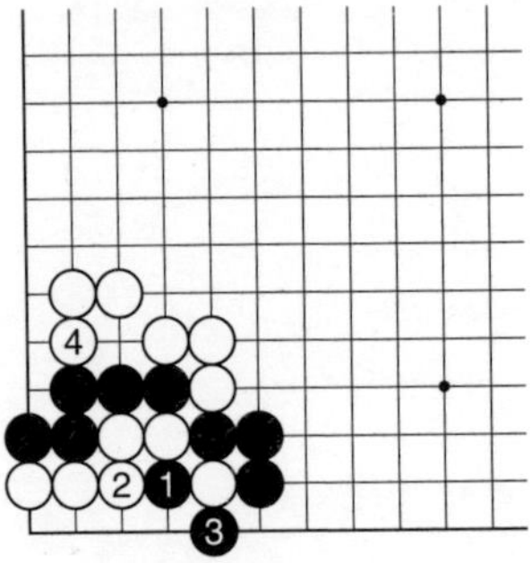

失败

黑 1 断的话，虽然能吃住白一子，但白 4 紧气，黑五子反被白棋吃住。

问题 114（黑先）

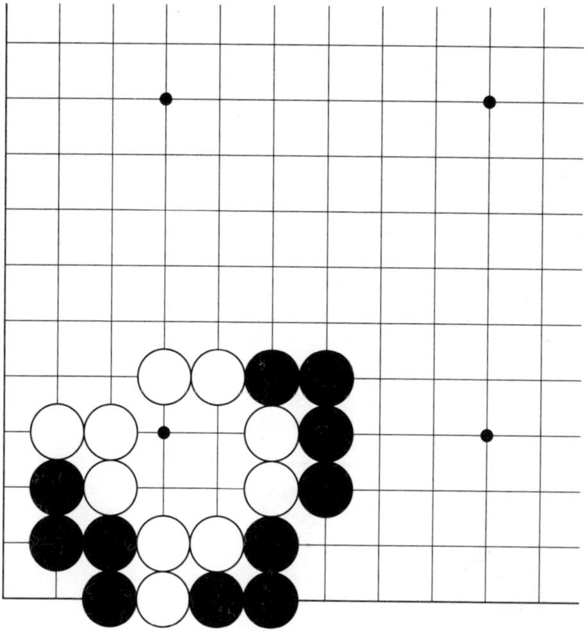

黑棋想要救出左下黑四子，应该怎么走？

首先需要找出白棋弱点。

问题 114（解答） 找出棋筋

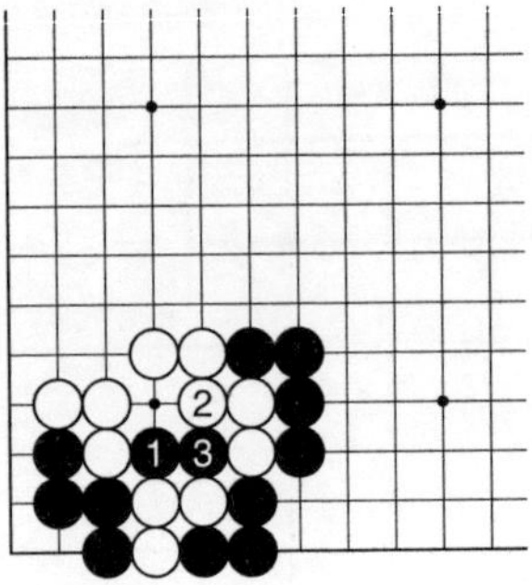

正解

黑 1 断是急所。白 2 只能粘，黑 3 吃掉白三子。白 2 若走 3 位的话，黑棋可走 2 位吃掉白棋。

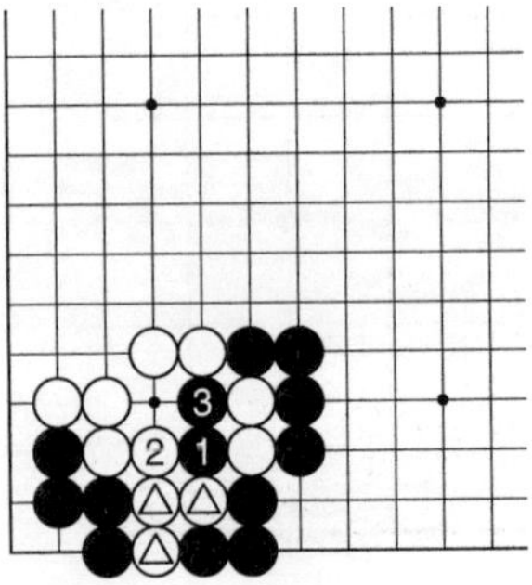

失败 1

黑 1 断的话，白 2 粘救出棋筋白◬三子。黑 3 虽能吃掉白二子，但角上的黑四子就救不了了。

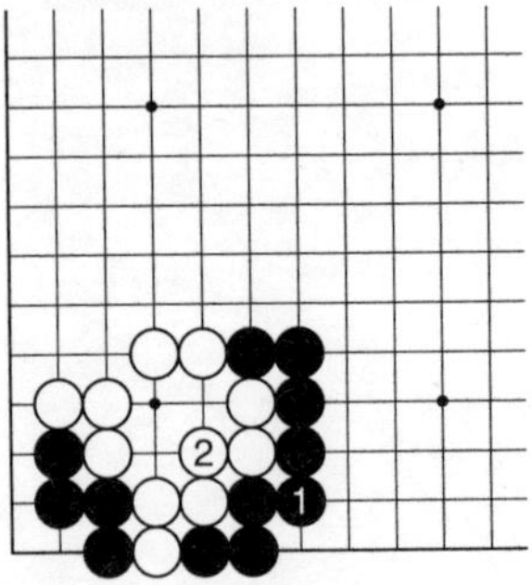

失败 2

黑 1 逸机。

白 2 粘，黑棋无法救出角上四子。

问题 115（黑先）

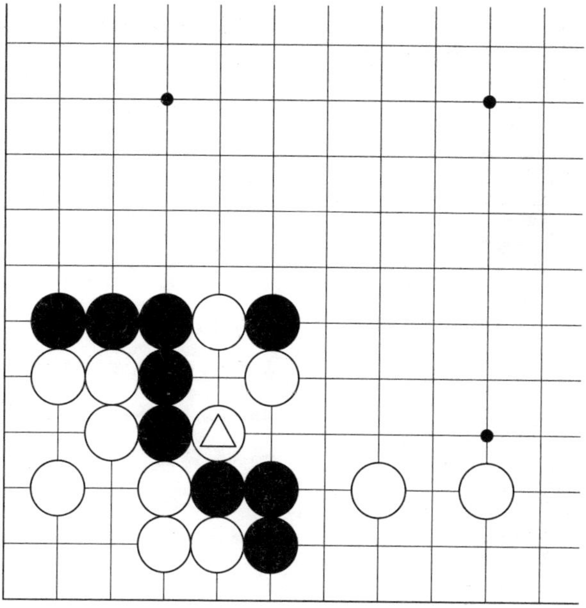

白◎欲分断黑棋。黑棋如何才能吃掉白◎这个棋筋？

问题 115（解答） 不要立即打吃

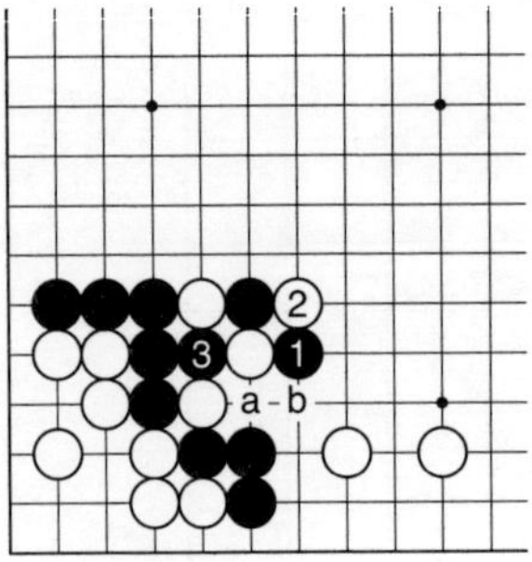

正解

黑 1 扳是经过深思熟虑的好手。白 2 断的话，黑 3 打吃，白 a 粘的话，黑走 b 位会吃掉白棋。

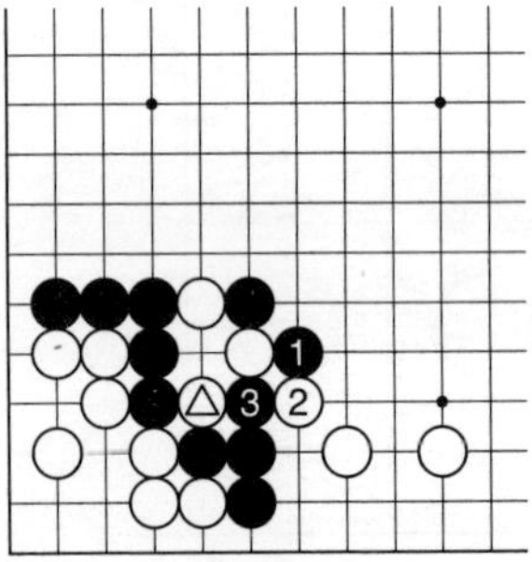

正解变化

白 2 扳的话，黑 3 打吃，这样白◎就跑不掉了。当可打吃的地方有两处的话，需要在思考对方下一步会如何走之后再判断应该走在哪处。

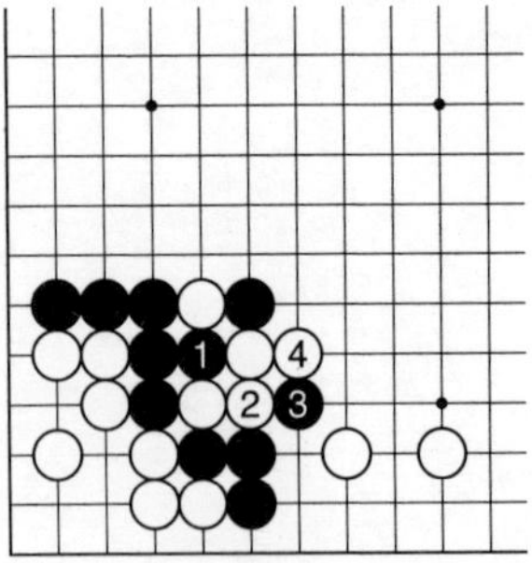

失败

黑 1、3 打吃的话，至白 4，白棋跑出去了。

问题 116（黑先）

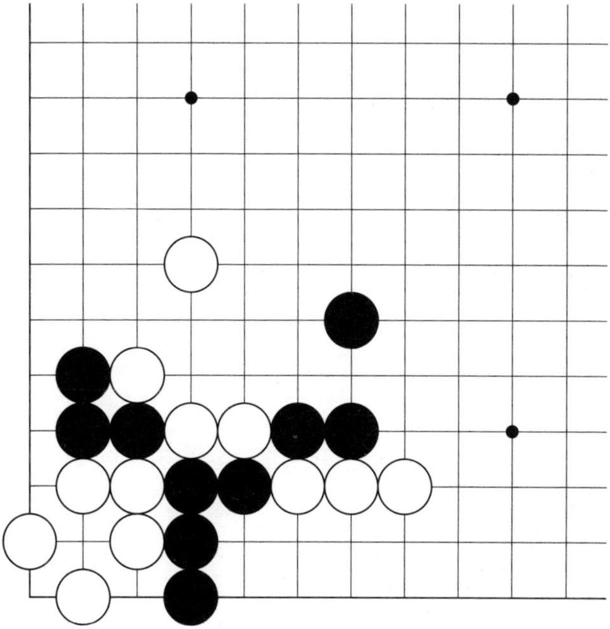

黑棋此时四分五裂。

黑棋想要找出并吃掉棋筋，应该怎么走？

问题 116（解答） 找出并吃掉棋筋

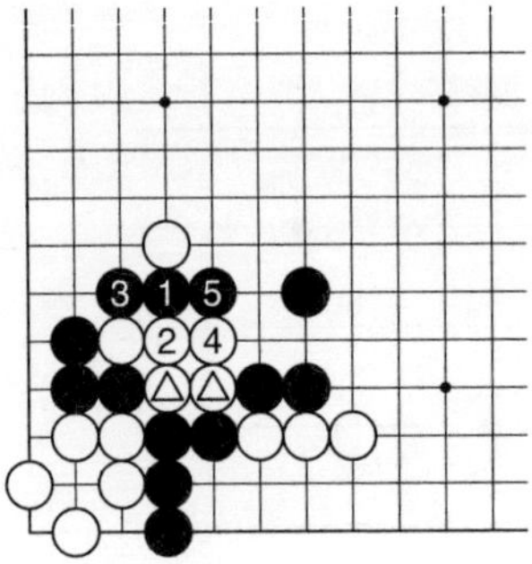

正解

白△是棋筋。黑 1 靠是好手。

白 2 粘时，黑 3 打吃，白棋就跑不掉了。

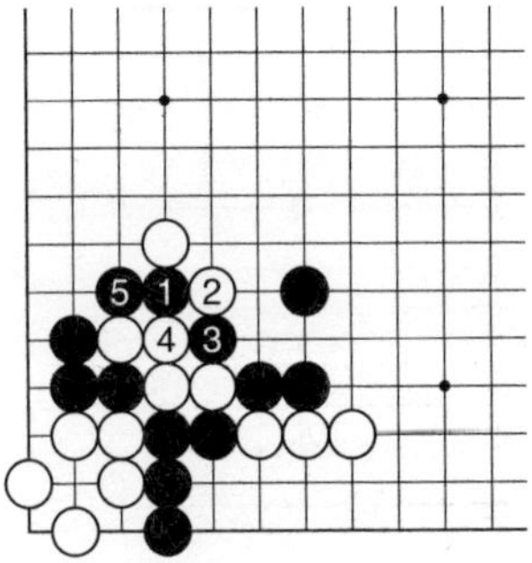

正解变化

黑 1 靠，白 2 扳的话，黑 3 打吃是好手。白 4 粘，黑 5 吃掉白棋。

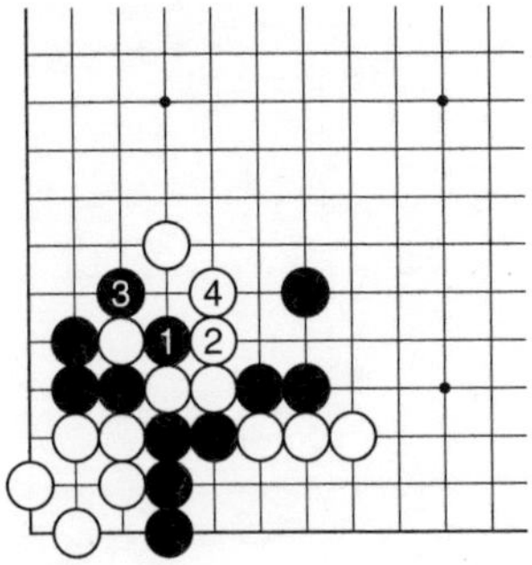

失败

黑 1 断的话，白 2 反打，黑 3 提，白 4 连回。

虽然黑 3 吃掉白一子，但黑棋无法联络。

问题 117（黑先）

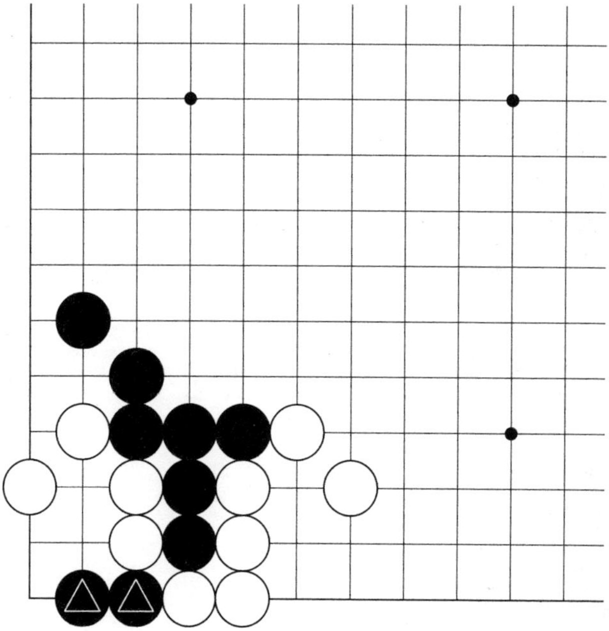

黑棋想要救出黑◭两子，应该怎么走？

问题 117（解答） 瞄准“扑”的手筋

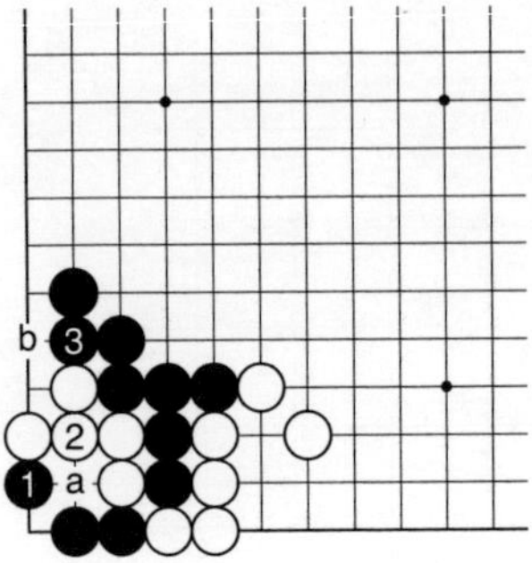

正解

黑 1 尖是手筋。接下来黑棋若走 2 位扑的话，就能吃住白棋了，因此白棋于 2 位粘。此时黑棋走 3 位紧气，由于 a 位不入气，因此白棋走不了 a。黑棋可以随时走 b 位吃掉白棋。

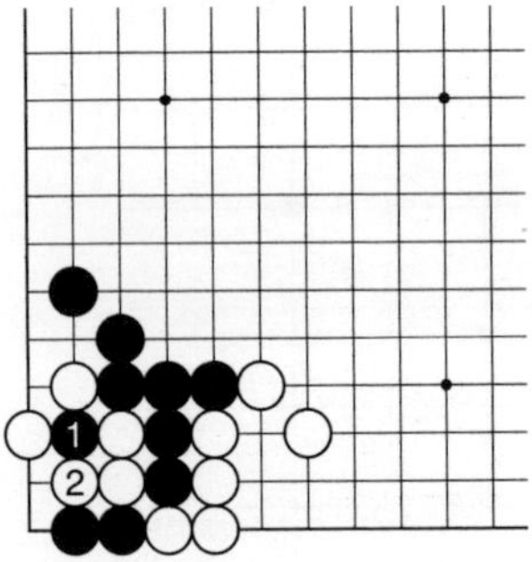

失败 1

黑 1 扑，白 2 提黑棋的同时打吃黑两子。黑棋失败。

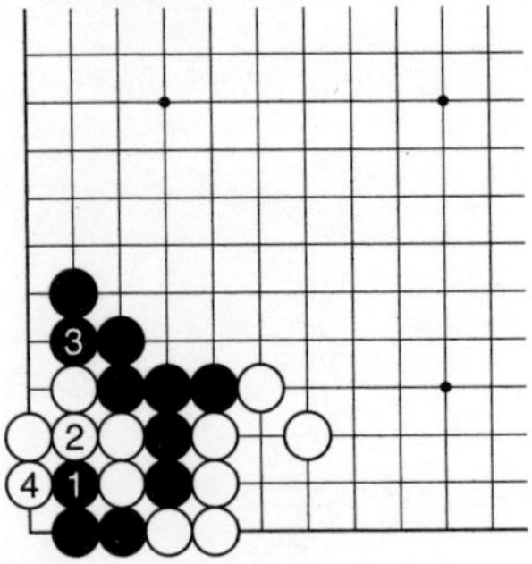

失败 2

黑 1 打吃是恶手，白 2 粘，至白 4，黑棋被吃。

问题 118（黑先）

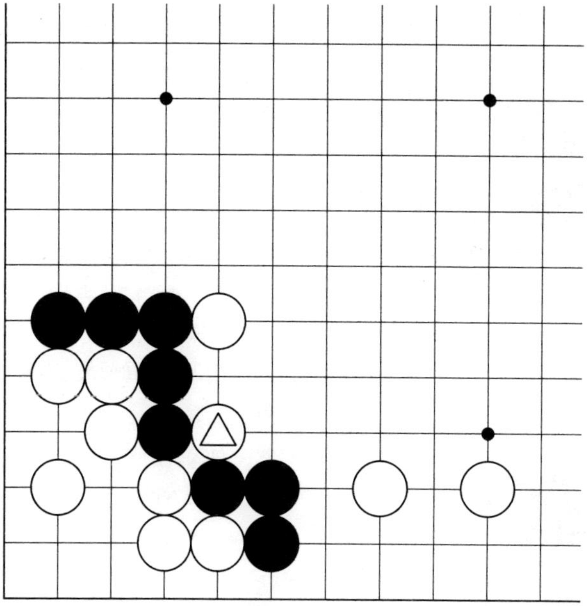

黑棋若吃掉白◬的话就能全部连起来了。

那么黑棋应该怎么走？

问题 118（解答） 暗度陈仓

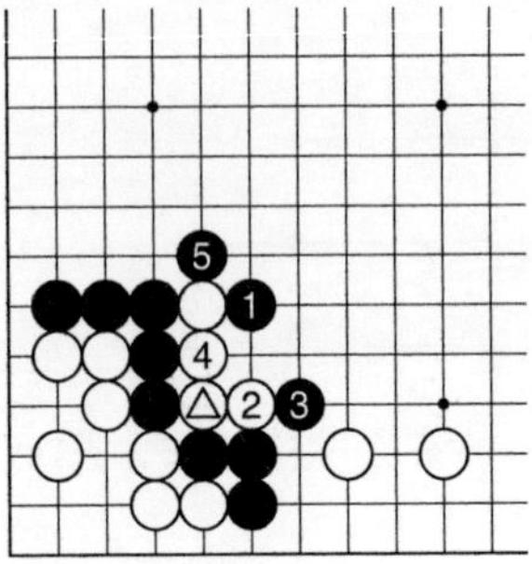

正解

黑 1 夹，是暗度陈仓的好手。白棋跑不出去，至黑 5 打，白棋被吃住。

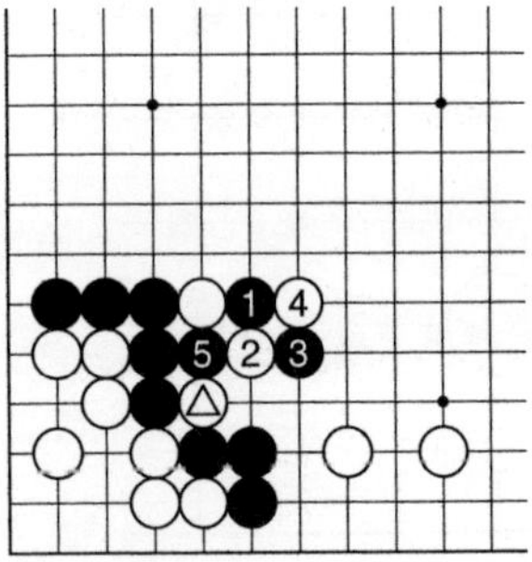

正解变化

白 2 扳是局部最强硬的抵抗，黑 3 扳好手。白 4 打吃，黑 5 打吃，白◎就跑不掉了。

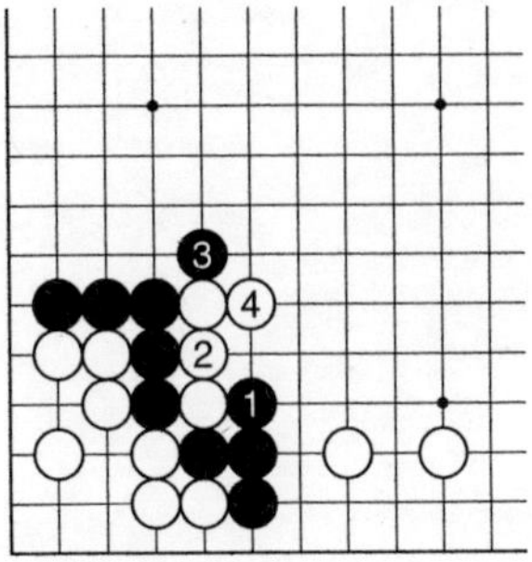

失败

黑 1 如果立即打吃的话是不行的。至白 4，白棋就跑出去了。

打吃是王牌，因此必须在决定好出手的时机后亮出王牌才是正解。

4. 应用篇

虽然最后一个章节汇集了很多较难的问题，但大多都是对之前出现过的手筋的应用，只要熟练掌握前三章的话，解题应该没有什么问题。

问题 119（黑先）

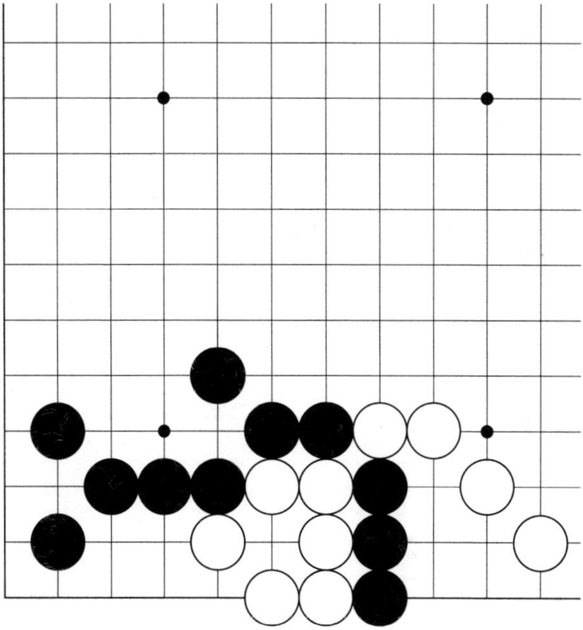

如图，双方对杀。请找出哪一点是急所。

问题 119（解答） 直击主要矛盾

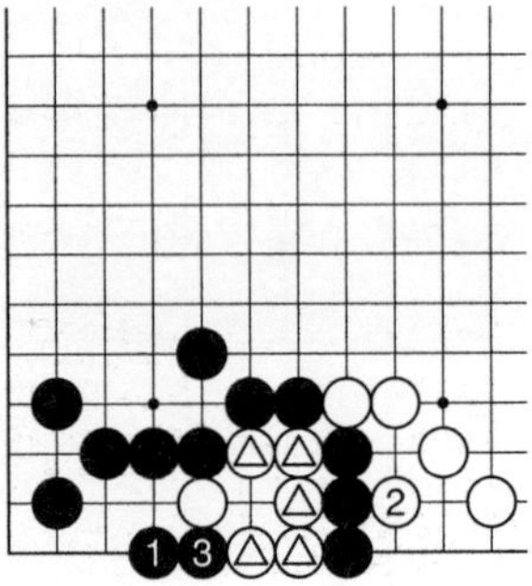

正解

黑 1 点是急所。与黑棋对杀的是白◎，因此黑棋对主要矛盾的判断是十分重要的。

白 2 尖紧气，黑 3 打吃白◎。黑棋在对杀中胜出。

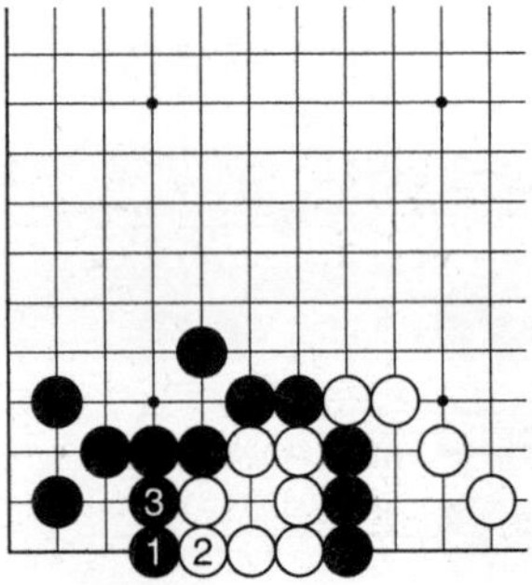

正解变化

黑 1 点时白 2 粘，黑 3 粘。这样黑棋依然在对杀中胜出。

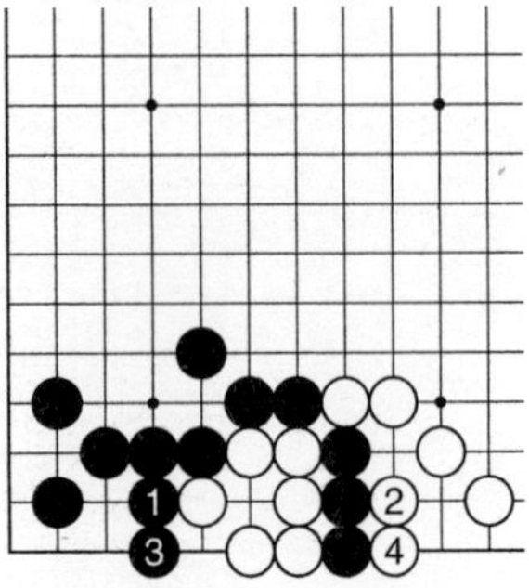

失败

黑 1 挡，慢吞吞地紧气的话，至白 4，黑棋就被吃住了。

问题 120（黑先）

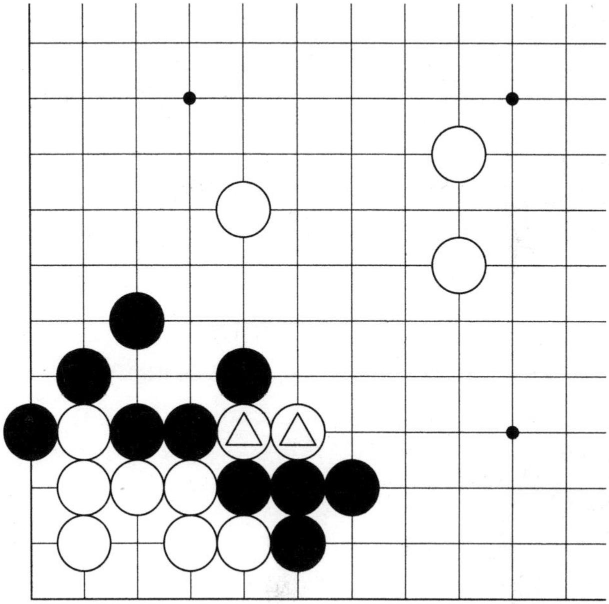

黑棋如何才能吃掉白Ⓐ两子。

白棋仍有抵抗的手段，黑棋需多加注意。

问题 120（解答）

找准棋筋最重要

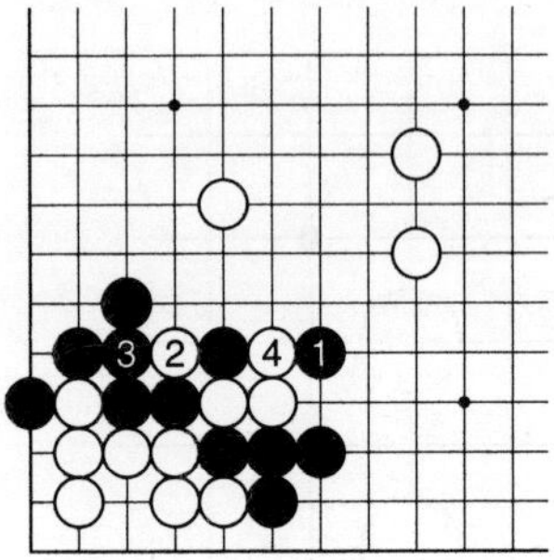

正解

由于黑棋征子不利，因此黑 1 枷是正解。此时白棋有白 2 断、白 4 冲的抵抗手段。

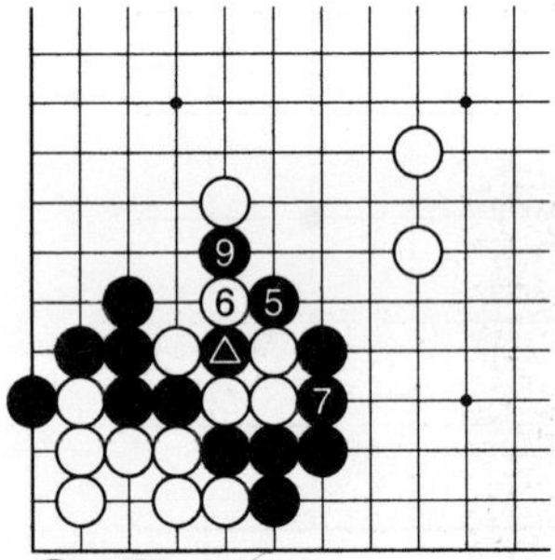

⑧=▲

正解（续）

黑 5 滚包是手筋，进而促使白 6 提一子，黑 7 打吃，白 8 粘，黑 9 继续打吃，白棋尽数被吃。

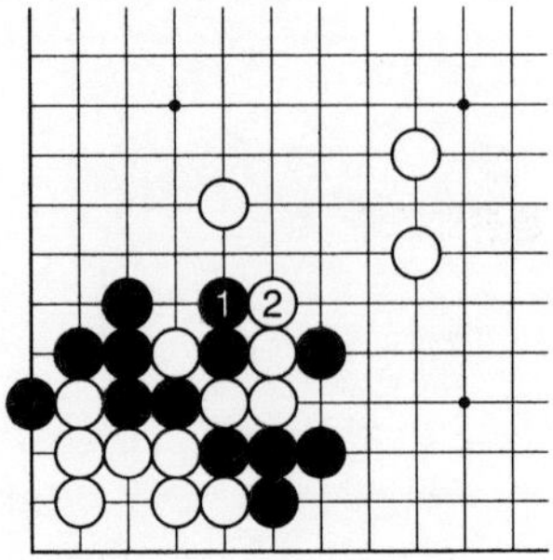

失败

上图，黑 5 若于本图 1 位长，白 2 就冲出去了。

问题 121（黑先）

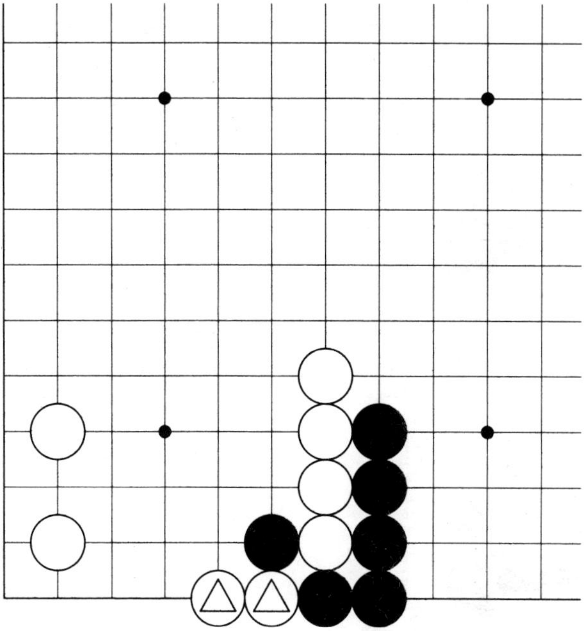

黑棋如何才能吃掉白◬？

若只是简单地追打是不行的，黑棋需要多加思考。

问题 121（解答）

弃子紧气

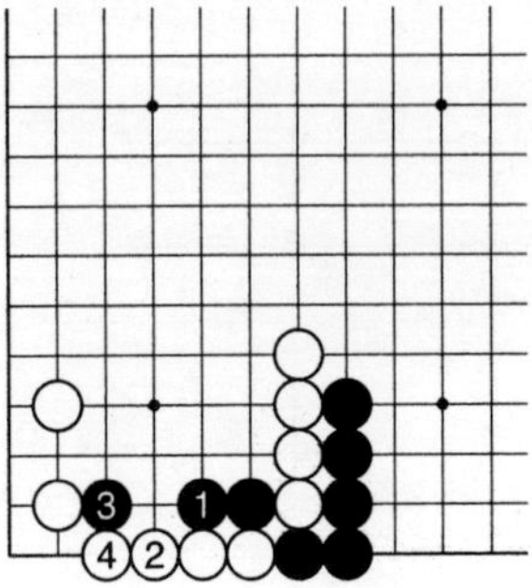

正解

黑 1 打吃，黑 3 枷是成功的第一步。白 4 连回。

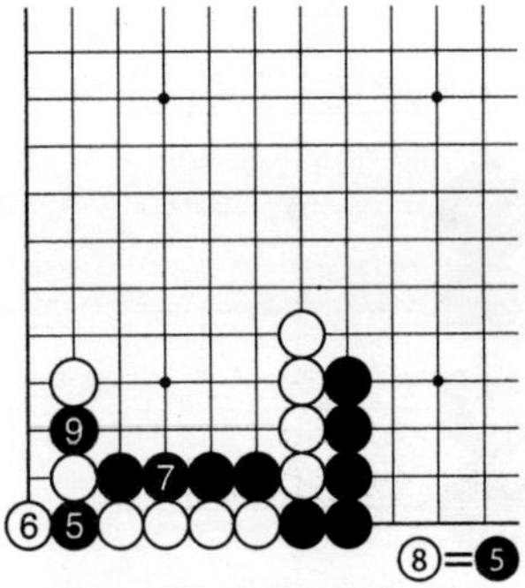

正解（续）

黑 5 扑弃子是关键。黑 7 打吃，白 8 粘，黑 9 打吃，白棋就跑不掉了。

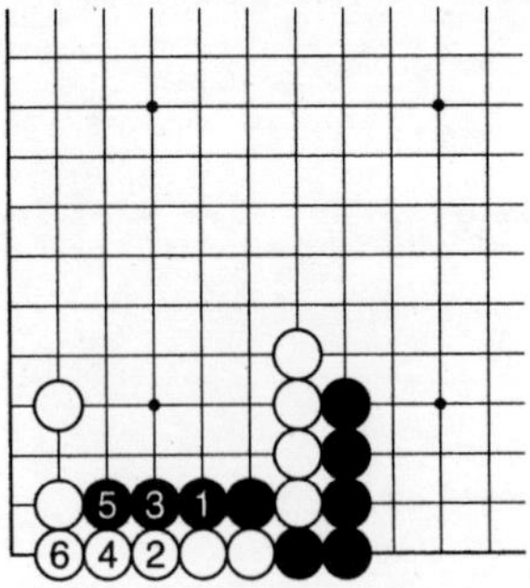

失败

黑 1 若只是单纯一直打吃的话，至白 6，白棋就逃出去了。

和正解图相比，黑棋弃子紧气的作用就一目了然了。

问题 122（黑先）

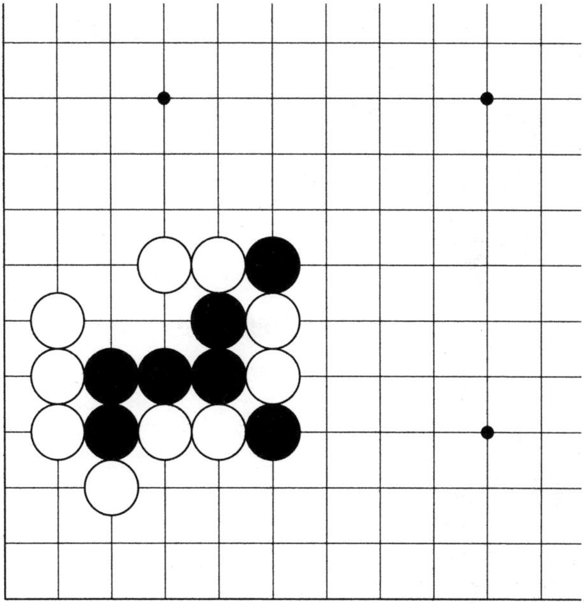

黑棋想要救出被包围的黑五子，应该怎么走？

白棋的断点很多，黑棋需要思考攻击哪一处。

问题 122（解答） 构造征子的条件

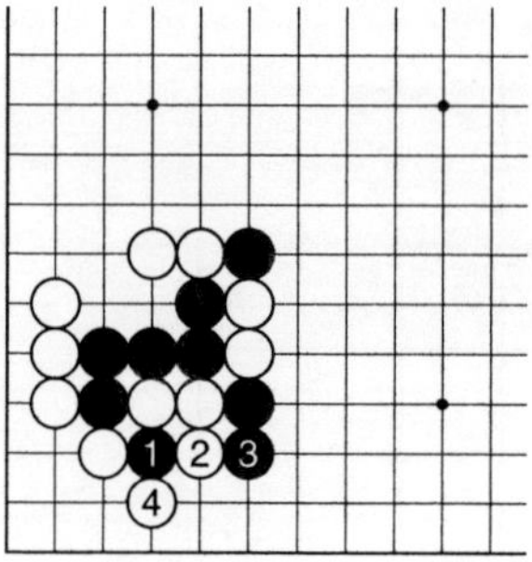

正解

由于黑五子只剩两口气。黑棋一步都不能松，必须都是命令式行棋。首先，黑 1 断打。白 2 拐吃，黑 3 打吃。这样黑棋就具备征子的条件了。

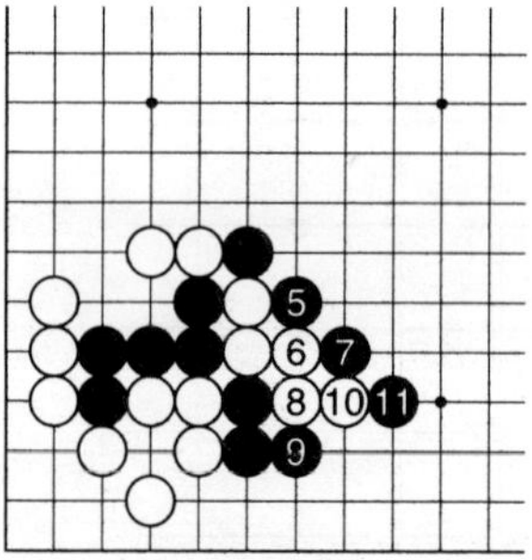

正解（续）

黑 5 征吃白棋，成功救出五子。

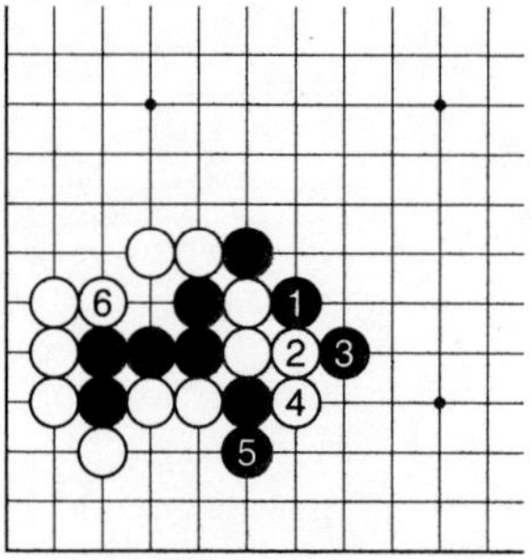

失败

黑 1 若直接征吃白棋的话是不行的。白 4 拐时，黑棋被打吃。白棋趁黑 5 逃跑之时紧气吃住黑棋。

问题 123（黑先）

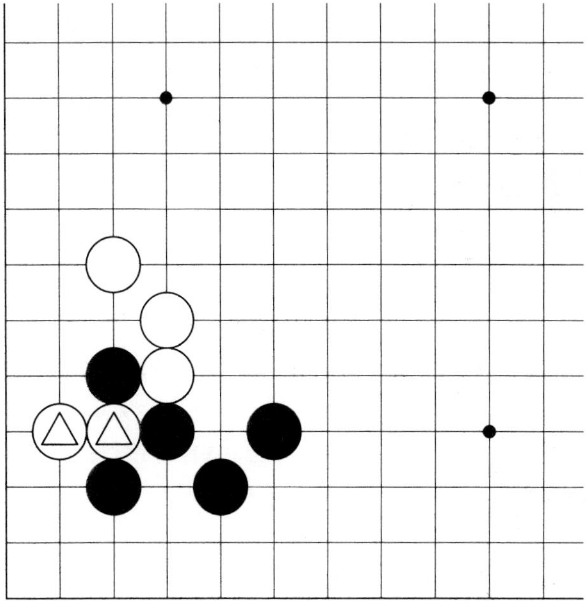

本题是黑白对杀的题。

黑棋想要吃掉白◬两子，应该怎么走？

问题 123（解答） “大头鬼”

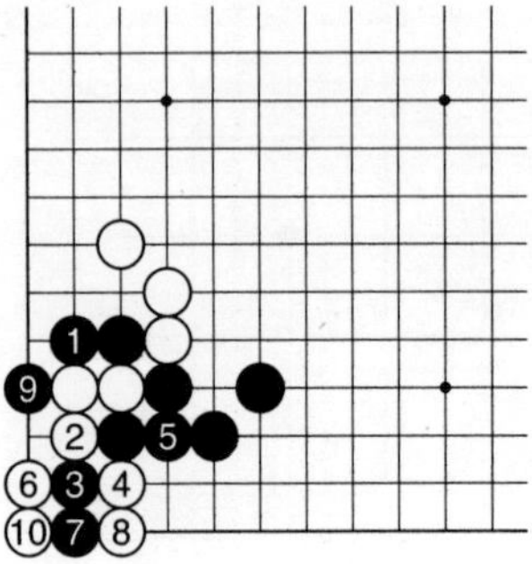

正解

首先黑 1 从自身薄弱的方向行棋是关键。

黑 3 扳，白 4 打吃时，黑 5 粘，白 6 打吃，黑 7 立是关键。

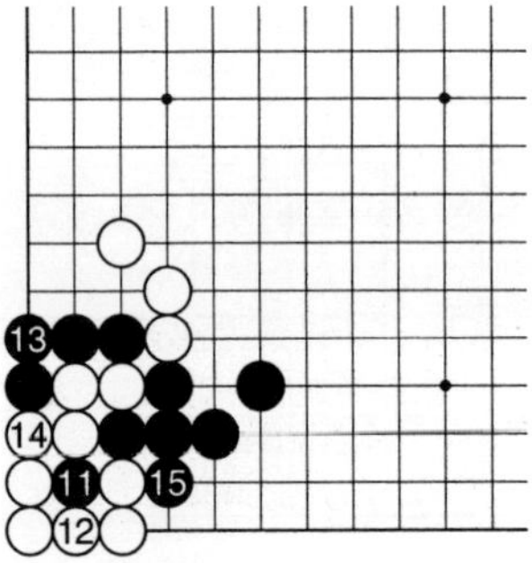

正解（续）

黑 11 扑再一次弃子，至黑 15，黑棋在对杀中胜出。

这种吃子技巧叫“大头鬼”。

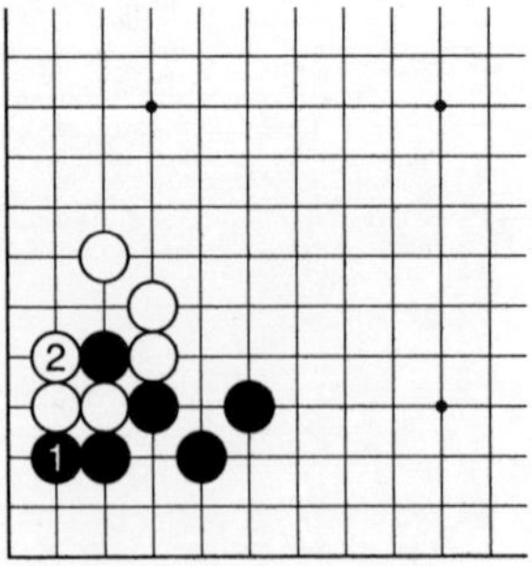

失败

黑 1 挡失策。白 2 拐吃，黑棋不行。

问题 124（黑先）

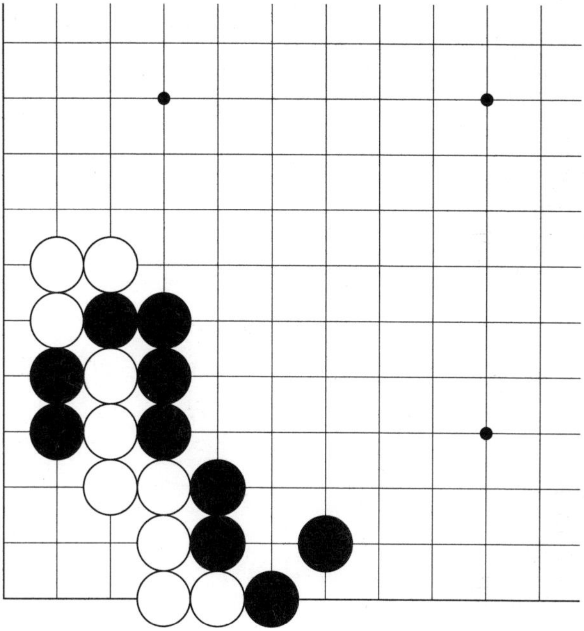

本题也是黑白对杀。

黑棋想要救出黑两子的话必须吃掉白棋。黑棋应该怎么走？

问题 124（解答） 制造出“扑”的形

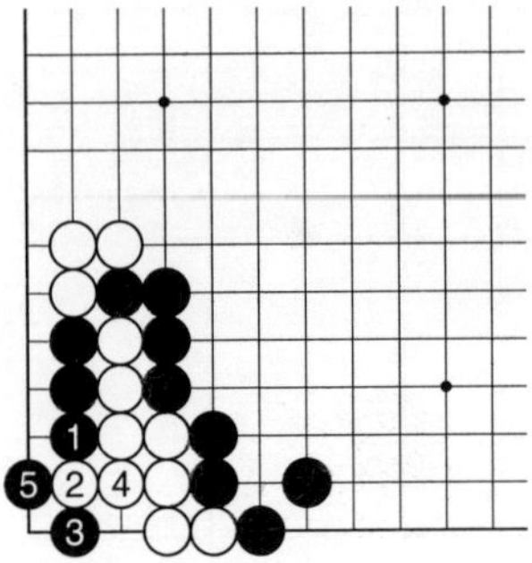

正解

黑 1 爬必然。白 2 挡，黑 3 夹是急所。白 4 粘，则黑 5 打吃。白 4 若走 5 位的话，黑棋于 4 位扑，这样仍然可以吃住白棋。

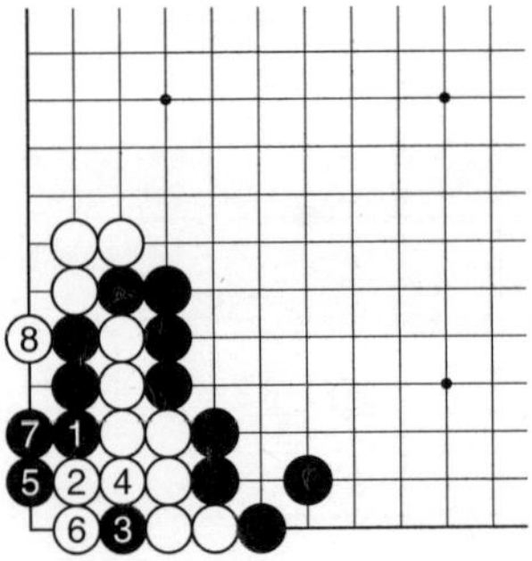

失败 1

黑 1、3、5 仅仅只是打吃的话是不行的。

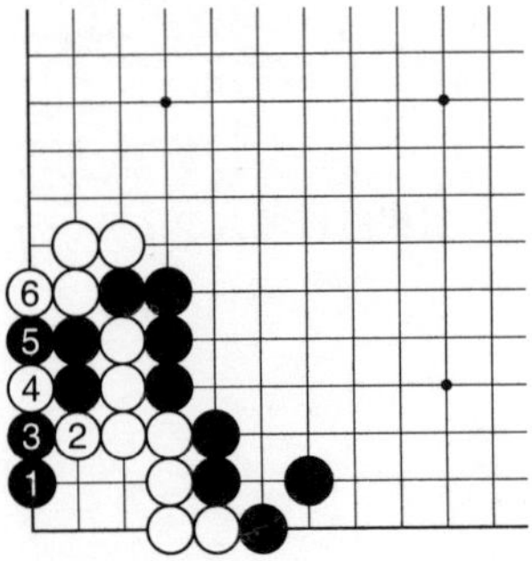

失败 2

黑 1 小飞是无法长气的。

白 2 冲，黑棋被吃住。

问题 125（黑先）

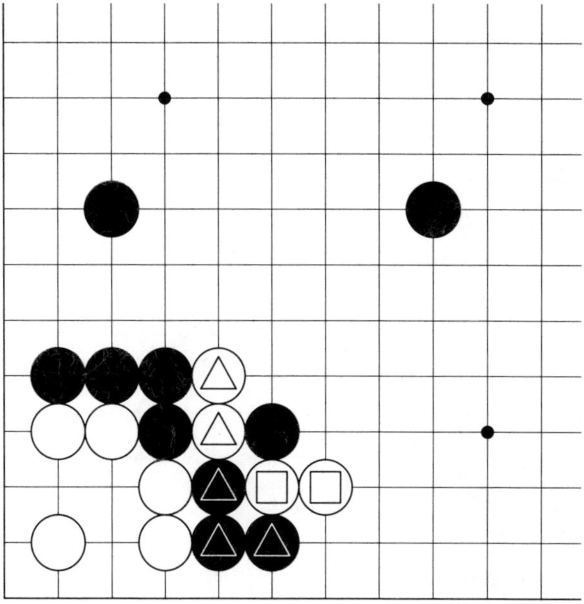

黑棋想救出黑▲三子，应该怎么走？

为此，黑棋必须想清楚应该吃白△还是吃白□。

问题 125（解答） 利用“见合”

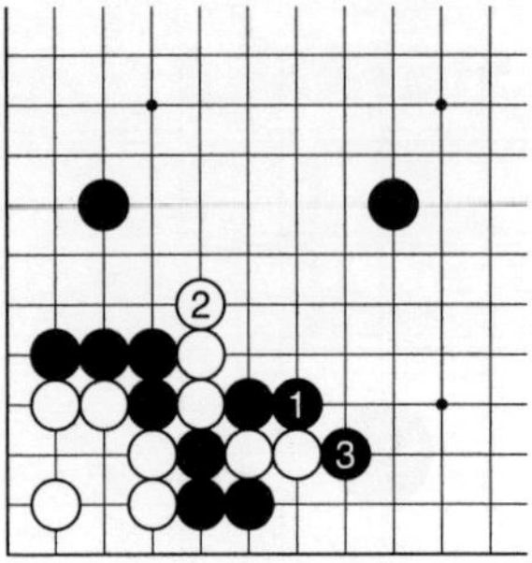

正解

黑 1 压是好棋。白 2 逃跑的话，黑 3 征吃白两子。

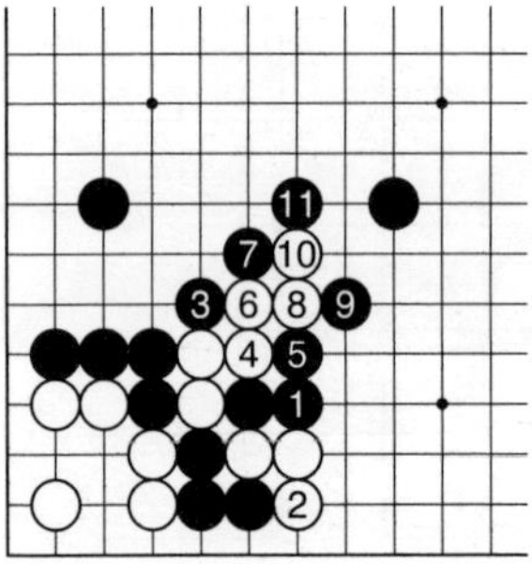

正解变化

黑 1 压，白 2 拐，黑 3 征吃。由于黑 1 的压，使得不管白棋跑哪边，黑棋都能吃另一边。

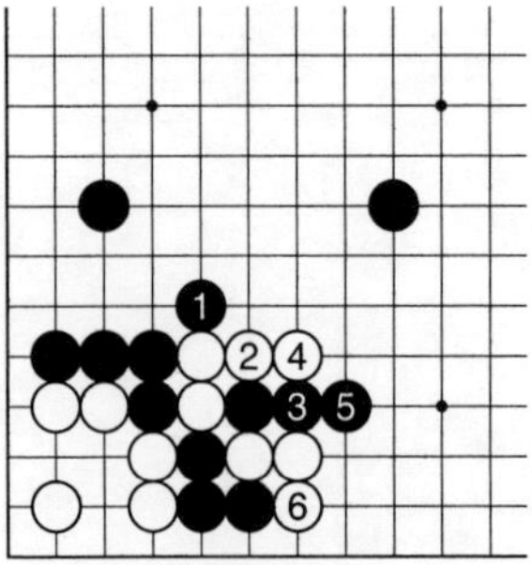

失败

黑 1 打吃随手。至白 6，黑棋被吃住。

问题 126（黑先）

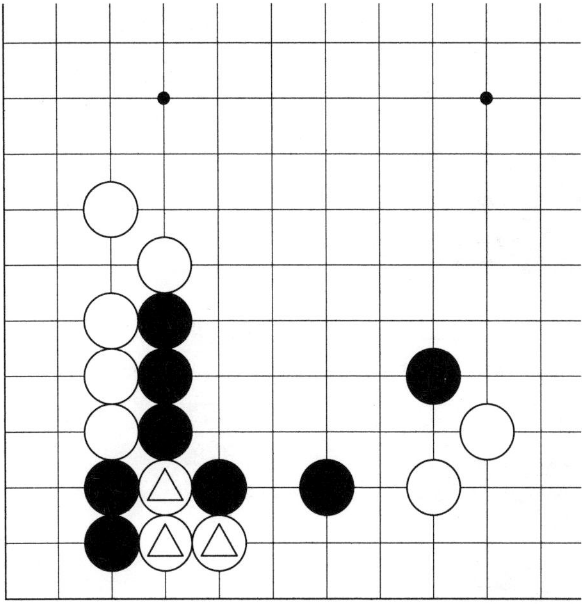

黑棋如何才能吃掉◬?

黑棋要注意自己也有缺陷，请仔细思考。

问题 126（解答） 滚包，征子 手筋二连击

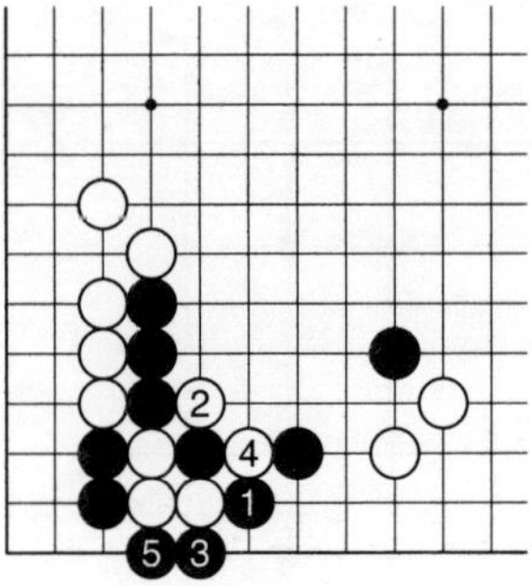

正解

由于角上的黑两子只剩三口气，所以黑 1 必须扳。

白 2 断时，黑 3、5 从下面滚包。

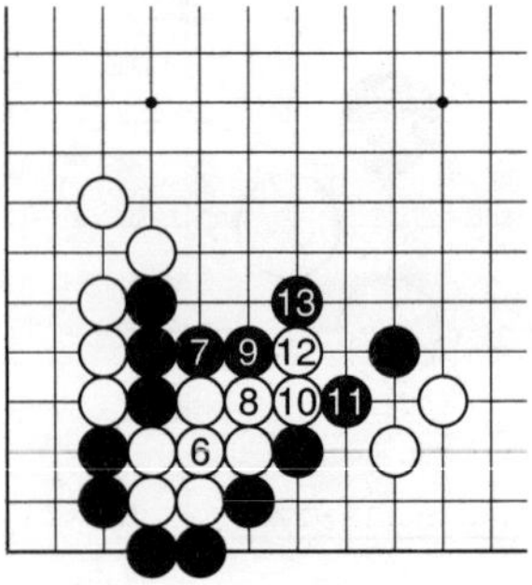

正解（续）

黑 7、9 征吃白棋。至黑 13，白棋无路可逃。黑棋需要注意打吃的方向。

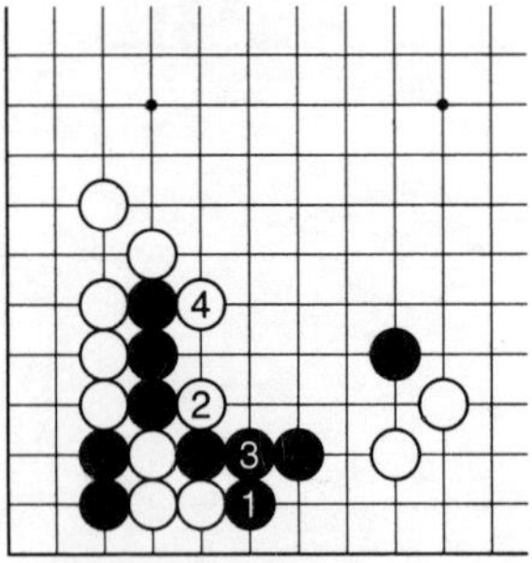

失败

白 2 断时，黑 3 若粘，白 4 打吃，黑棋无路可逃。

问题 127（黑先）

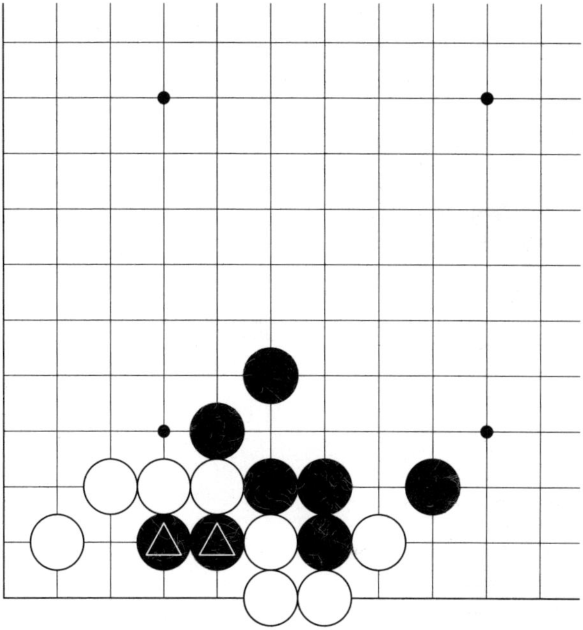

黑棋如何才能救出黑△两子？

注意判断哪个是棋筋。

问题 127（解答） 盯紧棋筋

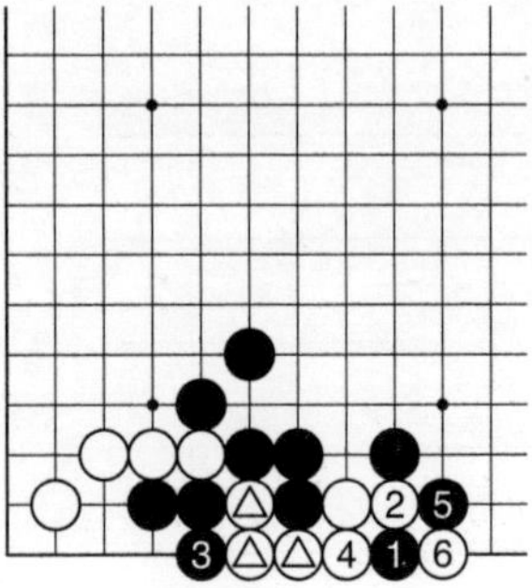

正解

黑棋需要攻击白◎三子，黑1点很关键。白2冲，黑3打吃，至白6提。

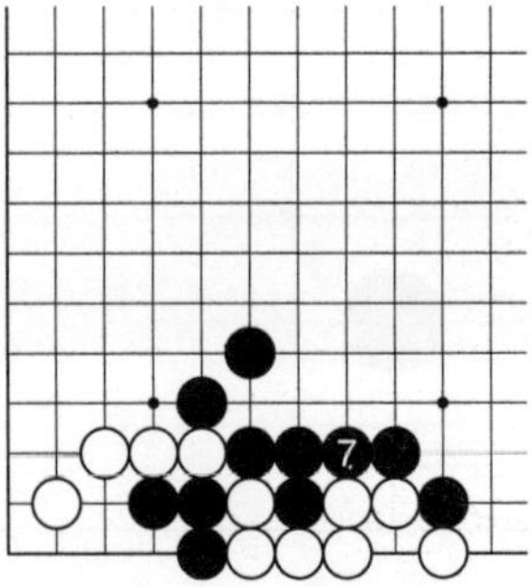

正解（续）

黑7打吃，白棋接不归被吃。

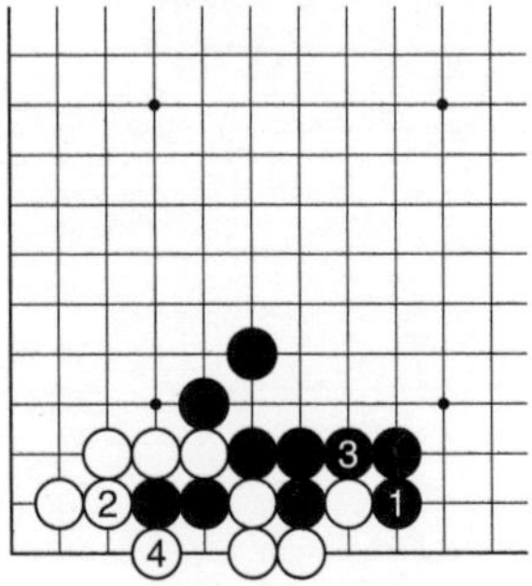

失败

黑1夹的话是因小失大。白2粘，黑3打吃，白4打吃，黑棋被杀。

问题 128（黑先）

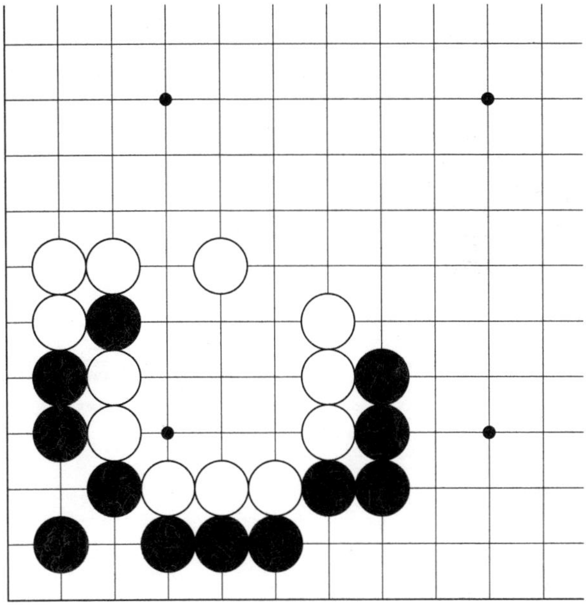

中间看上去全是白棋的空，但若细细观察黑棋，还是可以找到白棋弱点成功破空的。黑棋应该怎么走？

问题 128（解答） 当机立“断”

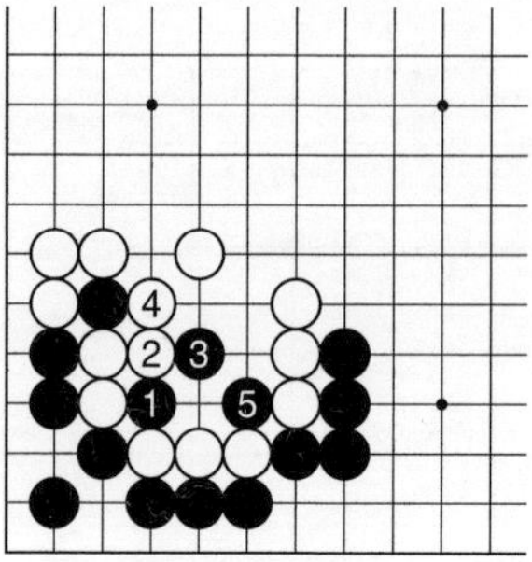

正解

这种情况下，断多为好手。黑 1 打吃，白 2 跑必然。黑 3 打是手筋，白 4 提，黑 5 断，白三子被杀。

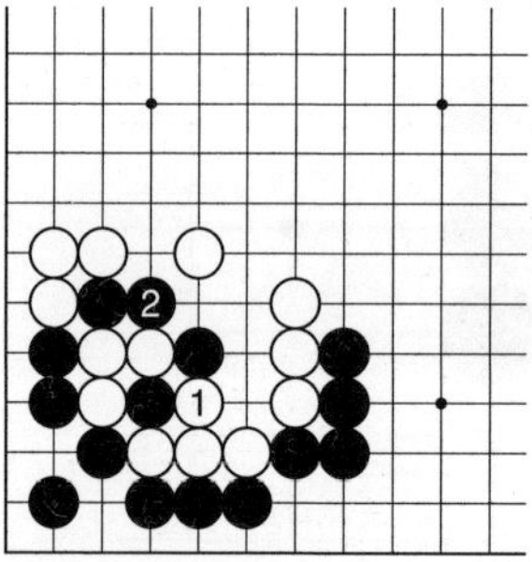

正解变化

上图中白 4 若走本图 1 位提的话，黑 2 打吃，局部形成接不归。

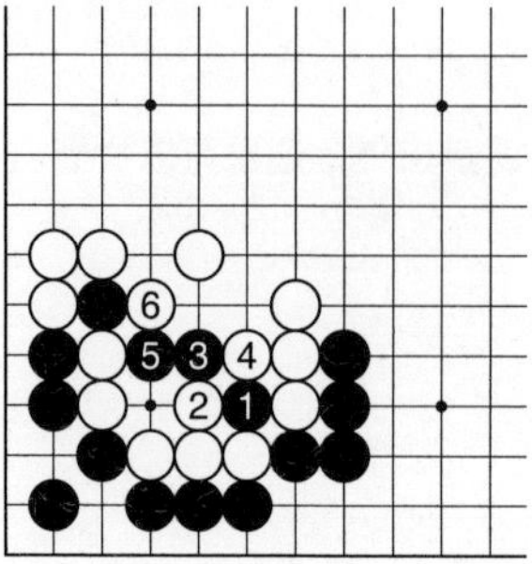

失败

黑 1 断没用。至白 6 提，黑棋一无所获。

问题 129（黑先）

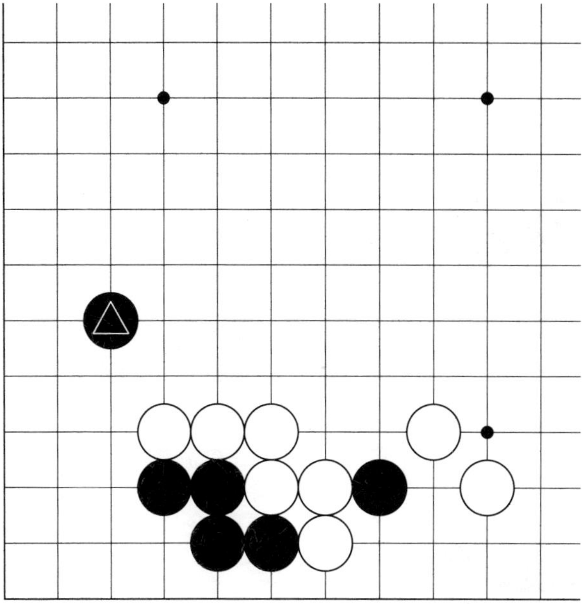

黑棋想要将黑△和下边的黑四子连接起来，应该怎么走？不要和白棋近身搏斗是本题的重点。

问题 129（解答） 小飞连接

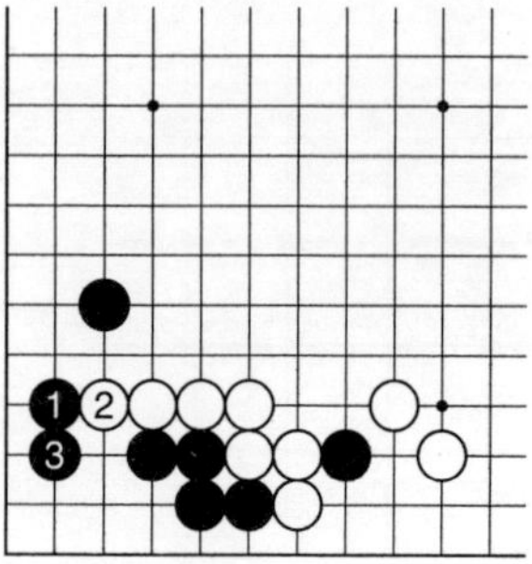

正解

黑 1 小飞好棋。白 2 顶时，黑 3 退，这样黑棋成功获得联络。

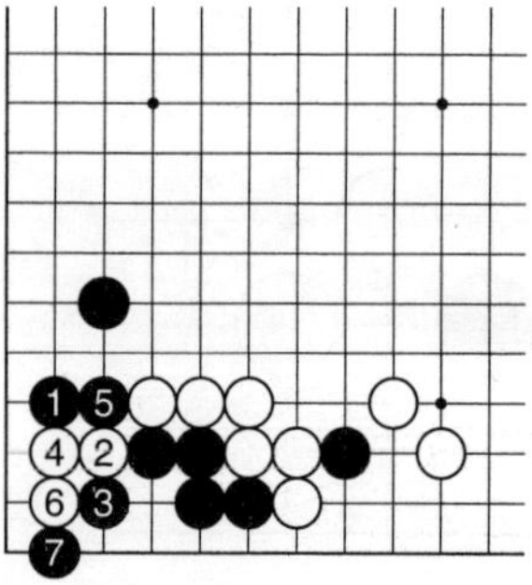

正解变化

白 2 扳考验黑棋。黑 3 挡是好手。白 4 冲的话，黑 5 断，这样白棋就被吃住了。

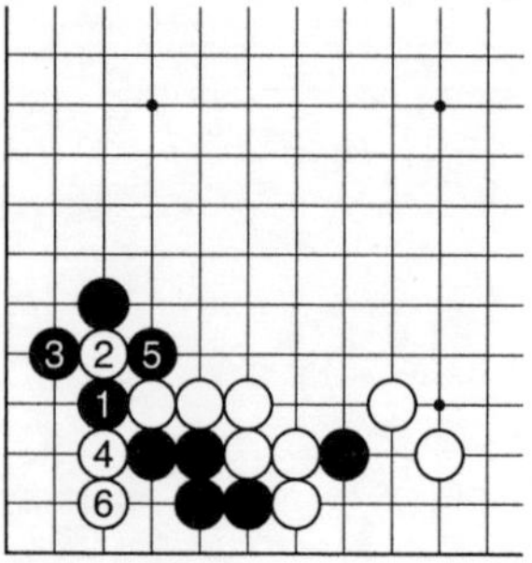

失败

黑 1 扳的话，白 2 挖，黑 3 打，白 4 反打，至白 6，黑四子被吃住。

问题 130（黑先）

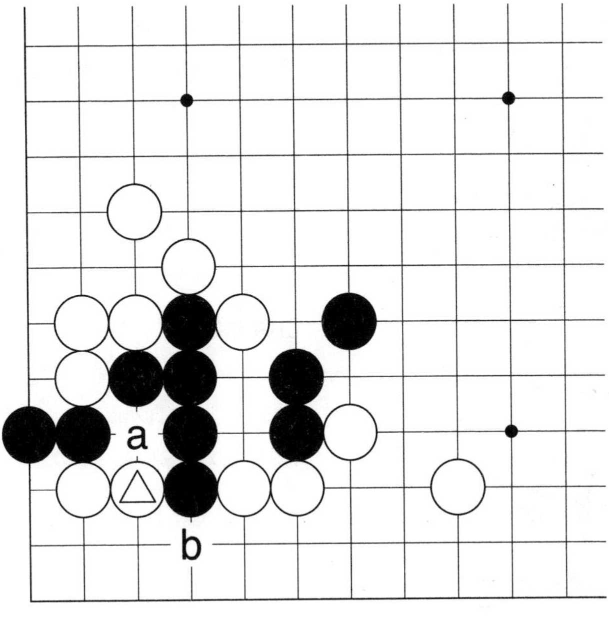

白三角子顶是 a 位断与 b 位渡过两者必得其一的一手。

黑棋该怎么走才能化险为夷呢？

问题 130（解答） 手筋——夹

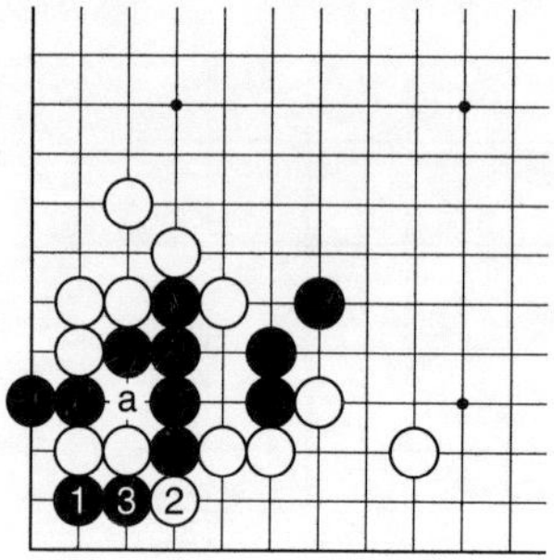

正解

黑 1 夹是好手。

白 2 意图渡过，黑 3 断，吃住白两子。白 2 若走 a 位断的话，黑 3 打吃，白棋依然不行。

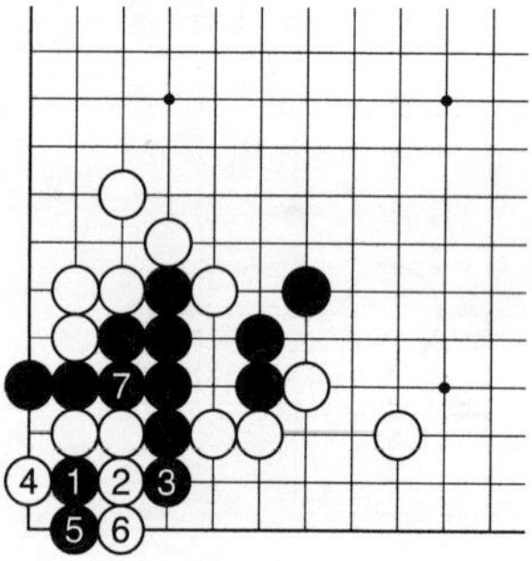

正解变化

黑 1 夹，白 2 拐的话，黑 3 分断。白 4 打吃，黑 5 立破眼。黑 7 紧气，白棋被杀。

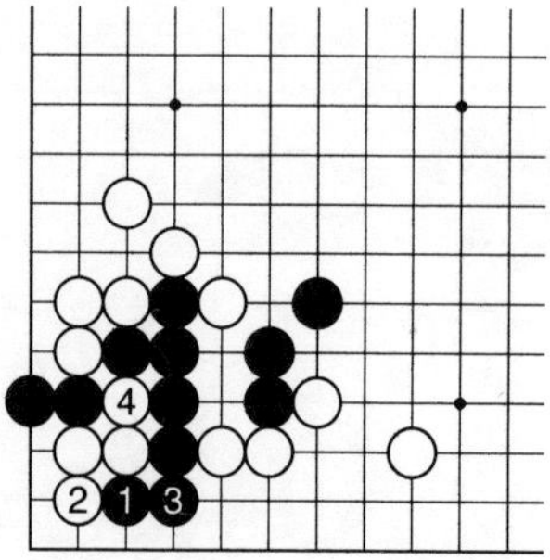

失败

黑 1 扳的话，白 2 拐，黑 3 必须粘。白 4 断，黑两子被吃住。

问题 131（黑先）

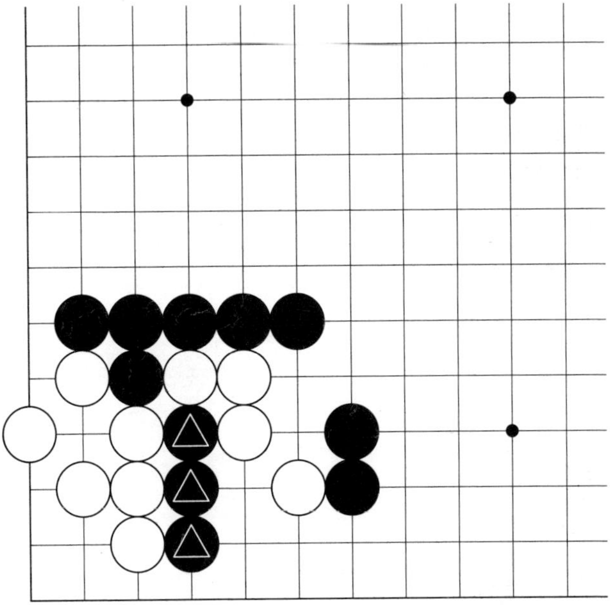

黑棋想要将黑▲三子与右侧联络起来，应该怎么走？
此处有一手冷着，请尝试找出它。

问题 131（解答）　一路小尖

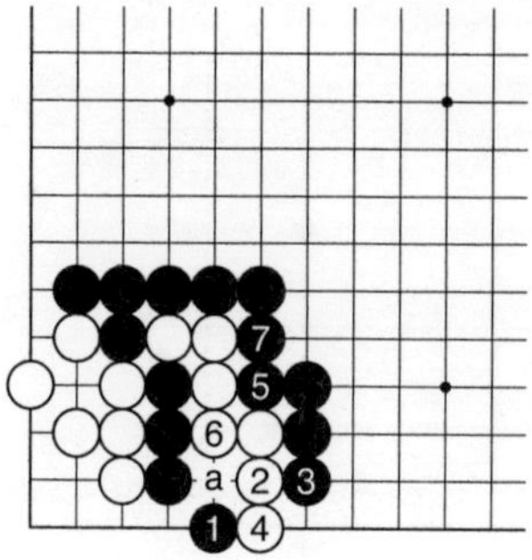

正解

黑 1 小尖是获取联络的第一步。白 2、4 立阻渡。黑 5、7 紧气。由于 a 位不入气，白棋此时已无路可走。

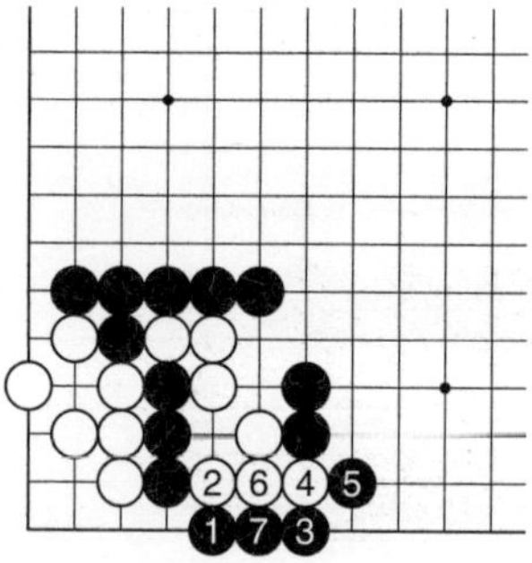

正解变化

白 2 尖时，黑 3 跳是好手，至黑 7，黑棋成功取得联络。

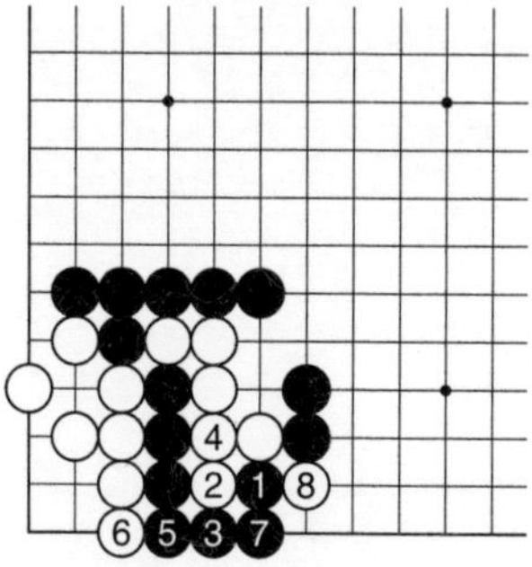

失败

黑 1 扳是无法取得联络的。白 2 挖手筋，至白 8，黑棋被吃住。

问题 132（黑先）

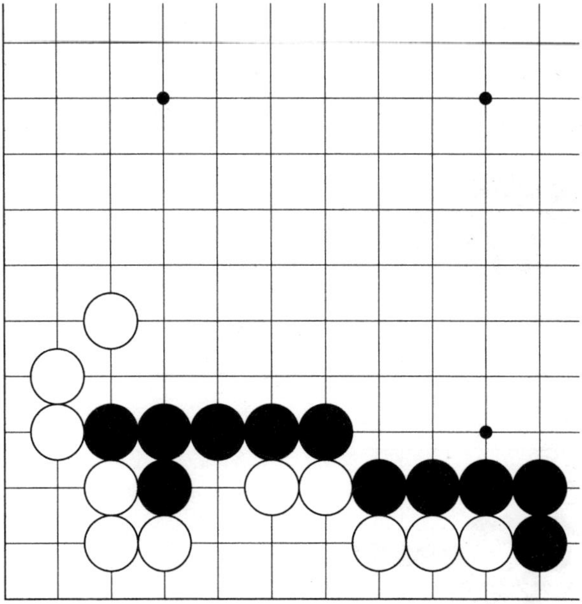

下边白棋有明显的缺点。

黑棋需要找出白棋弱点后加以追究。

注意白棋有抵抗的手段。

问题 132（解答）

利用白棋气紧的弱点

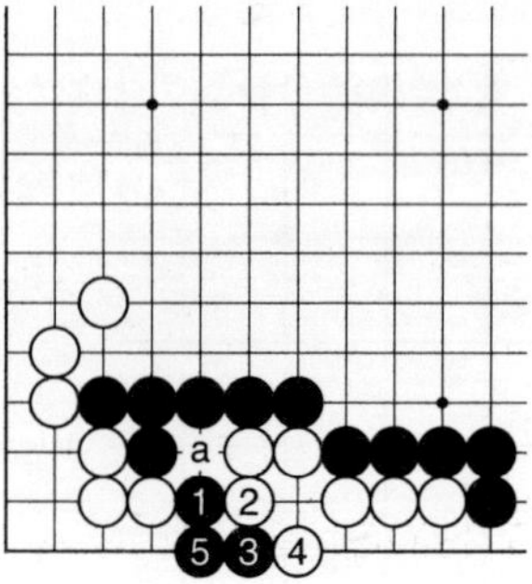

正解

黑 1 扳是正解。白 2 挡的话，黑 3 连扳是好手。由于 a 位不入气，白棋只能走 4 位打吃。黑 5 粘，右边白棋被杀。

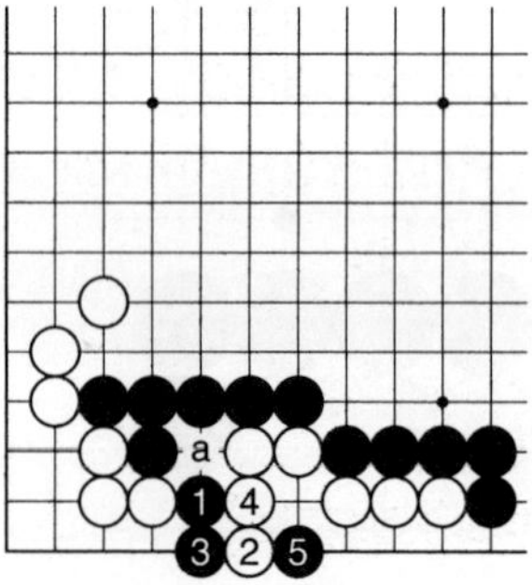

正解变化

白 2 跳时，黑 3 立阻渡。白 4 粘，黑 5 点破眼。右侧的白棋依然因为 a 位不入气且眼位不够被黑棋吃住。

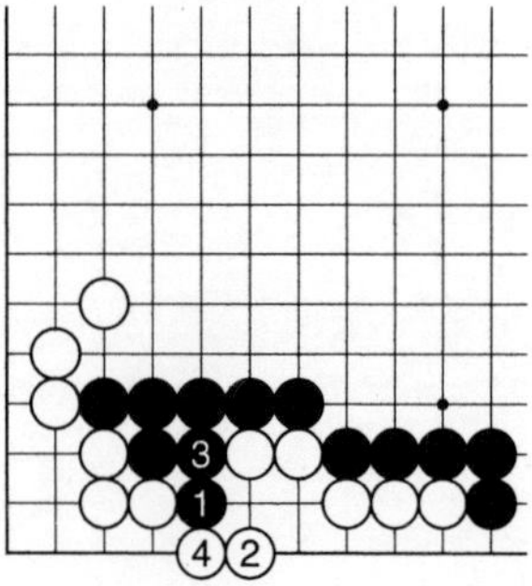

失败

黑 3 粘的话白 4 渡回。黑棋失败。

后记

围棋是很神奇的游戏。不同于将棋、国际象棋和扑克，围棋好像自带神秘的光环。

一些喜爱围棋的将棋棋士评价道：“将棋是人作，而围棋则是天成。”

职业围棋选手也不敢说真正懂围棋，所谓的“不懂”是指在宽广的棋盘上准确地找出落子之处十分困难，这才是围棋的精妙之处。

想要下出妙手，掌握手筋是非常重要的。

希望读者能反复练习本书中的习题。通过解答这些题，培养对围棋的感觉。这样带来的不仅仅是棋力的提升，也会使我们看到一个不同的世界，进而更深入地体会到下围棋的乐趣。

希望大家可以享受对局，下出妙手。

高尾绅路（九段）